백선엽의 6.25전쟁 징비록

제2권 나아갈 때와 물러설 때

백선엽 저

유광종 정리

백선엽의 6.25전쟁 징비록

제2권 나아갈 때와 물러설 때

2016년 10월 4일 초판 1쇄
2017년 6월 28일 초판 2쇄
2020년 7월 20일 초판 3쇄

저자 백선엽 정리 유광종 펴낸곳 책밭 펴낸이 유광종 책임편집 최효준 디자인 전혜영
출판등록 2011년 5월 17일 제300-2011-91호 주소 서울 중구 퇴계로 182 가락회관 6층
전화 02-2275-5326 팩스 02-2275-5327 이메일 go5326@naver.com 홈페이지 www.npplus.co.kr

ISBN(세트) 979-11-85720-28-9 04900
ISBN 979-11-85720-30-2 04900 정가 16,000원
ⓒ 백선엽, 2016

백선엽의 6.25전쟁 징비록

제2권 나아갈 때와 물러설 때

1950년 6.25전쟁이 벌어지자 미군에게는 커다란 고민이 생겼다. 미 행정부의 명령에 따라 급히 한반도 남단에 올라야 했던 미군의 깊은 걱정거리였다. 그들은 불과 1년 전 중국 대륙에서 참혹한 경우를 당했다. 거대한 규모의 물자와 예산 지원으로 뒤를 받쳤던 국민당의 장제스蔣介石 군대가 공산당에게 무릎을 꿇고 대만으로 패주해야 했기 때문이다.

미군이 보기에 한국은 중국과 크게 다를 바 없었다. 같은 황인종 피부에, 비슷한 습속을 지녔던 사람들이었던 까닭이다. 따라서 미군은 중국 대륙에서의 참담한 실패를 한국에서 다시 반복할 수 있다는 두려움이 앞섰다. 국민당 장제스 군대의 무능과 부패가 한국군에서 이어진다면 그 점은 미군의 커다란 악몽이었다.

미군은 그 때문에 한국군 지원에 까다로웠다. 엄격하기도 했고, 때로는 냉정했으며, 가끔은 무관심했다. 60여 년 전 이 땅에서 벌어진 전쟁이 미군의 전폭적인 지원을 이끌었으나 그 이면에는 미군의 우려 섞인 시선이 숨어 있었다. 그런 과정에서 미군의 지원을 더 끌어내 스스로의 힘을 강화하는 일이 한국군의 절실한 과제였다.

그 또한 전쟁이었다. 전선에서는 다가오는 적을 맞아 우리가 싸울 수 있는 군대임을 보여줘야 했고, 후방에서는 우리가 무능과 부패에 젖은 사람이 아니라는 점을 알려야 했다. 그 과정은 결코 순탄치 않았다. 우리는 때로 다가서는 적 앞에서 등을 보였고, 자만과 방만으로 미군의 신뢰를 잃은 적이 많았다.

적에게 등을 보이지 말아야 하면서도 후방에서 우리의 동태를 면밀히 감시하는 미군의 시선을 이겨야 했다. 그로써 미군의 신뢰를 얻어야만 우리는 많은 것을 해결하며 김일성이 벌인 동족상잔의 참화를 극복할 수 있었다. 1951년 4월 한국에 부임한 밴플리트 미 8군 사령관은 그 점에서 우리의 은인이랄 수 있는 사람이다.

그는 한국 군대의 가능성을 현장에서 확인해 미국 조야에 알리려 부단한 노력을 기울인 사람이다. 나는 그와 특별한 인연을 맺었다. 그의 신뢰를 얻어 빨치산 근절, 한국군 현대화의 첫걸음인 2군단 재창설에 나섰다. 그러나 나로서는 그 모든 과정이 또한 전쟁이었다.

이 책에서는 그 점을 자세히 적었다. 동맹은 신뢰를 바탕으로 발전한다. 적을 맞아 강력한 연대의식으로 함께 싸우기 위해서는 그 점이 가장 중요하다. 60여 년 전의 전쟁에서 그랬고, 앞으로도 달라질 수 없다. 밴 플리트가 기울였던 노력, 그에 부응코자 했던 우리의 노력은 그래서 자세히 기록할 만한 내용이다.

전쟁 초반에 보인 우리 군대 지휘부의 안일함은 지나쳤다. 전쟁이 벌어진 뒤의 상황도 참담함의 연속이었다. 우리는 곧잘 감성적인 싸움을 벌이곤 했다. 쉽게 나섰다가 쉽게 등을 보이는 경우가 많았다. 싸우려는 의지 못지않게 그를 다루는 침착함과 사려思慮, 방략이 따라야 함은 물론이다.

그 점에서 우리는 많은 문제를 드러냈다. 낙동강 전선에서의 싸움은 위기에 함께 뭉치는 우리의 저력을 보여준 대목이다. 그러나 그 뒤 벌어진 북진의 과정에서 우리는 매우 방만했다. 마음이 들떠있었고, 사려가 곳곳에 미치지 못했다. 나아갈 때 용감했으나 물러설 때는 무력한 경우가 많았다.

나 또한 그 점에서는 예외일 수 없었다. 그러나 실수를 반복하지 않으려는 마음으로 나는 전쟁에 임했다. 어쩌면 그는 조바심이었을지 모른다. 그럼에도 실수를 줄이려는 마음가짐은 나름대로의 용의주도함으로도 나타났다. 그로써 밴 플리트와는 전선의 안정적인 유지, 나아가 한국군 현대화 작업을 수월하게 펼쳐갈 수 있었다.

전쟁의 시작과 함께 낙동강 전선의 혈투, 북진의 과정을 적은 부분에서 독자들은 우리 군대의 싸움기질을 읽을 수 있을 것이다. 약 5개월 동안 벌어진 그 과정에서 싸움에 익숙지 않았던 우리는 싸움의 본질을 체득해야 했다. 그러나 그 부분이 아주 미진했다.

이 책에 이어 다음에 나올 3권에서는 우리 군대의 참패를 기록할 작정이다. 싸움에 나섰으나 싸움의 요체를 제대로 이해하지 못하면 그런 참담함에 직면할 수밖에 없다. 싸움은 결국 나아가고 멈추며, 때로는 돌아서는 과정의 반복이다. 나아갈 때는 나아가더라도, 멈추고 되돌아서야 할 때는 또 그래야 한다.

넘쳐나는 스스로의 감정을 제어할 줄 알아야 하고, 멀리 바라보며 걸음을 옮겨야 한다. 상대를 자세히 알아야 하고, 제가 놓인 환경의 유리함과 불리함을 잘 헤아려야 한다. 싸움 전반의 형세形勢를 읽으며 노심勞心과 초사焦思로써 모든 상황에 대비해야 한다. 우리는 60여 년 전의 모질었던 싸움에서 이런 교훈을 제대로 얻은 것일까. 그 점이 미심쩍어 적은 글들이다.

2016년 9월 백선엽

목차

제7장 아이스크림 장군 밴 플리트

제8장 전쟁의 시작

제9장 낙동강 전선

백선엽의 6.25전쟁 징비록

제2권 나아갈 때와 물러설 때

제7장

아이스크림 장군
밴 플리트

1951년 4월 신임 미 8군 사령관으로 부임한
밴 플리트 장군(왼쪽)이 미군 종군 기자들과
회견하고 있다.

한국 육사의 아버지

수많은 미군이 이 땅에 왔다. 전쟁이 벌어지고 있던 60여 년 전의 한국에 말이다. 연 인원으로 따지면 200만 명에 육박할 것이다. 지휘관도 아주 많다. 더글라스 맥아더 장군을 비롯해 월튼 워커, 매슈 리지웨이, 맥스웰 테일러 등 제2차 세계대전에서 찬란하게 떠올랐던 미군의 기라성 같은 장군들이 즐비하다.

그 중에서 한국군 육성에 가장 공을 들인 사람을 꼽으라고 할 때 단연 돋보이는 인물이 하나 있다. 그의 이름은 제임스 밴 플리트(James Van Fleet, 1892~1992)다. 나와는 떼려야 뗄 수 없는 관계의 미군 장성이었다. 그와 나는 약 2년 동안 이 땅에서 벌어진 숱한 전쟁에서 모질고 잔인한 적과의 싸움을 이어갔다.

네덜란드계 미 8군 사령관

그는 네덜란드 계통의 피를 받은 사람이다. 그런 점 때문에 1653년 조선에 표류해 13년을 이 땅에서 머물렀던 헨드릭 하멜을 떠올리게 만든다. 아울러 2002년 한국과 일본에서 개최한 월드컵 축구 경기 때 한국 대표 팀을 이끌었던 거스 히딩크 감독도 생각나게 한다.

그는 한국 육군의 현대화를 이끈 인물이다. 우리의 육군이 오늘날의 현대화한 군대로 성장하는 데 그의 공로는 지대하다. 군인으로서의 밴 플리트는 나무랄 데 없이 진지하고 성실한 사람이었다. 그리고 다른 미군 장성들과 마찬가지로 공산주의를 맞아 싸움을 벌이는 데 있어서 매우 단호했다.

밴 플리트는 한국에 대한 애정이 매우 두드러져 보이는 사람이다. 그 속에 담긴 사정은 차츰 소개할 작정이다. 많은 미 장성들이 전쟁 전후에 한국에 머물렀지만 밴 플리트가 한국

미 8군 사령관 제임스 밴 플리트 대장이 한국 전쟁고아들과 함께 즐거운 시간을 보내고 있다.

을 향해 드러낸 열정과 애정은 각별하다. 그는 전쟁이 휴전으로 막을 내린 뒤에도 한국과 미국의 관계 발전을 위해 헌신하다가 세상을 떠났다.

지금 태릉의 육군사관학교에는 그의 동상이 하나 서 있다. 원래 동상이 섰던 곳에서 구석진 자리로 옮겨지긴 했으나, 대한민국 육군사관학교에 그를 기리기 위한 동상이 들어섰다는 사실은 유념할 만하다. 그는 한국군 현대화의 가장 절실한 과제를 '능력 있는 초급 장교의 육성'이라고 본 인물이다. 그래서 다른 누구보다도 유능한 장교 육성에 정열을 쏟았다. 그래서 벌인 일이 육군사관학교 설립이다.

전쟁 중에 벌어지는 전투에 관한 지원은 미 8군이 독자적으로 결정할 수 있다. 그러나 육군사관학교 설립은 그의 권유 사항이지, 지원 대상은 아니었다. 그럼에도 그는 한국의 육군사관학교 설립과 발전에

골몰했다. 하루 빨리 정규의 육군사관학교를 만들어 유능한 장교들을 길러내야 한국군이 발전한다는 생각에서였다. 그런 그가 아주 엉뚱한 일을 벌이고 만다. 1952년 들어서다. 그는 미 8군의 건설 자재를 당시 새 육군사관학교가 들어서던 서울 태릉의 연병장으로 옮기도록 했다. 자재들은 곧 산더미처럼 쌓였다.

'초급 장교 육성'에 주목하다

그의 열정은 그러나 곧 제동이 걸리고 만다. "한국 육군사관학교를 짓는데 왜 미 8군의 건설 자재를 사용하느냐"는 미 의회의 지적 때문이었다. 그 지적은 사실 합당했다. 미 8군이 한국을 지원할 수 있는 '범주'를 넘어서는 일이었기 때문이었다. 밴 플리트는 부랴부랴 그 엄청난 양의 건설 자재들을 모두 다시 원위치로 옮겨야 했다.

밴 플리트는 위대한 군인이기는 했으나 행정에는 그처럼 어두웠다. 미 의회의 지적을 받고서 허겁지겁 막대한 건설자재를 다시 옮기는 모습에서 그런 면모가 두드러진다. 그러나 그 다음에는 어떤 일이 벌어졌을까. 웬만한 미군 장성이라면 아마 민망함과 무안함 때문에 그 일에 다시 손을 대지 않았을지 모른다. 그러나 밴 플리트는 달랐다.

우선 자신의 사재私財부터 털었다. 정확히 얼마인지는 모르겠으나 자신이 앞장서서 돈을 내놓고 휘하의 각 부대 지휘관들에게 "한국의 육군사관학교 생도들을 위해 도서관을 지어야 하니 내놓을 수 있는 사람은 돈을 내라"고 했다. 그렇게 그는 돈을 모았다. 마침내 그는 빨간 벽돌의 한국 육사 도서관을 지어내고 말았다.

그런 밴 플리트 장군은 장교 생활 초기에 자신의 이름 때문에 손해를 본 사람에 속한다. 현대의 미군이 오늘날의 모습으로 성장한 데는 조지 마셜(George Marshall, 1880~1959)의 공이 절대적이다. 웬만한 미군 고위 장성들의 '뿌리'에 해당하기 때문이다. 현대 미군을 키운 실질적인 주역이 마셜 장군이다. 6.25전쟁이 벌어지고 있던 당시의 상황은 더 했다. 마셜 장군이 기억하는 미군의 지휘관 중에 밴 플리트 장군의 이름과 거의 같은 사람이 있었던 모양이다.

그는 술주정뱅이로 미군에서 소문이 자자했던 듯하다. 결국 마셜의 귀에도 그 이름이 들어갔다고 한다. 그래서 밴 플리트는 장군 진급에 여러 번 실패했다는 것이다. 그런 밴 플리트는 미 육군사관학교인 웨스트포인트를 졸업했다. 드와이트 아이젠하워(Dwight Eisenhower, 1890~1969), 오마 브래들리(Omar Bradley, 1893~1981)와 동기생이었다. 아이젠하워와 브래들리는 모두 제2차 세계대전에서 명성을 얻었다. 결국 둘은 그에 힘입어 미국 대통령, 5성 장군의 자리에까지 올랐다.

그에 비해 밴 플리트는 처졌다. 진급도 훨씬 늦었음은 물론이다. 그러나 군인, 전쟁터의 지휘관으로 지닌 자질과 역량은 그 둘에 손색이 없었다. 적과 싸우려는 투지鬪志에 관해서는 오히려 그 둘을 크게 넘어서는 측면도 있었다.

내가 밴 플리트에게 웨스트포인트 다닐 때 성적이 어땠는가를 물어 본 적이 있다. 밴 플리트는 "아이젠하워의 성적은 전교생의 중간 정도였고, 내 성적은 그보다는 조금 아래였다"고 설명했다. 웨스트포인트에서 그는 결코 두드러지는 생도가 아니었다는 얘기다. 이름에 관한 오해 때문에 진급에서도 거듭 누락해 지휘관으로서의 초반 형편도 좋지 않았다. 결국 그는 웨스트포인트 동기생 아이젠하워가 제2차 세계대전 막바지에 유럽연합군 최고 사령관으로 노르망디 상륙작전을 지휘할 때 겨우 연대장인 대령의 계급으로 프랑스의 유타 비치에 상륙했다.

'훈련'에 몰두했던 스타일

그런 밴 플리트를 보면서 가족들은 꽤나 우울했던 듯하다. 동기생인 아이젠하워가 이미 별을 달고서 전선에서 맹활약을 펼치는 모습과 밴 플리트가 아직은 영관領官 계급에서 허덕이는 모습이 아주 대조적이었기 때문이다. 2차 세계대전이 불붙고 있던 시절 밴 플리트의 한 형이 그 점을 지적하면서 그에게 심경이 어떠냐고 물었다고 한다. 밴 플리트는 서슴없이 "군대는 훈련이 중요하다. 나는 후방에서 장병들을 훈련하는 일에 만족한다"고 했다.

젊은 시절의 밴 플리트(왼쪽) 장군의 모습

그는 프랑스 유타 비치에서 상륙작전을 매우 성공적으로, 그리고 대담하면서도 용감하게 수행한다. 그 공로로 그는 노르망디 상륙작전 직후인 1944년에야 겨우 별 하나를 달아 준장 계급으로 수많은 전쟁 영웅들이 버티고 있는 미군의 장성 대열에 오른다.

그의 고향은 플로리다다. 네덜란드 계통의 이민으로 미국에 발을 디딘 할아버지의 피를 이어

받았고, 사업 수완이 뛰어났지만 거듭 실패와 재기를 반복하면서 굴곡진 삶을 살았던 아버지를 좇아 당시로서는 인적이 드물었던 플로리다에 정착했다. 풍부한 습지와 삼림이 발달한 플로리다에서 밴 플리트는 꿈이 많고, 심성이 아주 우직한 사람으로 자랐다.

그는 군대의 한직閑職이랄 수 있는 대학교 ROTC 교관을 맡은 적이 있다. 고향의 플로리다 대학에서였다. 그는 학교 교관으로서 대학의 미식축구 팀을 이끌었다. 아이젠하워와 브래들리 등 웨스트포인트 동기생들이 엘리트 장교로서 승승장구할 때 밴 플리트는 햇볕 따스한 플로리다에서 한가하게 대학 미식축구 팀을 가르치고 있었다.

꽤 오랜 시간이었다. 그럼에도 그는 부단히 자신을 연마했다. 대학 축구팀을 이끌면서 그는 전쟁을 생각하고 또 생각했다. 미식축구는 마침 전쟁판을 꼭 닮은 스포츠였다. 전쟁에서 이기는 길은 무엇인가. 끊임없는 훈련이 먼저였고, 장병들을 아우르는 단결력과 협동심이 중요하다는 점을 그는 플로리다 대학에서 터득했다.

그 우직했던 미군의 초급 장교는 점점 몸과 영혼이 자랐다. 그는 결국 프랑스 유타 비치에서 맹활약했고, 그리스 정부를 도와 현지의 공산 게릴라를 없앴다. 미국의 국위를 선양했음은 물론이다. 그러나 그 뒤 벌어진 6.25전쟁에서 그의 진가는 크게 드러난다. 1951년 4월, 키가 멀뚱하게 크고, 약간은 촌티가 나는 미 장성이 8군 사령관에 부임했다. 중공군의 춘계 공세가 무섭게 도지는 시점이었다. 나는 그곳에서 밴 플리트를 처음 만났다.

아들을 한국에 바친 미 사령관

그와는 전쟁터, 아주 급박하게 돌아가는 싸움의 현장에서 처음 만났다. 나중에 그 사정을 자세히 소개하겠지만, 그는 중공군에게 맞서 싸우다 등을 보인 채 궤멸하다시피 했던 국군 3군단에게 아주 단호한 해체 명령을 내렸다. 내가 듣고 있던 현장에서였다.

그 3군단이 중공군에게 결정적으로 패배를 맞이한 싸움은 강원도 인제의 '현리 전투'다. 나는 당시 그 동쪽의 주문진에 있던 1군단 사령부를 이끌고 있었다. 키가 훌쩍 크고, 어쩌면 무뚝뚝하다 해도 좋을 인상의 밴 플리트 신임 미 8군 사령관은 그렇게 나와 처음 조우했다.

잊을 수 없는 지휘관

그는 약 2년에 걸쳐 한국 전선을 이끈다. 내가 그에게 배운 점은 아주 많다. 사느냐 죽느냐를 다투는 전쟁터에서 지휘관으로서 어떻게 필승의 의지를 다져야 하는가, 그런 의지를 또한 어떻게 현실의 싸움터에서 구현해야 할까, 부하를 어떻게 대하면서 싸움을 이끌어 갈까 등 부지기수다. 그런 여러 가지에서 나는 밴 플리트로부터 많은 덕목을 배웠다.

그러나 내가 그를 평생 잊을 수 없던 이유는 다른 데 있다. 싸움에 관한 많은 테크닉, 즉 전기戰技는 다른 여러 지휘관들과 적지 않은 전사戰史를 통해 배우고 익힐 수 있었다. 내가 일백—百의 삶을 눈앞에 둔 지금까지도 그를 잊을 수 없는 까닭은 그가 우리 대한민국 국방 초석을 이루는 데 있어서 빼놓을 수 없는 은인恩人이라고 여기기 때문이다.

그는 대한민국 국방의 현대화를 위해 결정적인 역할을 한 사람이다. 나는 재창설한 2군단장으로서, 그리고 지리산 일대의 빨치산 토벌 사령부의 총사령관으로서, 나아가 별 넷의 한국 최초 대장으로서, 또 육군참모총장으로서 대한민국 국방 초석 다지기에서 그가 보였던 활약을 늘 옆에서 지켜본 사람이다.

군복을 벗은 1960년, 그리고 그 이후 많은 과정을 거치면서도 나는 밴 플리트 장군을 잊지 않았다. 아니, 늘 누군가에게 먹을 것을 나눠주며 인정스럽게 사람을 대하다가도 전쟁터에 서서는 추호의 빈틈도 보이지 않는, 그리고 공산주의와 싸우던 대한민국을 위해 조금의 망설임도 없이 앞에 나서던 그를 잊을 수가 없었던 것이다.

내 나이 일흔을 막 넘겼을 때였다. 나는 1960년 군문을 나와 이미 대만 대사, 프랑스와 아프리카 등 총 19개국 겸임 대사, 캐나다 대사를 거쳐 고국에 돌아왔고 이어 박정희 전 대통령 정부에서 교통부 장관을 맡았다가 한국종합화학 사장을 지낸 뒤 완연한 민간인의 신분으로 돌아와 있었다.

그 무렵에 밴 플리트 장군은 이미 망백望百의 노인으로서 자신의 고향인 미국 플로리다에 은거하고 있었다. 그의 나이 99세였다. 내 나이는 어느덧 71세였다. 그는 1892년생으로 나보다 28살이 많았다. 내게는 사실 아버지뻘의 사람이었다. 그는 1953년 초반 군문을 나와 다양한 활동을 펼쳤다.

국군 2군단 창설식의 전사 통보

미국의 존경 받는 4성 장군 출신으로 은퇴 뒤에도 밴 플리트는 미국의 대외 방위 정책에 깊이 간여하며 한국을 자주 찾았다. 특히 그는 한국군 현대화에 지속적인 지원을 아끼지 않아, 이승만 대통령은 물론이고 뒤에 등장한 박정희 대통령과도 깊은 교분을 쌓았다. 그는 한국의 조야朝野로부터 깊은 신뢰와 존경을 받는 미국 퇴역 장성

밴 플리트 미 8군 사령관(오른쪽)이 60세 생일을 맞아 함께 참전했던 아들 밴 플리트 2세와 찍은 사진

이기도 했다.

그는 주지하다시피 한국 전선에 부임해 싸움을 이끄는 도중에 자신의 외아들인 제임스 밴 플리트 2세의 사망을 접해야 했다. 아들 밴 플리트 2세는 아버지를 따라 공군 폭격기 조종사로 6.25전쟁에 참전했다가 북녘 어딘가에서 폭격기 추락으로 사망했다. 그 시점은 국군 2군단 재창설식을 거행하기 하루 전인 1952년 4월 4일이었다. 군단 창설식에는 이승만 대통령과 함께 밴 플리트도 왔다.

군단 창설식은 춘천 북방의 소토고미에서 열렸다. 그 국군 2군단 재창설은 여러모로 의미가 깊었다. 한국군 현대화의 첫걸음이라고 불러도 좋을 정도로 군단 편제가 미군의 군단과 비슷했다. 따라서 2군단 재창설은 현대화한 한국군의 첫 군단 창설이라는 의미를 지니고 있었다. 이 부분은 나중에 다시 소개할 기회가 있을 것이다.

어쨌든 이승만 대통령은 군단 창설식에서 기분이 좋았다. 최초의 현대화한 한국군 군단 창설에서 축사를 했기 때문이다. 밴 플리트 장군도 그를 흐뭇하게 지켜봤다. 그의 뚝심으로 한국군 현대화의 첫걸음이 막 긴 여정에 들어섰기 때문이었다. 군단 창설식이 끝난 뒤에 각 요인들은 임시 마련한 막사로 자리를 옮겨 다과회에 참석했다.

그러나 분위기가 이상했다. 밴 플리트 장군이 신임 2군단장인 나를 불렀다. 그 주위에는 이미 창설식에 참석했던 파머 미 10군단장, 오대니얼 1군단장 등 미군 장군들이 모여 있었다. 밴 플리트 장군의 표정이 어두워지기 시작했다. "사실은 말입니다. 제 아들이 어제 저녁 군산 옥구 비행장을 출발해 폭격에 나섰는데, 아직 돌아오지 않고 있답니다……."

적 앞에서 아주 단호하기만 했던 밴 플리트 장군의 얼굴이 점점 아래를 향하고 있었다. 그는 눈물을 보이지 않으려고 고개를 자꾸 숙였다. 우리 모두는 깊은 침묵에 빠져들고 말았다. 우리는 애써 무슨 위로의 말을 전하려고 했으나 마땅한 말을 찾지 못하고 말았다.

그는 나중에 자신의 부인인 헬렌 여사를 위로하는 데 애를 먹었다. 헬렌 여사는 당시 도쿄東京에 머물고 있었다. 부부가 함께 일선 현지에 머물지 못하도록 한 미군의 규정 때문이었다. 그럼에도 헬렌 여사는 줄기차게 한국을 방문했다. 외아들의 생사를 확인하는 것은 물론, 그의 시신이라도 수습하기 위한 어머니의 애틋한 모정 때문이었다. 밴 플리트 장군은 헬렌 여사가 찾아올 때마다 그를 위로하기 위해 상당한 노력을 기울였으나 큰 소용이 없었다.

아들 잃은 아버지와 어머니

헬렌 여사는 1952년 7월 육군참모총장에 오른 내게도 자주 찾아왔다. 대구 육군본부에 있다가 업무를 보기 위해 서울의 미 8군 게스트 하우스(지금의 '한국의 집')에 들렀을 때 마침 서울에 와있던 헬렌 여사는 늘 내 방문을 노크했다. 그녀는 성격이 매우 밝았다. 이런저런 이야기를 하다가 그녀가 문득 말문을 닫는 경우가 있다.

헬렌 여사는 그 대목에서 여지없이 손수건을 꺼내들었다. "백 장군님, 어떻게… 아들의 시신을 찾을 방법이 없을까요?" 그러면서 그녀는 눈물을 줄줄 흘리며 울었다. 나는 안타까운 마음에 위로의 말 몇 마디를 건넸지만, 헬렌 여사의 큰 슬픔을 가라앉히는 데는 별 소용이 없는 듯했다. 내게 무슨 위로를 받을 수 없었겠지만 헬렌 여사는 부지런히 나를 찾아왔다.

나는 그래서 밴 플리트의 단호한 군인정신 속에 가려진 그 가족들

Van Fleet's Son Reported Missing

SEOUL, Korea, April 5 ⑱—Lt. James A. Van Fleet Jr., 26 year-old only son of the U.S. Eighth Army commander, was listed by the Fifth Air Force today as missing in action on his third night bombing mission.

Young Van Fleet and his two-man crew failed to return Friday from a strike near Sunchon in Northwest Korea. With him were Lt. John A. McAllister of Portland, Ore., navigator - bombardier; and Airman First Class Ralph L. Phelps of Bemidji, Minn., engineer-gunner.

Another Western commander, the late Marshal Jean de Lattre de Tassigny of France, also lost a son fighting the Communists. The son, 1st Lt. Bernard, 23, was killed in action south of Hanoi, May 30, 1951.

Young Van Fleet and his crew went out Thursday night, but radi-oed they were diverted from their target—a rail center—by fog and low clouds.

At 3:15 a.m. Friday Van Fleet reported his fuel supply was too low to permit a strike on a secondary target. It was the last message from the B-26 twin-engine bomber.

An Air Force spokesman said the bomber should have had enough fuel to last until 4:30 a.m. Hundreds of planes searched Friday and Saturday, dumping bombs on Communist supply lines as they ranged over the target area. The search was called off Saturday night.

Gen. J. Lawton Collins, Army chief of staff, notified the young flier's mother at her home in Long Beach, Calif. Young Van Fleet, a West Point graduate, and his wife were separated. She and their son, James, reside in New York City.

LT. JANMES VAN FLEET, JR.

밴 플리트 사령관의 아들이자 공군 조종사로 함께 참전했던 밴 플리트 2세의 실종 소식을 다룬 미국 신문 기사

의 큰 슬픔을 잘 이해하는 편이다. 밴 플리트 장군은 아들을 잃었으면서도 늘 꿋꿋하게 전선을 지휘했으나, 아버지로서의 슬픔을 간혹 보이곤 했다. 그는 업무가 특별히 바쁘지 않았을 적인 어느 하루인가 내게 연락을 해왔다. "백 장군, 시간이 있으면 나와 잠깐 어디를 다녀옵시다"라면서 말이다.

그와 나는 서울의 뚝섬 비행장에서 L-19 경비행기 두 대에 각자 올라탄 뒤 군산으로 향했다. 그가 가자고 하는 곳이 군산이라는 사실에 마음이 착잡했다. 그의 아들 밴 플리트 2세가 있던 옥구 공군 비행장을 가자는 얘기였다. 그렇게 나와 밴 플리트 장군은 아무런 말없이 군산으로 향했다.

그가 군산 옥구 비행장에 도착해서 하는 일은 별반 특별한 게 없

었다. 그는 먼저 공군 조종사들이 묵는 막사에 갔다. 그리고 공군기지 사령관의 배려로 아직 유품 등을 그대로 남겨 둔 밴 플리트 2세의 침실을 찾았다. 밴 플리트는 아무런 말없이 그저 아들이 남기고 간 물품을 조용히 바라보기만 했다. 나는 그런 밴 플리트 장군을 옆에서 물끄러미 지켜볼 수밖에 없었다. 당시에 나는 밴 플리트 장군 옆에서 그의 슬픔을 지켜주는 초병(?) 역할을 수행했다. 사실이지, 그때는 그 정도가 최선이었다.

나는 그래서 자신의 전투 지휘 철학을 '필승의 의지(The will to win)'라고 내세우며 적 앞에서는 늘 불굴의 지휘관으로서 용감한 면모를 과시했던 이 밴 플리트 장군의 슬픔을 이해했다. 그의 아내 헬렌 여사의 깊고 어두운 슬픔과 함께 말이다. 그런 연유 때문만은 아니다. 그는 대한민국 전선 지휘관인 나를 크게 알아준 인물이기도 하다.

그 곡절이야 나중에 설명할 기회가 다시 있을 것이다. 여러 가지 이유로 나는 밴 플리트를 줄곧 떠올리지 않을 수 없었다. 군복을 벗은 뒤에도 늘 마찬가지였다. 한국 국방의 초석을 닦는 데 결정적인 기여를 한 인물, 그의 좌절과 눈물을 옆에서 생생하게 지켜봤던 인연이 다 그렇다.

눈물로 올린 거수경례

그가 100세 생일을 앞두고 거동조차 불편하다는 전갈이 전해졌다. 나는 밴 플리트의 자상한 면모를 어느덧 떠올리고 있었다. 나도 70줄에 들어섰던 노인이건만, 그가 혹시 갑자기 세상이라도 뜨기 전 얼굴 한 번이라도 뵈는 게 도리라고 생각했다. 나는 그런 생각에 미국행 비행기에 몸을 실었다. 뉴욕에 거주하는 딸의 집을 먼저 들렀다.

나는 딸의 집에 도착하자마자 "플로리다행 비행기 표를 예약해라. 너도 같이 가자"고 말했다. 딸은 "아버지도 이제 노인이신데, 한국에서 먼 길 오셨으면서 어딜 또 가시자는 거예요"라고 물었다. 나는 "잔말 말고 어서 마련해"라고 말을 끊었다. 딸은 그런 나의 반응에 퍽 당황했다고 한다. 평소 차분하기만 했던 내가 벌컥 화를 냈기 때문이다.

먹을 것 늘 나누던 사람

나는 딸과 함께 플로리다로 향했다. 가는 길은 멀지 않았다. 그러나 나는 비행기 속에서 밴 플리트와 나, 그리고 전화戰火에 휩싸인 채 갈 길을 잃고 헤맸던 당시 대한민국의 상황을 떠올리고 있었다. 그는 전선의 적에 의해 휘둘리고 있던 대한민국에 홀연히 나타난 인물이다. 그리고 2년이 채 안 되는 시간에 대한민국 국방의 기저基底를 크게 다

한국군 2군단 재창설 기념식이 열리던 날 밴 플리트 미 8군 사령관(오른쪽 둘째)이 아들의 실종 소식을 나와 참석했던 미 장성들에게 알리고 있다.

질 수 있도록 상황을 이끌었던 사람이다.

비행기 속에서 잔잔히 떠올렸던 밴 플리트 장군의 면모 중 하나가 '음식'이었다. 그는 늘 남과 음식을 나눠 먹기 좋아했다. 야전의 현장에 나타나 나와 함께 걸을 때 그는 주머니에서 항상 무언가를 꺼내 들었다. 당시로서는 우리가 접하기 힘들었던 오렌지를 비롯해 비스킷과 과일 등이었다. 그는 늘 자신이 먹고도 남을 만큼의 음식을 지니고 다녔다.

밴 플리트는 그런 주머니 속의 음식을 꺼낸 뒤 "이거 한 번 먹어보라"며 권했다. 나는 그 덕분에 오렌지를 비롯해 미군의 다양한 음식을 즐길 수 있었다. 특히 그는 아이스크림을 무척 좋아했다. 자신의 공관에서 식사를 할 때 그는 후식으로, 또는 식사와 상관없이 아이스크림을 찾았다. 그 또한 "함께 먹어보자"며 곁의 사람과 나누기를 좋아했다.

이승만 대통령 내외는 전쟁 와중인데도 주말이면 서울 동숭동 옛 서울대학교 자리에 있던 미 8군 사령부를 찾았다. 밴 플리트 장군이 미 8군 사령관에 재임하고 있을 때 더욱 그랬다. 그곳에서 이승만 대통령 내외는 미 8군 사령관으로부터 '극진한' 서비스를 받을 수 있었다. 이승만 대통령은 1875년 출생이어서 1892년에 태어난 밴 플리트 장군의 '아저씨뻘'이었다.

밴 플리트 장군은 주말에 이 대통령 내외를 모셔 놓고는 포크와 나이프를 직접 들고 식탁 위의 스테이크와 칠면조 고기 등을 썰어 둘의 접시에 올려놓는 '서빙'을 매우 즐겼다. 그런 밴 플리트의 친절한 서비스를 이승만 대통령 내외는 퍽 즐겼다. 매번 그런 주말의 회동이 끝난 뒤 이승만 대통령 내외는 한껏 유쾌해진 표정으로 차에 올라타 사령부 정문을 빠져나오곤 했다. 나도 그런 자리에는 자주 참석했다.

비행기가 플로리다의 한 공항에 내렸다. 그의 고향에 왔다는 생각에 우선 기뻤다. 그곳으로부터 딸과 나는 자동차를 빌려 타고 2시간 정도를 더 달려야 했다. 그는 은퇴 직후 평소의 소원대로 고향 플로리다에 목장을 마련했다. 다양한 사업을 벌이기도 했지만, 원래 그의 소박한 꿈대로 육우 50여 마리를 키우는 목장을 만들고 그곳에 안주했다.

플로리다 밴 플리트 목장

멀리 그의 목장이 보였다. 정문에는 그의 둘째 딸이 나와 우리를 기다리고 있었다. 밴 플리트는 거동이 불편해 집안 거실에 있다고 했다. 목장 문을 들어서면서 나는 다시 군산의 옥구 비행장, 그리고 실종으로 이미 사망했다고 봤던 그의 아들 침대와 그곳에 들어서서 물끄러미 아들의 관물을 지켜보던 밴 플리트의 모습을 떠올렸다.

우리는 현관을 지나 그의 거실로 들어섰다. 거실의 한 구석 휠체어에 앉아 있던 밴 플리트 장군이 주섬주섬 몸을 일으켜 세우고 있었다. 그 역시 세월을 비켜갈 수 없었던 듯했다. 185㎝에 달하는 거구는 어느덧 작아져 있었다. 나는 그의 시선을 마주하면서 부동자세를 취했다. 그리고 거수경례를 했다. "Sir,…."

밴 플리트 장군도 몸을 곧추세웠다. 그러나 기력이 아주 떨어져 보였다. 그는 내가 거수경례를 올리자 역시 마찬가지 몸짓을 했다. 그러나 팔을 들어 올릴 힘마저 없어 보였다. 그는 왼손을 들어 올려 오른팔을 받치면서 간신히 거수경례를 했다. 희미한 표정이었지만 나를 바라보는 눈이 반가움으로 빛나는 듯했다. 나는 경례를 마친 뒤 빠른 걸음으로 그에게 다가갔다.

우리는 서로를 부둥켜안았다. 나의 얼굴, 그리고 밴 플리트 장군의 얼굴은 벌써 눈물로 범벅을 이루고 말았다. 세월의 야속함에 흘리는 눈물이었는지, 아니면 그저 반가움으로 흘리는 눈물이었는지는 기억에 없다. 휠체어에 의지해 생명의 마지막 순간을 맞이한 밴 플리트 장군은 그저 처연慘然하기만 했다. 말도 없이 우리는 한동안 눈물을 흘렸다.

밴 플리트 장군의 말은 내가 전혀 알아들을 수 없을 정도였다. 반가움에 무엇인가를 열심히 말하고 있었지만 이미 노쇠할 대로 노쇠해진 밴 플리트 장군은 얼굴과 입술을 제 마음껏 움직일 수 없는 상황이었다. 그러면서도 밴 플리트 장군은 어느덧 40여 년 전 나와 함께 싸웠던 한국의 전선을 회고하고 있었다. 밴 플리트 장군의 말은 오직 그의 둘째 딸만이 알아들을 수 있었다. 장군은 나와의 사이에 둘째 딸을 앉혀두고 먼 기억 속의 한국 전선을 돌아보고 있었다.

그의 기억은 제법 또렷한 편이었다. 그러나 기력이 많이 떨어져 오래 그와 말을 나눈다는 것이 마음에 걸렸다. 그를 쉬게 해야 할 시간이었다. 아울러 밴 플리트 장군과 헤어져야 할 시간이었다. 플로리다 그의 목장에서 헤어진다는 일은 이제 이 세상에서 그를 더 이상 만날 수 없다는 의미이기도 했다.

마지막 경례

나는 그에게 마지막 경례를 올렸다. 마음의 평정을 찾은 뒤였다. 우리는 기쁜 마음으로 헤어질 수 있었다. 40여 년 전의 전우戰友와 헤어지는 심정은 비교적 차분했다. 밴 플리트는 거실의 휠체어에 앉아 나의 경

군복을 벗고 은퇴해 고향으로 돌아가 활동하던 시절의 밴 플리트 장군(오른쪽 둘째)

례를 받고 역시 답례를 했다. 그는 희미한 손짓으로 나와 딸을 배웅했다. 밴 플리트는 옆에 서있던 자신의 딸에게 한 두 마디를 건넸다.

둘째 딸은 문 앞까지 따라 나왔다. 나는 밴 플리트 장군이 나를 보내면서 자신의 딸에게 건넨 말이 무엇인지 괜히 궁금해졌다. 나는 어느 정도 그 내용을 짐작했다. 집 문을 나서면서 나는 장군의 둘째 딸에게 "아버지께서 마지막에 무슨 말씀을 하시던가요?"라고 물었다.

장군의 딸은 살며시 웃으면서 "별 말씀은 아니고요, 그저 백 장군 가시기 전에 점심이라도 꼭 대접해서 보내라고 하셨어요"라고 대답했다. 역시 내 짐작은 맞았다. 밴 플리트 장군은 평소의 습관대로 자신의 먹을 것을 나눠주려는 배려를 보였던 것이다. 내 얼굴에는 의미심장한 웃음이 떠올랐다. 장군의 딸은 그런 내 웃음을 보면서 궁금증이 이는 듯했다.

밴 플리트 장군은 이듬해 세상을 떠났다. 그가 세상을 떠난 뒤 나는 미국의 알링턴 국립묘지에 들러 그의 묘소를 찾기도 했다. 그보다 먼저 세상을 하직한 부인 헬렌 여사, 그리고 한국의 전선에 공군 비행사로 참전했다 행방불명 뒤 사망한 그의 아들 밴 플리트 2세가 그의 이름과 함께 묘비를 장식하고 있었다.

세월은 그렇게 옛 전우를 안고 흘러갔지만 그에 대한 기억은 아직 생생하다. 그는 이승만 대통령 내외, 그리고 대한민국과 내게는 매우 친절하고 따뜻한 사람이었으나 자신이 싸워야 했던 적에게는 매우 무서운 인물이었다. 아울러 적 앞에서 등을 보이며 도망치는 아군에게는 아주 혹독한 사람이기도 했다.

1951년 4월에 그는 한국 전선에 신임 미 8군 사령관으로 부임했다. 미국 본토에서 제2차 세계대전 당시에 비해 전투력이 훨씬 떨어진

군대의 지휘관으로 있다가 미군 수뇌부의 부름을 받아 급히 한국 전
선으로 옮겨왔다. 그가 속한 미군이 제2차 세계대전 뒤에 계속 해체
와 약화弱化의 길을 걸어왔지만, 그는 1944년 노르망디 상륙 작전에서
최선봉으로 유타 비치에 올라섰던 당시의 용기와 기개를 전혀 잃지
않고 있었다.

　마침 중공군의 막바지 춘계 공세가 펼쳐지고 있었던 시점이었다.
중공군은 1.4후퇴로 내줬다가 우리가 다시 탈환한 서울까지 집어삼
킬 기세로 덤벼들고 있었다. 미군은 이제 중공군의 괴이하다 싶을 정
도의 변칙적인 작전에 완연히 적응해가던 무렵이었다. 그러나 국군은
여전히 중공군이 먹잇감으로 노리는 대상이었다.

　내가 당시 머물던 곳은 주문진이었다. 그곳에 국군 1군단 사령부
가 있었고, 나는 그곳에서 지휘봉을 잡은 상태였다. 중공군은 미군이
강하게 버티고 있는 서부전선보다는 국군이 상대적으로 많이 포진한
중동부 전선을 노리면서 공격을 감행하고 있었다. 그해 5월 21일 아
침이었다. 대관령으로부터 멀지 않은 국군 3군단 사령부에서 열리는
작전회의에 참석하라는 명령이 전해졌다.

야포 400문 동원해 중공군 타격

월튼 워커 미 8군 사령관은 한국 전선을 지휘하다가 불의의 교통사고로 사망했다. 1950년 12월이었다. 당시의 분위기는 이미 소개했던 그대로다. 인천상륙작전으로 전쟁의 반전을 꾀했던 맥아더의 의중대로 아군은 압록강 인근까지 적을 몰아갔으나 중공군의 기습적인 참전으로 전선은 38선을 향해 마구 밀려 내려오던 시점이었다.

그로부터 얼마 지나지 않아 워커 장군의 장례식이 미국에서 열렸을 때였다. 당시 밴 플리트 장군도 그 장례식에 참석했다고 했다. 이 자리에서 로튼 콜린스 미 육군참모총장은 넌지시 밴 플리트 장군에게 "지금 한국에서 벌어지고 있는 상황에 관심을 가져달라"고 했다. 콜린스 장군은 이어 "모종의 변동이 생길 경우 당신이 미 8군 사령관으로 부임할 가능성이 있을 것"이라고 했다는 것이다.

오렌지 심다 들은 인사 명령

당시 밴 플리트는 미 본토에 주둔하고 있던 미 2군의 사령관이었다. 워싱턴 정가는 아주 복잡해져 있었다. 도쿄의 유엔군 총사령관 맥아더 장군과 대통령 트루먼의 사이가 점점 나빠지고 있었기 때문이다. 맥아더는 트루먼의 미 행정부가 공산군과의 협상을 통한 휴전에 나설 움직임을 보이고 있던 데 비해 "승리만큼 확실한 대안은 없다"며

1949년 그리스에 주둔하면서 공산 게릴라 소탕을 이끌었던 시절의 밴 플리트 장군(서있는 이 중 오른쪽 끝)

지속적인 공격 의사를 표명하고 있었다.

　　결국 맥아더는 미 행정부에 의해 1951년 4월 11일 공식 해임당하고 만다. 맥아더가 이끌고 있던 도쿄의 유엔군 총사령관 자리는 매슈 리지웨이 미 8군 사령관에게 맡기기로 했다. 워싱턴은 아울러 리지웨이가 이끌고 있던 미 8군 사령관으로는 당시 미 본토에 있던 2군 사령관 밴 플리트 장군을 확정했다.

　　행정부의 그런 결정이 있기까지 논란은 적지 않았다. 밴 플리트 장군이 리지웨이의 웨스트포인트 2년 선배인 데다가, 두 사람이 2차 세계대전을 치르면서 적지 않은 의견차를 드러낸 이력이 있기 때문이었다. 그러나 트루먼은 끝내 밴 플리트 장군을 선택했다. 이유는 밴 플리트가 미 본토의 2군 사령관을 맡기 전 그리스에 주둔하면서 그곳 왕실을 도와 장기간에 걸친 대 공산 게릴라 작전을 거의 완벽하게 마무리 지었기 때문이었다.

밴 플리트는 1948년 2월부터 1950년 7월까지 그리스에 머물면서 복잡한 현지의 정치적 환경, 공산 게릴라의 막강한 활동력, 무능하고 허약했던 그리스 군대 등의 불리한 여건 속에서도 그리스 왕실과의 유대 강화, 시간을 투자해 그리스 군대를 착실하면서도 체계적으로 교육시키는 방법 등을 통해 공산 게릴라를 완벽하게 제압하는 성과를 거뒀다.

초기에는 미미했던 그의 존재가 노르망디 상륙작전에서 보인 유타 비치 작전 지휘 능력, 그리스에서의 공산군 게릴라 제압 등을 통해 점차 워싱턴 행정부의 시야에 분명하게 드러나고 있던 시점이었다. 한국 전선으로의 부임은 밴 플리트의 그런 성가를 확인하는 또 하나의 무대가 될 참이었다.

밴 플리트는 맥아더의 해임 소식이 있던 날 휴가를 받아 고향 플로리다에 돌아와 자신의 과수원에 오렌지 나무를 심고 있었다. 로튼 콜린스 미 육군참모총장이 전화를 했다. 그는 "워커 장군 장례식 때 내가 했던 말 기억하고 있는가? 지금 당장 한국 전선에 부임해야 하니 떠날 준비를 해주게"라고 했다.

한국의 '마음'을 이해했던 사람

그의 회고록에 따르면 밴 플리트는 당시 콜린스 총장이 걸어온 전화를 받고 두 느낌에 젖었다고 했다. 하나는 한동안 잊었던 전선에서의 투지鬪志가 되살아나는 느낌이었고, 또 하나는 자신이 주재했던 그리스처럼 한국의 전선 상황도 상당한 정치적 주의력이 필요한 자리라는 생각이 들었다는 것이다. 적과의 휴전을 도모하려는 워싱턴의 입장과 한국을 이끌고 있는 이승만 대통령의 입장 및 관점 차이를 조화롭게 극복해야 한다는 점을 그는 미리 알았다는 얘기다.

사실, 이 점이 특기할 만하다. 밴 플리트는 대한민국 국방의 역사에서 빼놓을 수 없는 인물이다. 점차 소개해 나가겠지만, 그는 워싱턴의 여러 우려에도 불구하고 한국군의 성장 잠재력을 믿고 우직하게 그 뒤를 받치면서 미국이 현대화한 한국군 양성을 위해 막대한 지원을 펼치도록 용의주도하게 이끌었던 사람이다.

휴전으로 전쟁을 일단 끝내기 위해 한국에서의 싸움을 제한적으로 이끌었던 워싱턴의 복잡한 속내를 잘 알면서도, 그는 한국군을 신속하게 증강시켜 자체적인 힘으로 공산군의 위협에 맞설 수 있도록 했다. 그런 자신의 목표를 이루기 위해서는 워싱턴의 생각과 현지인 한국의 분위기에 두루 밝아야 했다. 그의 생각과 선호選好가 한 쪽에만 쏠릴 경우 목표는 달성하기 힘들었다.

따라서 그리스에서 2년 5개월 동안 머물며 공산군 게릴라를 제압했던 그의 경험은 매우 중요했다. 현지의 문화와 관습을 존중하면서 공산주의에 대항하는 미국의 이념을 조화롭게 실천해야 하는 신임 미 8군 사령관으로서는 밴 플리트가 사실 최고의 적임자였던 셈이다.

그러나 워싱턴의 조야朝野에서 밴 플리트는 늘 화젯거리였다. 한국에 전폭적인 지원을 아끼지 않는다는 지적이 주를 이뤘다. 따라서 칭찬보다는 냉소와 비판이 늘 그에게 따라붙었다. '밴 플리트 탄약량'이라는 말은 그래서 나돌았다. 그는 적의 침공을 맞받아치면서 모든 것을 소진消盡해서라도 적을 제압하려는 자세로 나왔다. 미국의 예산 사정은 고려하지 않았다.

모든 전선에서 그는 한 치의 땅이라도 적에게 내줄 수 없다는 입장이었다. 그를 위해서는 지니고 있는 모든 물자와 화약, 인원을 동원했다. 그런 밴 플리트의 태도에 워싱턴 의회는 늘 시비를 걸며 덤볐지만, 결국은 밴 플리트의 왕성한 전투의지를 꺾지 못하고 말았다. 그는

부임 직후인 1951년 3월 밴 플리트 미 8군 사령관은 야포 400문을 서울 복판에 늘여 놓은 뒤 중공군에게 아주 강력한 포격을 가했다.

그런 점에서 "승리 말고는 다른 대안은 없다"는 맥아더와 맥을 함께 하는 미군 장성이었다. 밴 플리트의 그런 전투력은 그가 평소에 자주 언급하는 '이기려는 의지(The will to win)'라는 자신의 신념에서 뿜어져 나오고 있었다.

400문의 대포를 동원하다

그가 막 부임한 한국의 전선은 급박하게 돌아가고 있었다. 중공군은 전선 사령관 펑더화이彭德懷와 막후 조종자 마오쩌둥毛澤東 사이의 '확전 이냐, 아니면 자제냐'의 이견이 좁혀지면서 1951년 1월에 잠시 점령했다 내준 서울을 다시 손에 넣기 위해 맹렬한 공세를 벌이고 있었다. 따라서 서울이 재차 적의 수중으로 들어갈지도 모를 상황이었다.

도쿄의 신임 유엔군 총사령관으로 부임한 매슈 리지웨이 등 미군 수뇌부는 일시적으로 서울을 다시 내줄 수도 있다는 입장을 보이고 있었다. 그러나 새로 부임한 미 8군 사령관 밴 플리트는 달랐다. 그는 그 점에서 아주 단호했다. "서울은 한국인의 얼굴이자 상징"이라며 "이곳을 다시 내준다는 것은 한국인의 심정을 전혀 고려치 않는 무책임한 짓"이라고 했다. 그는 곧 단호한 조치를 취한다. 미군이 보유한 야포 400문을 동원해 광화문에서 마포 한강변까지 죽 늘여 세웠다.

당시 중공군은 서울을 다시 손에 넣기 위해 경기도 송추 쪽으로 이미 접근해 있는 상태였다. 마오쩌둥의 확전 의지, 그에 동의한 전선 사령관 펑더화이의 지시에 따라 중공군 대병력은 경기도 북부 일원에서 서울을 향해 막바지 공세에 온 힘을 쏟아 붓고 있던 상황이었다. 그곳에 밴 플리트가 배열한 400문의 포가 굉음을 뿜으면서 밤낮없이 폭탄을 퍼부었다.

부임 뒤 벌인 첫 대형 전투였다. 그것은 장관이었을 게다. 155㎜와 105㎜ 야포가 광화문에서 마포까지 늘어서 있는 것 자체가 그랬고, 그곳에서 탄약의 적정량을 계산에 넣지 않고 사정없이 포탄을 쏘아대는 장면이 그랬다. 엄청난 포격이었다. 중공군은 당연히 그런 밴 플리트의 기세에 눌리고 만다.

경기도 북부 일원에까지 공세를 펼치기는 했으나 아주 강력한 반발에 밀려 수많은 사상자를 낸 중공군은 더 이상 서울을 향해 공격을 펼치지 못했다. 중공군이 야심차게 벌인 1951년 4월의 춘계 대공세는 그로써 실패로 돌아가고 만다. 나는 그 현장에 있지를 않고, 주문진의 국군 1군단을 이끌고 있었다.

먼 곳에 떨어져 있었지만 나는 새로 부임한 밴 플리트라는 장군이 벌이는 그 포격전을 아주 큰 감명으로 지켜보고 있었다. 나는 그로써 밴 플리트가 한국을 잘 이해하는 사람이라는 생각도 했다. 서울을 사수코자 하는 그의 결기는 내가 있는 주문진의 사령부에도 충분히 전해지고 있었다. 밴 플리트는 그렇게 엄청난 포격과 함께 한국이라는 무대에 등장했다. 그러나 그것은 서막序幕에 지나지 않았다. 그는 더 많은 것을 우리와 나눌 생각이었다.

"한국군 3군단 당장 해체"

우리 대한민국 군대는 보잘 것 없는 역량이었으나, 북한 김일성이 벌인 처절했던 6.25전쟁의 와중에서 눈물겹게 싸웠다. 사병들은 제 몸을 떨쳐 일어나 총을 잡고 나가 적을 맞아서 싸웠고, 지휘관들은 부족한 역량이었으나 나름대로 최선을 다해 전선으로 나아갔다. 그럼에도 우리가 범한 기록적인 패배는 꽤 있었다.

지휘관의 부족한 자질이라고 욕을 할 수도 있다. 그러나 당시의 대한민국 군대는 아주 허약했다. 기습적인 적의 남침에 허둥지둥 나설 수밖에 없었던 이유다. 신생 대한민국은 국가의 간성인 군대를 키울 만한 시간적 여유가 없었기 때문이다. 따라서 당시에 벌어진 기록적인 패배를 두고 지휘관만을 탓할 수는 없다.

중공군에 무너진 국군 3군단

1951년 5월에 벌어진 전쟁에서 한국 군대는 그런 참담한 패배를 하나 기록한다. 중공군의 춘계 2차 대공세에서 국군 3군단이 궤멸하고 말았던 일이다. 처참하게 무너져 결국 3군단이 해체의 길로 들어서는 그 곡절은 나중에 다시 소개할 작정이다. 밴 플리트는 야포 400문을 동원해 중공군이 그 해 4월 서울 재점령을 위해 벌인 춘계 1차 대공세를 돌려 세웠으나, 5월에 들어서는 한국군 군단 하나가 송두리째 무너지는 패배에 직면한다.

　나는 그 사건의 와중에서 밴 플리트 신임 미 8군 사령관과 처음 조우했다. 국군 3군단은 강원도 인제의 현리라는 곳에서 무너졌다. 나는 그 동쪽을 지키고 있던 1군단장의 신분이었다. 우리 1군단은 무너져 내린 현리 전선의 동쪽을 방어하는 임무를 맡아야 할 참이었다.

　상황은 아주 급박했다. 현리에서 정면이 뚫린 아군은 큰물에 밀리듯 후퇴만 하고 있었다. 자칫 잘못하면 우리가 지키고 있던 강릉을 내줄 수도 있었다. 강릉에는 당시 미 해병의 비행장이 있었다. 그곳에는 해병을 지원하기 위한 막대한 물자가 쌓여 있는 상태였다. 강릉을 내줄 경우 중공군은 그곳에 쌓여 있던 미 해병의 물자를 발판으로 동해안 일대를 석권하려는 공세를 지속할 수 있었다.

　5월 21일 아침 작전회의를 개최한다는 연락이 왔다. 대관령에서 멀지 않은 국군 3군단 사령부에서 회의를 여니 급히 오라는 전갈이었다. L-19 경비행기에 올라타고 나는 3군단 사령부가 있던 하진부리를 향했다. 공중에서 보는 현리 일대의 광경은 처참했다. 검은 연기가 가득 피어오르고 있었다. 후퇴한 국군이 수습할 수 없었던 물자를 미 공군기가 네이팜탄 폭격으로 없애는 과정에서 오르고 있던 연기였다.

　전선에서 무기력하게 밀려난 현장을 지켜보는 마음은 참담했다. 일개 군단장의 시야에서는 '이 상황을 어떻게 수습해야 할까'라는 고민만 앞섰다. 한편으로는 신임 미 8군의 사령관이 이를 어떻게 수습할지 지켜보자는 생각도 들었다. 그는 어떤 지휘관일까. 속으로는 그런 호기심이 들었던 것이다.

단호하고 신속한 조치

평창의 하진부리 3군단 사령부
는 벌써 텅 비어 있었다. 전선을
내주고 맥없이 물러난 군단의
분위기가 충분히 느껴지는 상
태였다. 경기도 광주에 주둔 중
이던 미 3사단의 유진 라이딩스
부사단장도 이미 현장에 도착
해 있었다. 나처럼 미 8군 사령
부의 긴급 호출을 받고 현장으
로 달려온 것이다. 그의 출현은

부임 직후 전선에 모습을 드러낸 밴 플리트 장군

미 8군의 유일한 예비사단인 미 3사단도 급박한 사태를 막기 위해 동
원됐다는 점을 의미했다.

나는 간이 활주로에서 라이딩스 준장과 함께 기다렸다. 미 8군 사
령관 밴 플리트가 곧 도착할 예정이었기 때문이다. 서쪽 하늘 멀리로
부터 비행기 한 대가 나타났다. 그러나 정상적인 모습은 아니었다. 비
행기 꼬리에서 흰 연기가 뿜어져 나오고 있었기 때문이었다. 비행 중
에 적으로부터 사격을 받아 연료통이 새고 있었던 것이다. 연기를 뿜
으며 비행기가 간이 활주로에 내려앉았다.

한국 전선을 이끄는 최고 지휘관이 적의 대공 포화를 무릅쓰고 전
선을 다닐 정도로 상황은 급박했던 셈이다. 어쨌든 위기의 순간이었
다. 자칫 잘못했으면 비행기는 추락까지 할 수 있었던 상황이었으니
말이다. 처음 맞대면하는 순간이었으나, 수인사조차 제대로 나눌 여
유가 없었다.

야전에서 작전을 지휘하고 있는 밴 플리트 사령관(가운데)

키가 훌쩍 큰 신임 미 8군 사령관 밴 플리트 장군은 매우 화가 나 있는 듯했다. 우리는 간이 활주로 옆에 세워둔 지프차의 본닛 위에 지도를 펼쳤다. 간이 작전 상황도였던 셈이다. 밴 플리트 장군은 서슴없이 작전 지시를 내렸다. 그는 우선 나와 라이딩스 준장을 번갈아 보면서 단호하게 작전을 지시했다.

"두 사람이 잘 협조해야 한다. 이 사태를 반드시 수습해야 한다. 미 3사단은 서쪽으로 진격하라. 한국군 1군단은 동쪽을 막아라. 적을 물리쳐야 한다. 적에게 최대한의 징벌을 가하라." 그의 지시는 매우 단호했다. 아울러 상황을 수습하려는 강력한 의지가 엿보였다. 그와 함께 냉정하게 전황戰況을 파악하고 있다는 느낌, 또 구체적이면서도 간단명료한 지시를 내린다는 느낌도 줬다.

밴 플리트 장군과 함께 비행기에서 내렸던 미 8군의 작전 참모 마제트 대령이 지프차 위에 펼쳐진 지도를 가리키며 미 3사단과 우리 1군단의 진격 방향을 정확하게 짚어줬다. 그 작전지도에는 커다란 포켓 형태의 선이 그어져 있었다. 국군 3군단이 뚫린 지역이었다. 우리더러 그 포켓 형태의 선線 동쪽과 서쪽을 받쳐주면서 공격을 하라는 지시였다.

나는 "언제부터 공격을 해야 하느냐"고 물었고, 밴 플리트는 내 눈을 똑바로 보면서 "지체 없이 벌여라"고 했다. 처음 만난 그의 인상은 그랬다. 적 앞에서 주저 없이 공격에 나서는, 많은 전선을 거치면서 쌓고 또 쌓은 지휘관으로서의 이력이 돋보인다는 느낌을 줬다.

국군 작전권을 회수하다

작전은 성공했다. 그 뒤에 벌어졌던 과정은 다음에 소개키로 한다. 우리 1군단과 미 3사단은 밴 플리트의 단호하고 명쾌한 지시에 따라 움직였고, 공세를 지속하기에 뒷심이 부족했던 중공군 병력은 결국 커다란 피해를 입고 물러나야 했다. 현리에서 입은 아군의 피해는 막심했지만, 중공군 또한 소기의 성과를 내는 데 실패하고 발길을 돌려야 했다.

종국에는 목숨까지 바치며 적과 싸워야 하는 전선의 상황은 아주 가혹하다. 사느냐 죽느냐를 다투는 전선의 상황에서 지휘관은 단호해야 한다. 그 단호함을 나는 밴 플리트라는 신임 미 8군 사령관으로부터 읽었다. 그는 적 앞에서 무너진 아군의 상황을 수습하는 데 조금의 망설임도 없었다. 스스로 앞을 향해 곧장 내달았고, 예하의 병력들을 빈틈없이 동원했다.

며칠이 지난 뒤였다. 5월 23일을 기점으로 전선은 소강小康상태를 보이기 시작했다. 다시 이틀이 지난 25일이었다. 밴 플리트 장군이 다시 강릉에 온다는 전갈이 왔다. 당시 한국 육군참모총장이었던 정일권 장군은 강릉의 육군본부 전방지휘소에 와 있었다. 그와 함께 비행장에 나가 밴 플리트 장군을 기다렸다.

비행기에서 내린 밴 플리트는 사무실에 들어서기도 전에 우리에게 충격의 한 마디를 던졌다. "정 총장, 앞으로 한국군 3군단은 해체합니다. 그리고 한국 육군본부는 작전을 통제할 수 없습니다. 인사와 행정, 군수 업무만 수행하시오." 몸에 두른 옷이 벗겨지는 기분이었다.

그의 지시에 따라 적 앞에서 물러난 3군단 예하의 3사단은 우리 1군단으로 넘어왔다. 다른 하나인 9사단은 미 10군단으로 넘어갔다. 국군 3군단의 해체이자, 육군본부 작전통제권의 회수였다. 아울러 육군본부의 전방 지휘소도 폐지했다.

6.25 개전 초 이승만 대통령은 급박한 전쟁 상황에 따라 유엔군 총사령관 맥아더 장군에게 작전 지휘권을 넘겨줬다. 그러나 미군은 전선의 일부 책임을 한국군에게 맡기는 형식으로 전쟁을 치러왔다. 따라서 한국의 육군본부는 명색이나마 일정한 작전권을 쥐고 있었다.

밴 플리트는 그런 명색조차 없애는 조치를 취했던 것이다. 육군참모총장 정일권 장군은 결국 총장직에서도 물러나야 했다. 그는 자리에서 물러난 뒤 미 지휘참모대학으로 유학을 떠났다. 밴 플리트는 그렇게 단호했다. 끊을 것은 끊어 버리는 단호함이 돋보였다. 대신 그는 한국군의 실질적인 성장을 어떻게 도모할 것이냐는, 보다 본질적인 문제에 매달렸다.

밴 플리트가 한국 전선에 데뷔하는 모양새는 그랬다. 우선 단호함을 선보였고, 장기적으로 한국군을 강군으로 육성하는 데 초점을 맞추면서 전선에 임했다. 그런 면모의 신임 미 8군 사령관의 부임은 한국에게 큰 다행이었다. 나는 그 점을 잘 알았다. 그러나 그의 뜻을 미군 수뇌부, 나아가 미 행정부는 잘 받아들이지 않는 경우가 있었다.

미군의 가장 컸던 조바심

부랴부랴 한국 땅에 올라와 전쟁을 치러야 했던 미군 최고 지휘관들의 마음 한 구석을 오래 잡아끌었던 생각은 무엇이었을까. 어떻게 해서든 미국 행정부가 명령한 전쟁을 승리로 이끌어야 한다는 생각이 우선이었을 테다. 군인으로서는 당연한 일이기도 했다. 그러나 전쟁에서 이기기 위해서 필요했던 다음 생각들은 무엇일까.

전선에서 가장 필요했던 일

그들은 막대한 예산과 장비, 무기와 병력을 한국 전선에 투입했다. 그러면서 미군은 현지의 한국 군대와 어깨를 나란히 해야 했다. 미군 외에 적지 않은 유엔군 병력이 있었으나, 아군의 병력 가운데 가장 많은 수를 차지했던 것은 한국군이었다. 따라서 전쟁의 승패를 가르는 핵심적인 요소는 유엔군 가운데 다수를 차지하는 미군이 현지의 한국군과 합동작전을 성공적으로 펼칠 수 있느냐는 문제였다.

　전선은 그곳에 서 봤던 사람이 안다. 미군이 단독으로 전선에 서더라도 그 옆, 또는 그 옆의 옆에서는 항상 한국군이 있어야 했다. 어깨를 나란히 한다는 점은 매우 중요하다. 전선의 옆이 뚫릴 경우 전면의 적은 그곳을 파고들어 후방에서 포위해 들어온다. 적의 포위에 들어갈 경우 그 군대는 전멸全滅까지 염두에 둬야 할 정도로 크고 깊은 위험에 빠진다. 따라서 전선에 서는 미군의 지휘관이 먼저 따지는 것은 '누가 내 옆에 서느냐'였다.

당시의 한국군은 미군의 수준을 맞추기 어려웠다. 군대의 편제, 지닌 역량의 크기, 전선의 적에 맞서 싸우는 전기戰技 등에서 미군을 따라가기 아주 힘이 들었다. 그런 점에서 미군 최고 지휘부는 한국군의 역량을 살피고 또 살폈다. 특히 한국군의 지휘관

밴 플리트 미 8군 사령관(왼쪽)과 미 7함대 소속 5순양함대 알레이 버크 제독

중에서 누가 자신과 호흡을 맞출 수 있는가를 알아내기 위해 상당한 노력을 기울였다. 전쟁에서 거둘 수 있는 승리의 달콤한 맛 때문이 아니라, 싸움터에서 내가 살아남을 수 있느냐의 여부를 가리는 문제였기 때문이다.

아주 세밀한 체크리스트

미군은 한국군에 파견한 군사 고문관, 한국군의 전투 역량을 보태기 위해 보내는 지원 장교, 심지어는 비공식적으로 한국군 내부에 심어놓는 정보 요원 등을 활용해 한국군 지휘관의 능력을 아주 면밀하게 체크했다. 그런 엄밀한 감시를 통해 미군은 하루라도 빨리 '내가 믿고 함께 싸울 수 있는 한국군 지휘관이 누구냐'를 알아내기 위해 혈안이었다.

그런 과정은 6.25 개전 초반 미군의 급작스러운 참전 과정에서 벌써 시작해 전쟁이 벌어지는 기간 동안 줄곧 이뤄졌다. 미군의 문화적 토대는 '앵글로색슨'이다. 이들은 냉정한 현실주의자라고 해도 좋을 정도로 모든 과정을 정확한 데이터에 따라 판단했다. 아주 엄밀한 '계산'이 돋보였으며, 그를 뒷받침하는 토대는 자신들이 직접 입수하거나 경험한 정보였다.

앞에서도 잠깐 소개를 했지만 미군의 그런 치밀한 면모는 전쟁 과정의 여러 장면에서 등장했다. 나에 관해서는 대표적인 예가 1.4후퇴 때다. 서부전선에서 방어를 담당하고 있던 당시의 국군 1사단장인 나는 임진강에서 중공군에게 밀려 다시 후퇴해야 했다. 급박한 후퇴였다.

1사단 전면에 출현한 중공군 공세가 아주 거세 우리 군대가 밀렸다는 보고를 들으면서 나는 전화기를 놓치거나, 전화기를 들고 있다가도 통화를 끝낸 뒤 다시 그것을 제자리에 놓지 못하고 있었다. 패배에 직면했을 때 지휘관들은 종종 그런 상황에 빠진다. 그때 거의 실신했던 나를 들쳐 업고 지프에 태워 후퇴를 했던 미 고문관이 있다. 메이(May) 대위였다.

나중에 그가 내게 전해준 말을 기억하고 있다. 당시 신임 미 8군 사령관으로 부임했던 매슈 리지웨이(Matthew Ridgway, 1895~1993) 장군은 국군 1사단의 후퇴 소식을 들은 뒤 이렇게 물었다고 한다. "1사단장은 후퇴 당시 제 위치를 지키고 있었느냐, 아니면 다른 곳에 있었느냐". 미군은 그 점을 먼저 지켜보고 있었던 것이다. 최선을 다해 싸우다가 진 것이냐, 아니면 전투에 집중하지 않은 채 패배를 맞이했느냐는 것이다.

전쟁을 치르고 있던 당시의 나는 그런 점에 별로 신경을 쓰지 않았다. 나는 내가 맡은 임무를 착실하게 수행한다는 생각만 했을 뿐이었다. 그러나 미군 지휘부는 그런 내 일거수일투족을 모두 들여다보고 있었던 셈이다. 나는 이미 알려진 대로 김일성 군대의 모진 공세에 놓여있던 1950년 8월의 낙동강 전선에서 이른바 '다부동 전투'라고 알려진 혹심한 싸움을 이끌면서 한국군 내부에서 두각을 나타내기 시작했다.

이어진 북진에서 국군 1사단을 이끌고 최초로 평양 입성 작전에 성공하면서 나름대로 조그만 성가聲價를 쌓기도 했다. 이어 중공군 참전으로 벌어진 1.4후퇴의 흐름 속에 병력을 크게 잃지 않으면서 후퇴를 했고, 1951년 4월에는 주문진의 1군단장을 맡아 동부전선을 북상시키는 작업에서 성과를 쌓아가고 있던 중이었다. 그 무렵에 벌어진 일이 앞에서 소개한 '현리 전투'였고, 나는 그 동쪽을 떠받치라는 신임 미 8군 사령관 밴 플리트의 작전 명령을 성공적으로 수행했다.

미군이 나를 주목한 이유

나는 국군 1군단장으로 부임하기 전에 부산의 임시 경무대에 들러 이승만 대통령에게 진급 신고를 했다. 이승만 대통령과는 첫 대면이었다. 대통령은 경무대에 진급 신고를 위해 찾아온 나를 보더니 "자네가 백인엽이 형인가, 아니면 아우인가?"라고 물었다.

당시의 이승만 대통령은 나를 잘 몰랐다. 오히려 내 동생을 잘 알고 있었다. 동생 인엽은 개전 초반 옹진반도를 지키고 있던 17연대 연대장이었고, 서울을 내준 뒤 이승만 대통령이 대전에 들렀을 때는 현지에서 무너진 병력을 수습해 사열식을 벌임으로써 늙은 대통령으로

한국 전선에 막 부임했던 매슈 리지웨이 미 8군 사령관(가운데)이
당시 국군 1사단장인 내게 지시를 내리고 있는 모습

하여금 감격의 눈물을 흘리도록 했던 적이 있다. 그래서 대통령은 나
보다 동생 인엽을 잘 알고 있었다.

　당시 내 존재감은 미미했지만, 낙동강 전선의 다부동 전투와 평양
입성 작전을 성공적으로 마침으로써 이름은 더 알려지고 있었다. 그러
나 나를 면밀하게 지켜보고 있던 미군의 시선은 그보다 조금 더 내게
기울었던 것도 사실이다. 낙동강 전선 다부동 전투를 끝낸 뒤 북진을
시작할 무렵 국군 1사단을 지휘했던 미 1군단장 프랭크 밀번 중장의
힘이 컸다.

　그는 다부동 전투에서 김일성 군대의 3개 정예 사단에 맞서 싸우
면서도 물러나지 않은 국군 1사단의 역량을 아주 높게 평가한 사람이

다. 그는 그 뒤로 내게 전폭적인 장비 지원을 하면서 북진에 나설 수 있도록 했으며, 중공군 참전 직후의 상황에서 전선에 서있던 내 판단을 받아들여 미 8군 전체의 전투 흐름을 '신속한 후퇴'로 바꾸기도 했다.

아마 그런 점이 작용했다고 봐도 좋을 것이다. 밴 플리트 또한 1951년 5월의 '현리 전투'에서 자신의 명령에 따라 신속하게 출동해 대관령에서 중공군의 공세를 막은 내게 아주 우호적인 시선을 보냈다. 그는 미 8군 사령부가 있던 서울에서 걸핏하면 경비행기에 올라타고서 내가 있던 주문진의 국군 1군단을 방문하곤 했다. 특별한 일도 없이 가끔 그는 나를 찾아왔다.

음식을 남과 나눠 먹기 좋아하는 그의 습성은 그때도 여지없이 드러나곤 했다. 그는 샌드위치와 과일 등이 담긴 조그만 박스를 손에 직접 들고 다녔다. 주문진의 바닷가 모래밭에 앉아 나와 함께 '풍부하게' 만들어온 샌드위치와 담아온 과일을 펼치고 나눠 먹었다.

그가 올 때면 바다에서도 한 사내가 올라왔다. 나중에 미 해군참모총장에 올랐던 알레이 버크(Arleigh Burke, 1901~1996) 제독이었다. 버크 제독은 당시 미 7함대의 일부 전함을 이끌고 동해에서 활동하면서 국군 1군단의 작전을 지원하고 있었다. 국군 1군단은 포병이 약해 작전에 애를 먹고 있었는데 미 7함대의 함포 사격은 그 점을 보완해주고 있었던 것이다.

밴 플리트 장군을 소개하는 이 장의 제목을 '아이스크림 장군 밴 플리트'라고 했던 이유가 있다. 우선 밴 플리트가 아이스크림을 매우 좋아했기 때문이다. 주문진을 자주 찾아오는 그의 식성食性을 나는 잘 알았다. 그러던 어느 날 밴 플리트가 다시 1군단을 방문했고, 여느

때처럼 알레이 버크도 뭍에 올라 함께 해변에서 식사를 마친 다음이
었다.

나는 밴 플리트에게 "버크 제독의 로스앤젤레스 순양함에 자주
가는데, 아이스크림이 아주 맛있더군요. 다녀오시는 게 어떻습니까?"
라고 했다. 그러자 밴 플리트는 어린 아이처럼 입맛을 다시면서 길을
나섰다. 둘은 곧장 헬기에 올라타 로스앤젤레스 순양함으로 갔다. 한
참이 지나도 돌아오지 않자 나는 느낌이 이상했다. 돌아올 시간이 한
참 지난 뒤에 멀리서 조그만 상륙정이 하나 보였다.

"캐딜락 한 대 또 날아간다"

조그만 보트에 세 사람이 탔다. 알레이 버크가 직접 보트를 몰았고, 밴 플리트와 수병$_{水兵}$이 함께 타고 있었다. 파도가 거세 수병이 보트를 잘 몰지 못하자 알레이 버크가 직접 배를 몰았다고 했다. 아이스크림을 먹으러 순양함 로스앤젤레스 호에 갔다가 한참이 지나 돌아온 두 사람의 곡절은 심상치 않았다.

헬기를 타고 주문진 국군 1군단 사령부를 출발해 로스앤젤레스 순양함으로 갔던 두 사람은 자칫 목숨을 잃을 뻔했다. 헬기가 함정에 내리다가 사고를 일으켰기 때문이다. 바다에 추락하기 직전 헬기는 다행히도 함정 한 쪽에 걸려 매달렸다고 한다. 밴 플리트와 알레이 버크는 바다에 빠지기 전 간신히 빠져 나올 수 있었다는 것이다.

죽을 뻔했던 미 장성들

내가 제의한 아이스크림 때문에 미 8군 사령관과 미 7함대의 제독이 자칫 목숨을 잃을 수도 있었다는 얘기다. 나는 미안한 마음에 어쩔 줄을 몰랐다. 그러나 두 사람은 태연했다. 보트가 물이 얕아 직접 모래사장에 접안을 하지 못하자 밴 플리트는 버크 제독과 함께 물속을 걸어 나오면서 "미 해군 제독이 직접 상륙 보트를 몰았던 일은 해군 역사상 처음에 해당할 걸세"라며 우스개를 던지기도 했다.

알레이 버크는 그런저런 이유로 나와 아주 가까운 사이로 변했다. 그는 지금의 휴전선이 동해안에서 북한의 금강산 남쪽인 고성까지 바짝 북상할 수 있게끔 도움을 준 인물이다. 당시 국군 1군단의 화력은 보잘 것 없었다. 자체적인 포병은 화력과 사정거리에서 크게 내세울 것 없는 105㎜ 야포가 주종을 이뤘고, 그 수량마저 적어 적과 싸움을 벌이기에는 커다란 한계를 보이고 있었다.

여담이지만, 미군은 마땅한 명분이 설 때는 도움을 아끼지 않는 경향이 있다. 결국 명분이 정당해야 하고 그 내용 또한 충실한 경우에는 직접 행동으로 나선다는 얘기다. 당시 한국군으로서는 미군의 지원이 절대적인 요소였는데, 그들을 설득하려면 스스로 정직한 바탕을 갖춘

미 7함대 5순양함대 소속 로스앤젤레스 함을 방문해 알레이 버크 제독과 악수를 나누고 있는 사진

뒤에 떳떳한 명분을 내거는 게 필요했다. 나는 그런 점에서 뻔뻔했다고 해도 좋을 정도였다.

나는 로스앤젤레스 순양함으로 버크 제독을 아주 빈번하게 찾아다녔다. 1군단 예하의 사단을 동원해 강원도 북부에서 적을 몰아내면서 전선을 북상시킬 때 특히 그랬다. 나는 "이번에도 함포 사격을 지원해주기 바란다"면서 그의 지원을 이끌어냈다. 그럴 때마다 버크 제독은 군말 없이 국군 1군단의 작전을 위해 함포 지원사격에 나서곤 했다.

당시 전함 급의 함정에서 쏘는 함포의 포탄 한 발은 1만 달러를 상회했다. 그때 물가로 따지자면 고급 캐딜락 한 대에 달하는 가격이었다. 나는 사실 전함 급 함포에서 발사하는 포탄의 가격이 얼마인지는 잘 몰랐다. 모든 군수 물자가 비쌌으니 함포의 포탄도 꽤 비싸리라는 생각만 어렴풋하게 했다.

"다 쏴달라", 뻔뻔했던 내 요구

그러나 함포에 포탄을 장전하는 미국 수병들은 값비싼 함포 포탄이 공중을 향해 수도 없이 날아가는 일을 예사롭지 않게 여겼다. 미주리 전함 등 당시 동해안에 떠있으면서 국군 1군단을 돕던 미 7함대 소속 5순양함대의 수병들이 특히 그랬다. 그들은 국군 1군단을 위해 함포사격을 하면서 포탄 한 발을 장전할 때마다 이런 말을 구호처럼 외쳤다고 한다. "캐딜락 한 대 또 날아간다(One more cadillac on the way)"라고 말이다.

내색을 하지는 않았지만 알레이 버크 5순양함대 제독도 사실은 그런 점이 꽤 불편했던 듯하다. 그는 나중에 펴낸 자신의 회고록에서

"한국군 1군단장 백선엽 장군은 꽤 열심히 전선의 작전에 나섰다. 그럴 때마다 그는 우리에게 아낌없는 함포사격 지원을 요청했는데, 그는 매번 우리가 보유한 탄약 전량을 지원해 달라고 했다. 그는 탄약에 대한 개념을 갖고 있지 못했다"고 했다.

그의 회고록 내용대로 나는 고집스러웠다. 적을 몰아내고 대한민국의 땅을 한 치라도 더 확보하기 위해서는 어쩔 수 없는 일이었다. 그렇지만 탄약 사용에 관해 미 정부의 감독을 받아야 했던 미 해군으로서는 난감한 일이기도 했다. 그런 점 때문이었는지는 몰라도 버크 제독은 자신이 거느린 참모진을 자주 국군 1군단에 파견했다.

버크는 미 해군사관학교를 졸업한 뒤 미시간 대학에서 화약을 공부해 전선에서 싸움이 붙을 때 필요한 화약 총량에 정통한 사람이었다. 그런 그가 자신의 순양함에 자주 찾아와 "전폭적인 함포사격 지원을 부탁한다"는 나를 달가워할 리 없었던 것이다. 그래서 그가 우리 1군단에 보낸 인원들은 대개가 관측 장교였다.

보다 정밀한 관측을 통해 지원사격을 함으로써 탄약량을 줄여보자는 심산이었던 것이다. 그 전까지는 주로 공중 관측 뒤에 함포사격을 했지만, 보다 정밀하게 육상 관측을 벌여 불필요한 사격을 줄여보려 했다. 버크는 그에 따라 자신의 참모 절반을 국군 1군단에 보냈으며, 필요한 경우에는 직접 본인이 군단 사령부를 방문할 때도 있었다.

그런 인적인 교류가 활발해지다 보니 버크 제독의 5순양함대와 우리 1군단은 사이가 매우 가까워졌다. 모든 일이 그렇지만, 전쟁 또한 사람이 벌이는 일이다. 같은 진영에 속해 있으면서 사이가 가까워지면 일도 한결 수월하게 풀어갈 수 있는 법이다. 그렇게 나와 버크 제독도 아주 친근한 사이로 변해갔다. 나는 그러면서 전선 북상을 위한

'명분'을 줄곧 내걸었고, 버크는 난감한 속내를 감추면서 지원을 아끼지 않았다.

한 번은 이런 일도 있었다. 밴 플리트 8군 사령관이 군단 사령부를 방문한다는 전갈이 왔다. 나는 버크 제독에게 "밴 플리트 사령관이 사령부를 방문하니 함께 참석해 달라"고 했다. 그리고 회의가 열렸다. 나는 전황보고를 마친 뒤 "다음은 본관의 포병 사령관인 알레이 버크 제독이 설명하겠다"고 했다. 이 대목에 대한 내 기억은 불분명하지만, 버크 제독의 회고록에는 내용이 상세하다.

동맹군을 서로 묶었던 덕목은 믿음

그에 따르면 나는 알레이 버크 제독을 '내 포병 사령관'으로 소개했고, 버크는 그런 내 언급에 적잖이 당황했던 모양이다. 밴 플리트는 모른 척하고 그런 상황을 자연스레 받아줬다. 버크는 회고록에서 마치 내가 '꾀'를 낸 것으로 여기고 있었다. 하지만 그 역시 내 도발적인 언급과 행동을 너그럽게 받아주고 있었다.

그런 배경은 아무래도 솔직함이었다. 나는 내가 이끄는 작전의 세부적인 부분까지 버크에게 설명하면서 그의 이해를 구했고, 그는 명분과 실제에서 큰 어김이 없었던 나를 신뢰하고 있었던 것이다. 그로써 국군 1군단은 미 7함대 소속 5순양함대의 지원을 전폭적으로 이끌어낼 수 있었던 셈이다.

그랬던 버크 제독이 하루는 나를 찾아와 "급한 일이 있어 이곳을 떠난다. 작별인사를 하러 왔다"고 말했다. 나는 그가 떠나는 일이 몹시 섭섭할 수밖에 없었다. 앞의 어느 부분에서 소개했지만, 당시 밴 플리트는 금강산 권역인 고저庫底에 상륙할 작전을 준비한 적이 있다. 이

는 도쿄의 유엔군 총사령관이었던 매슈 리지웨이의 반대로 좌절하고
말았다.

그런 분위기에서 버크의 이임 소식은 달갑지 않았다. 그 직후에
밴 플리트 장군도 나를 찾아왔다. 여느 때와 같이 해변에서 음식을 나
눠 먹은 뒤 밴 플리트는 내게 불쑥 "백 장군, 중
국어도 할 줄 안다고 들었는데 사실이오?"라고
물었다.

나는 "표준어 정도는 만주 군관학교에서 배
워서 할 줄 압니다"고 했다. 그러자 밴 플리트는
알았다는 듯이 고개만 끄덕거렸다. 나는 만주 군
관학교에서 청나라 마지막 황제였던 부의溥儀의
동생 부걸溥杰로부터 중국어를 배웠다. 청나라
황실에서 썼던, 당시 중국에서는 가장 표준적인
중국어였다. 나는 그런 점을 상기하면서 "유창
하지는 않지만 중국인이 하는 말을 알아들을 정
도"라고 덧붙였다.

당시는 휴전회담을 준비 중에 있던 무렵이
었다. 서방 측이 제안하고 공산 측이 그를 망설
이면서 저울질하다가 결국 첫 휴전회담을 열기
로 의견이 모아지고 있던 때였다. 밴 플리트는 국
군 지휘관 중에 한 사람을 휴전회담 한국 측 첫
대표로 선정할 생각이었다. 그를 염두에 두고 밴
플리트는 내게 "중국어를 할 줄 아느냐"고 물었
던 것이다.

든든한 원군援軍이던 버크도 느닷없이 작별 인사를 했고, 밴 플리트 장군 역시 나를 찾아와 중국어에 관해 물었다. 묘한 기분이 들었다. 밴 플리트 장군이 돌아간 뒤 얼마 지나지 않아 대구의 육군본부에서 전화가 걸려왔다.

막강한 함포 화력으로 한국군 1군단을 지원했던 미 7함대 소속 미주리호가 함포 사격을 하고 있다.

한국 장교 미국에 첫 유학

나는 그해 7월 벌어진 공산 측과의 첫 휴전회담에서 한국을 대표하는
자리에 나섰다. 대구 육군본부에서 걸려온 전화는 그 내용을 전했다.
한국군 첫 회담대표로 선정했으니 이승만 대통령에게 신고를 한 다음
개성으로 가라는 명령이었다. 물론 그 배후에는 주문진 1군단 사령부
로 찾아와 내게 "중국어를 할 줄 아느냐"고 물었던 밴 플리트 8군 사
령관이 있었다.

첫 한국 대표로 휴전회담 참석

밴 플리트 장군이 8군 사령관으로서 당시 전쟁을 이끌었을 때는 사실
그 전의 리지웨이, 다시 그 앞의 워커 사령관이 있을 때와는 전황이 달
랐다. 그가 부임했을 때 벌어진 중공군의 춘계 1~2차 대공세 외에는
특기할 만한 대규모 기동전이 없었다. 대신, 휴전선의 각 주요 고지를
손에 넣기 위한 아군과 적군의 치열한 접전만이 벌어지는 상황이었다.
그런 고지전은 역시 수많은 사상자를 내는 격전이기는 했으나, 전선
이 크게 요동치는 대규모의 국면 전환으로는 이어지지 않았다.

　밴 플리트는 그 상황에서 자신이 할 수 있는 최선의 것을 수행하
기 위해 노력을 기울인 장군이었다. 전선의 전체 국면이 크게 변화할
수 있는 큰 위기의 상황이 없어 밴 플리트의 진면목이 잘 드러나지 않

휴전회담 첫 한국 대표로 나선 내가 당시 유엔군 대표단들과 휴식 시간에 담소를 나누고 있다.

는 면도 있으나, 그는 그런 때에 맞춰 가장·시급했던 작업에 착수했
고, 결국 그를 성공으로 이끌었다.

　　바로 한국군의 내실을 다지는 작업이었다. 앞서 소개한 대로 밴 플
리트는 '교육'과 '훈련'의 명수였다. 동기생인 아이젠하워와 브래들리에
비해 진급에서 훨씬 뒤처졌으나, 그는 미국 본토에서 강한 군대를 키우
기 위한 훈련의 중요성에 다른 누구보다 크게 주목했던 군인이었다.

　　그는 '현리 전투'에서 중공군에게 맥없이 무너진 국군 3군단을 해
체한 뒤 그 휘하에 있던 3사단을 내가 이끌고 있던 1군단에 배속했다.
이어 그는 강원도 양양에 훈련장을 만들어 놓고 그 3사단을 혹독하
게 훈련시켰다. 3사단장 백남권 준장을 비롯해 모든 장병이 그 훈련
을 거쳐야 했다.

한국군 교육에 나선 밴 플리트

밴 플리트는 이를 위해 야전훈련사령부를 구성해 토머스 크로스 미 9군단 부군단장을 책임자로 임명했다. 아울러 150여 명의 미군 장교와 하사관을 교관으로 동원했다. 훈련은 매우 엄격해 각 부대 단위 별로 9주 동안 미군 교관의 테스트를 통과하지 못할 경우 원점에서 다시 시작토록 했다. 이는 한국군이 미군의 정규적인 틀에 따라 처음으로 훈련을 거치는 과정에 해당했다.

무기를 다루는 과정, 전술 훈련과 장비 테스트 등을 모두 망라하는 과정이었다. 제2차 세계대전에서 각종 전투를 성공적으로 수행했던 미군의 최고급 전술 능력이 한국군에 처음 전해지는 과정이기도 했다. 국군은 그로 인해 '걷는 법'부터 다시 배울 수 있었다. 먼저 국군 3사단이 그 과정을 거쳤고, 1년 뒤에는 신설되는 국군 사단들이 양양에서 엄격한 미군의 훈련을 거쳐야 했다.

게서 그치지 않았다. 밴 플리트는 한국군이 언젠가 단독으로 공산 군대와 맞서려면 다른 무엇보다 교육과 훈련이 중요하다는 점을 강조했다. 1951년 12월에는 육군참모총장과 협의해 대구에 참모학교를 만들었고, 이듬해 1월에는 4년제 정식 육군사관학교를 진해에 만들었다. 이는 밴 플리트가 늘 강조하던 "강력한 군대를 키우려면 무엇보다 우수한 초급 장교를 육성해야 한다"는 신념 때문이었다.

아울러 밴 플리트는 1951년 말에 장교 250명을 선발했다. 그 중 150명을 포트 베닝의 미 보병학교에, 나머지 100명을 포트 실의 미 포병학교에 보냈다. 비록 단기이기는 하지만, 그를 통해 한국군의 장교 역량을 강화해보겠다는 심산이었다. 이런 조치들은 성공적이었다.

단기 코스의 집중 훈련 방식은 이후 전군으로 퍼졌다. 거의 모든 한국군 장교들이 이런 과정을 거치면서 세계 최강이었던 미군의 체계와 시스템을 익혀가고 있었다. 이는 국군의 뿌리가 모습을 드러내는 과정이기도 했다. 이는 밴 플리트의 집요한 의지와 노력이 없었다면 성공적으로 수행하기 힘든 일이었다.

당시 포트 베닝과 포트 실의 미 군사학교 주방 담당자들은 한국군 장교들의 식성이 모두 같은 줄 알고 당황했다고 한다. 음식물을 배급할 때 한국군 장교들이 모두 "me too"만 반복했기 때문이라고 한다. 영어를 구사하기 어려웠던 한국군 장교들이 앞의 사람과 똑같이 해달라는 간단한 영어, "me too"만을 반복했던 까닭이다. 그런 여러 일화를 남기면서 한국군은 미군으로부터 많은 것을 배울 수 있었다.

양양에 실험적인 한국군 교육 훈련장을 만들었고, 나와의 친분도 더 쌓였던 까닭에 밴 플리트는 주문진의 1군단 사령부를 자주 방문했다. 이어 밴 플리트는 나를 7월에 시작한 첫 휴전회담 한국군 대표에도 천거했다. 그에 따라 나는 한동안 개성에서 열린 휴전회담에 참석했다. 회담은 진척이 없었다. 신경전과 탐색전이 지루하게 이어지기만 할 뿐이었다.

8월 중순 경에 밴 플리트로부터 전화가 왔다. 판문점에서 나는 그의 전화를 받았다. "사령부로 잠시 와 달라"는 전갈이었다. 그는 나를 회담장에서 빼고자 했다. 나중에 휴전회담 아군 측 대표였던 터너 조이 제독은 회고록에서 "매슈 리지웨이 사령관으로부터 백선엽 1군단장을 전투에 꼭 필요한 사람이므로 회담장에 돌아오지 않고, 1군단에 복귀시키는 것으로 결정했다는 통보를 받았다"고 했다.

양구를 되찾다

밴 플리트는 당시 강원도 전선의 북상에 진척이 없자 고민 중이었다. 내가 빠진 뒤의 1군단 전선 상황이 교착에 빠졌기 때문이었다. 그는 판문점에서 서울의 8군 사령부를 찾아온 내게 "함께 전선에 가서 상황을 파악한 뒤 해결방법을 찾아보자"고 했다. 그래서 나는 밴 플리트와 뚝섬 근처의 비행장에서 L-19 경비행기를 타고 강원도 간성의 1군단 11사단 사령부에 도착했다.

당시 양구는 적의 수중에 있었다. 그 양구는 철의 삼각지대 한 쪽을 이루는 곳이어서 전략적인 요충에 해당했다. 그를 빼앗기 위한 작

1953년 5월 육군참모총장 시절 미국을 방문해 당시 유학 차 와있던 한국군 장교들과 함께 이야기를 나누고 있다.

전을 펼치고 있었는데, 적은 이미 그곳에 6개 사단을 집결시켜 산악 곳곳을 요새화한 상태였다. 송요찬 장군의 수도사단은 공격에 성공했으나, 문제는 11사단이었다. 세 차례에 걸쳐 고지를 빼앗았으나 역시 세 차례에 걸쳐 고지를 빼앗기며 진척을 보이지 못하고 있었다.

밴 플리트는 내게 해결책을 물었다. 나는 "화력 집중이 우선이다. 요새화한 적의 진지를 타격하려면 지금의 105㎜ 야포로는 어렵다. 155㎜를 동원해 타격을 가한다면 방법이 나올 듯하다"고 말했다. 그러자 밴 플리트는 "그렇지만 지금 155㎜ 야포를 어디서 구하느냐"고 반문했다. 나는 망설이지 않고 "옆의 미 10군단에 있다"고 했다.

동석했던 클로비스 바이어즈 10군단장이 "우리도 상황이 좋지 않다"며 난색을 표했다. 그러나 밴 플리트는 단호한 어조로 "야포를 지원하라"고 명령했다. 미군은 신속했다. 미 10군단 상황 역시 좋지 않기는 했으나, 8군 사령관의 명령에 군말 없이 움직였다. 이튿날 미 10군단의 155㎜ 야포 중대 병력이 11사단에 도착했고, 때마침 구름도 걷히면서 아군의 포격이 불을 뿜었다. 동해에 있던 미 7함대의 함재기도 지원사격을 벌였다.

열흘 넘게 공방이 불붙던 양구 일원의 전투는 그 포격으로 승부가 갈리고 말았다. 국군 1군단은 155㎜의 거센 포격 끝에 보병의 진격으로 양구 일원을 통제할 수 있는 모든 고지를 확보했다. 밴 플리트는 이 전투 뒤에 도쿄에 있던 유엔군 총사령관 매슈 리지웨이에게 전화를 걸어 "백선엽 군단장을 회담장에 복귀시키지 않고 전선에 남도록 하겠다"고 통보했다.

미군은 엄격하고 냉정한 시선으로 자신과 함께 싸울 '전선의 동지'를 물색 중이었고, 8군 사령관 밴 플리트의 눈에는 내가 어느덧 그 자리를 잡아갔다. 밴 플리트는 한국군 교육과 훈련에 큰 비중을 두려 했으나, 그 전에 중요한 무엇인가를 해결해야 했다.

마침 그는 가을 무렵에 나를 다른 하나의 시험장에 걸어 들어가게 할 작정이었다. 전쟁이 발발한 뒤 두 번째의 가을이 찾아왔던 11월 중순이었다. 이종찬 당시 육군참모총장이 전화를 걸어 "내일 서울 미 8군 사령부에 와라. 밴 플리트 사령관과 함께 논의할 일이 있다"고 했다.

빨치산에 들이댄 강력한 칼

동숭동 옛 서울대 자리에 있던 미 8군 사령부를 찾아간 때는 1951년 11월 중순이었다. 1군단 사령부를 떠난 L-19 경비행기가 동대문 밖 뚝섬 인근의 경비행장에 내린 뒤 나는 지프에 타고 곧장 8군 사령부로 갔다. 밴 플리트 사령관의 집무실에는 이종찬 참모총장이 벌써 도착해 있었다.

빨치산 토벌에 나서다

8군 참모장 애덤스 소장과 작전 참모 마제트 대령도 자리에 있었으나, 밴 플리트 장군은 이종찬 총장과 나를 대상으로 직접 말을 꺼냈다. 회의 내용은 공비를 토벌하는 일이었다. 전쟁 전에도 빨치산은 존재했다. 그러나 전쟁이 발발하면서 양상은 더욱 복잡해지고 있었다.

밴 플리트 장군은 전선으로 보내는 물자가 빨치산의 준동으로 크게 위협을 받는 상황이 빈번해지고 있다면서 말을 꺼냈다. 그는 지리산 일대의 상황이 매우 심각하다는 점을 다시 강조했다. '해방구'가 도처에 등장했으며, 밤에는 지리산 일대에 일반인들이 출입을 할 수 없을 정도로 발전했다고 설명했다.

실제 그랬다. 전쟁이 터진 뒤 그곳 일대의 상황은 더 꼬여가고 있었다. 남침 대열을 따라 침공을 벌였다가 후퇴하는 북한군에 합류하

야전 작전에 나서는 장병들을 내가 격려하고 있다.

지 못한 채 낙오했던 일부 김일성 군대의 정규 전력이 그곳에 합세하
면서 상황이 더 어려워졌던 것이다. 아울러 북한은 우리 후방을 교란
하기 위해 특별 훈련을 거친 정규 병력을 대한민국으로 침투시켜 이
들 빨치산 대열을 키우려는 의도를 보이기도 했다.

　산세가 깊은 지리산은 그들이 활동하는 데 아주 적절했다. 빨치
산의 세력이 더욱 커지면서 남쪽 항구에서 전선으로 보내는 물자들
이 위협을 받았다. 경부선은 아주 가끔, 전라선은 빈번하다 해도 좋
을 정도로 빨치산의 공격을 받아 운행을 멈추곤 했다. 전쟁을 지휘
하는 미 8군 사령관의 입장에서는 매우 중대한 조치를 취해야 했던
것이다.

　그런 상황을 설명한 뒤 밴 플리트는 나를 보면서 이런 내용의 말

을 했다. "제너럴 백, 귀관은 전쟁 전에 호남 일대의 빨치산을 토벌한 경험이 있다고 들었다. 게다가 전쟁이 터진 뒤 귀관은 많은 군사적 경험을 쌓았다. 이제 당신이 지리산 일대의 빨치산 토벌 책임을 맡아야겠다. 모든 지원을 할 테니 작전을 빈틈없이 수행하길 바란다."

공식적인 자리에서 공식적으로 하는 밴 플리트의 발언이었다. 그의 발언은 무뚝뚝하다는 느낌이 들 정도였다. 그러나 공식적인 자리가 끝난 뒤 밴 플리트는 커다란 아이스박스에 샌드위치와 과일을 담아와 직접 내게 음식을 권하던 모습으로 변했다. 사람 사이는 가까워지면서 신뢰가 깊어지며, 다시 그를 바탕으로 상대를 아껴주려는 감정이 깊어지기도 한다.

핵심 참모를 내게 보내다

밴 플리트는 이종찬 총장이 돌아간 뒤 내게 "제너럴 백, 이번 작전은 전쟁의 후방에서 위협적인 요소를 근절하는 아주 중요한 일이다. 그러나 걱정하지 말라. 다츠 대령을 당신에게 보낼 테니 그와 모든 것을 상의하라. 커다란 도움이 될 것이다"라고 말했다.

그는 나를 신뢰했으며, 아울러 나를 든든하게 후원하고 있었다. 다츠는 밴 플리트 자신이 그리스에서 공산군 게릴라를 소탕할 때 참모로 기용했던 인물이었다. 당시 그는 한국 전선에 와서 연대장을 맡고 있었는데, 지리산 토벌 작전을 위해 내게 그를 참모로 보내주겠다는 배려였다.

결론적으로 말하자면, 1951년 말에 벌어진 지리산 일대 빨치산 소탕 작업은 밴 플리트의 아주 빛나는 전과戰果에 해당했다. 그는 휴전선을 중심으로 펼쳐지는 적군과의 고지전을 수행하면서 대한민국의 장기적인 안보를 해결하기 위해 후방의 빨치산을 없애는 작업에 착수했으며, 그 결과는 매우 성공적이었다.

밴 플리트는 그 앞에 나를 세웠던 것이다. 부대의 규모는 매우 컸다. 단기적인 작전을 위해 군단 이상의 부대를 편성키로 했다. 정규 2개 사단과 예비 1개 사단, 전투경찰 1개 사단을 모두 이끌도록 했다. 밴 플리트는 "귀관은 이미 토벌 경험이 있으니 휘하에 둘 정규 2개 사단은 직접 선택하라"고 재량권까지 부여했다.

주문진에서 1군단을 이끌었던 경험이 내게 있지만 대규모 병력을 지리산 일대로 이동시킨 뒤 은밀하게, 그리고 치밀하게, 아울러 기민하게 부대를 지휘해야 하는 만큼 작전은 고도의 집중력을 필요로 했다. 그런 임무를 밴 플리트는 서슴없이 내게 맡겼던 것이다. 또 그리스에서 게릴라 토벌에 나섰을 때 중요한 역할을 했던 자신의 참모를 내게 보내줬다.

나는 그 자리에서 작전 구상의 개요를 밴 플리트에게서 들었고, 직후에는 미군 참모들과 줄곧 세부적인 작전 계획을 짰다. 그 작업은 상당한 시간을 필요로 했다. 또 보안에도 각별한 주의가 필요했다. 상대가 전혀 눈치를 채지 못한 상황에서 적의 옆에 바짝 다가서야 했다. 그 뒤 전격적으로 모든 작전을 펼쳐야 했다. 아군에게는 낯선 지역이었으나, 적들은 익숙한 지형에서 활발한 기동을 벌일 수 있었기 때문이다.

나는 주문진의 1군 사령부와 서울의 미 8군 사령부를 오가면서 면밀하게 작전 계획을 짜갔다. 시간이 지나면서는 대구의 육군본부에 내려가 아주 은밀하게 후속 작전을 계획했다. 내가 선택한 국군 사단은 수도사단과 8사단이었다. 수도사단은 험악한 산지山地가 많았던 강원도 1군단에서 작전을 펼친 점, 8사단은 전쟁 전에 빨치산 토벌에 나섰던 이력의 부대라는 점이 이유였다.

수도사단은 먼 거리를 이동했다. 강원도에서 수륙함정에 올라타 여수 근처로 상륙한 뒤 은밀하게 지리산 남쪽으로 이동토록 했고, 8사단은 육로를 거쳐 지리산 북쪽으로 다가가도록 했다. 나는 대구 육군본부에서 마지막 작전계획을 작성한 뒤 트럭에 올라탄 부대 인원 500여 명을 이끌고 전주를 향했다. 바야흐로 가을이 깊어가고 있었다. 대구에서 전주로 향하면서 나는 이 작전의 의미, 내가 어떻게 대규모 부대를 이끌어야 하는가를 두고 깊은 생각에 빠지기도 했다.

1952년 열린 모 행사장에서 미군 참모들과 인사를 나누는 모습

"피의 악순환을 끊어라"

부대 정식 명칭은 '백 야전전투사령부'였다. 영어로 적으면 'Task force Paik'이었다. 부대 이름에 지휘관의 호칭을 붙이는 사례는 한국에서 처음이었다. 그만큼 밴 플리트의 깊은 신뢰가 묻어 있었다. 그러나 정작 그런 8군 사령관의 호의에는 깊이 주의를 기울일 여유가 없었다.

지리산 일대의 빨치산 토벌은 매우 성공적이었다. 그 자세한 내용은 다음 기회를 봐서 풀어가도록 하겠다. 지금 소개하는 내용은 밴 플리트 이야기다. 그에 관한 이야기를 좀 더 덧붙이도록 할 작정이다. 그는 지리산 토벌 작전이 벌어진 뒤에도 아주 전폭적인 관심과 지원을 아끼지 않았다.

나는 그런 8군 사령관의 배려와 관심 및 지원에 부응코자 했고, 나아가 대한민국의 후방을 크게 위협하는 빨치산을 어떻게 빨리 잠재울 수 있느냐를 두고 절치부심했다. 밴 플리트의 지휘철학은 매우 중요했다. 그는 그리스에서 공산 게릴라를 완벽하게 소탕한 경험자답게 몇 가지 주문을 잊지 않았다. 우선 게릴라를 상대로 하는 작전은 민간의 피해를 최소화하면서 그로부터 신뢰를 얻어야 한다는 점이었다.

'초토화焦土化'라는 작전이 있다. 작전을 구사하는 입장에서 그 초토화는 매우 수월했다. 적이 있는 곳을 모조리 불태워 없애는 일이 초토화의 본질이다. 그러나 당하는 입장에서, 특히 무기를 손에 들지 않은 민간인의 입장에서 그는 악몽惡夢이다. 영혼의 목을 죄는 아주 불길한 꿈이다. 나는 1948년부터 약 1년 반 동안 광주 5사단을 이끌면서 지리산 일대의 빨치산을 토벌할 때 일찌감치 그 초토화의 잔인함을 경험했다.

적성敵性이 있다 하더라도 민간인을 함부로 대한다면 그 작전이 어편 성과를 내든 효과는 크게 줄어든다. 가능한 한 많은 생명을 살려 피가 피를 부르는 악순환을 벗어야 한다. 그 점이 중요했다. 빨치산 주변에 붙어 있어야 하는 민간인들을 최대한 살리고, 귀순의 의향이 있는 빨치산도 가능하면 최대로 살려야 한다. 작전의 요체는 바로 그 점이었다.

전주와 남원, 그리고 광주에 우리 사령부의 요원들이 도착하면서 그 일대의 모든 전화선을 끊었다. 아군 병력의 이동 정보를 그들이 서로 전할 수 없도록 하기 위해서였다. 아울러 전주 북중학교에 차린 사령부에는 유리창에 담요 등을 걸어 빛을 차단했다. 움직임을 보이지 않기 위해서였다. 낮에는 모든 요원들이 출입하지 않도록 했다. 수도 사단은 예정대로 여수 인근으로 상륙해 지리산 남쪽에 도착했고, 8사단 또한 양구에서 출발해 무사히 지리산 북록에 자리를 잡았다.

게릴라 소탕의 전문가

D-데이는 12월 2일이었고, H-아워는 오전 6시였다. 12월 1일 자정을 기해 부산과 대구를 제외한 대전 이남의 모든 지역에는 비상계엄령이 떨어졌다. 빨치산 퇴로를 막기 위해 출동했던 예비 3개 연대와 전투경찰 3개 연대도 정해진 위치에 자리를 잡았다.

그러나 막상 작전이 벌어지자 나는 초조함을 금할 수 없었다. 빨치산이 드문드문 모습을 드러냈지만 이렇다 할 성과를 거두지 못했기 때문이다. 일본에서 인쇄한 1,000만 매의 귀순 유도 전단이 지리산 일대를 뒤덮었으나, 초기에 뚜렷하게 드러나는 성과는 없었다. 귀순자와 빨치산 주변 가족들을 수용하기 위해 남원과 광주에 수용소도 지었지만, 역시 그곳을 채울 귀순자들은 좀체 눈에 띄지 않았다.

"서둘지 말라"던 충고

그런 무렵에 밴 플리트 사령관이 현지에 직접 내려왔다. 작전이 벌어진 D-데이에서 이틀이 지난 시점이었다. 나는 당시의 상황을 그에게 브리핑했다. 그러면서 말미에 "그러나 어쩐 일인지 성과가 잘 나오지 않는다"고 솔직하게 말했다. 그러자 밴 플리트 장군은 씩하고 웃으면서 "괜찮다. 좀 더 차분하게 기다려라. 그러다 보면 좋은 성과가 나올 것"이라고 말했다. 그런 말을 하면서도 밴 플리트는 줄곧 입가에 미소

경비행기에 올라탄 군단장 시절의 나(왼쪽). 1951년 11월에 시작한 빨치산 토벌 작전에서 나는 매일 2차례 이상 이런 경비행기에 올라 작전상황을 점검했다.

를 띠었다.

그는 역전歷戰의 미군 지휘관이었다. 그 역시 성과를 기다리는 마음이 간절했을 것이다. 그럼에도 그는 느긋하게 미소를 지으면서 나를 격려할 뿐이었다. 지금 돌이켜 보면, 밴 플리트는 게릴라를 상대로 벌이는 작전의 본질을 제대로 이해하고 있었던 듯하다. 초기부터 성과를 도출해 낸다면 오히려 그 점이 이상했을 것이다. 게릴라를 상대로 벌이는 작전에서 최고 지휘관이 성과만 강조한다면 그 작전은 분명 시작부터 꼬일 수 있다.

그 밑에서 작전을 벌이는 지휘관이 성과에 집착한다면 먼저 '초토화'의 유혹에 이끌리기 쉽다. 당장의 성과는 그래서 금물禁物이라 해야 옳다. 이리저리 숨어 다니면서 몸체를 드러내지 않는 게릴라의 속성 때문이다. 성과에 집착하는 지휘부는 작전에 임하는 사람들로 하여금 당장의 성과로 포장할 수 있는 초토화의 카드를 선택하도록 만든다는 뜻이다.

밴 플리트는 그렇게 나로 하여금 '여유'를 찾을 수 있도록 했다. 단기적인 성과에 집착해 가시적인 성적을 거두는 데 급급해 한다면 대한민국 내부에 숨어 있는 빨치산을 발본색원拔本塞源하는 데 실패할 가능성이 크다. 보다 장기적인 틀에서 한국의 안보를 위협하는 빨치산을 다뤄야 했다.

군단장의 비행

그러나 그를 성공적으로 이끌어가기 위해서는 내부의 단속도 필요했다. 전선에 서 있는 일선의 지휘관들과 예하의 장병들에게 이를 숙지시킨 뒤 철저하게 이행토록 해야 하는 문제였다. 여기에는 왕도王道가 따로 있을 수 없다. 최고 지휘관이 먼저 나서서 모범을 보여야 했다. 그러기 위해서는 부지런히 현장을 다닐 수밖에 없었다.

일선의 기동 부대 장병들은 모두 대공포판對空布板을 등에 매도록 했다. 빨간색과 흰색의 옷감으로 만든 표지물로, 이를 장병들이 매고 작전을 벌이면 공중에서 진격 상황을 일목요연하게 판단할 수 있었다. 나는 하루에 두 번 세스나 경비행기를 타고 지리산 일대를 날아올라 대공포판을 보면서 아군의 작전 상황을 파악했다. 나는 미군으로부터 L-19 10대를 지원받아 이를 각 사단의 연대장 급 이상의 지휘관들이 활용토록 했다.

아울러 부지런히 현장을 찾아다녔다. 나는 남원의 사령부에만 머물지 않고 각 사단의 연대, 필요에 따라서는 대대 등을 다녔다. 그런 예하의 각 부대를 방문할 때면 나는 늘 "투항과 귀순이 먼저고, 대민 피해는 발생치 않도록 철저하게 노력해야 한다"고 강조했다.

내가 늘 찾던 곳이 또 있다. 포로 수용소였다. 투항하거나 귀순한 빨치산, 아니면 아군 토벌대에게 잡혀 내려온 빨치산들이 있는 곳이었다. 붙잡히거나 귀순을 위해 내려온 빨치산들을 나는 유심히 살폈다. 부상의 정도, 심문을 통해 나온 내용 등도 세심하게 살피면서 작전이 벌어지는 과정에서 아군의 무리한 측면이 없었는지 등을 관찰했다.

미 8군 사령관 밴 플리트 장군, 나아가 도쿄의 유엔군 총사령관, 그 뒤의 미군 최고 지도부 등은 모든 작전이 벌어질 때마다 한국군의 일거수일투족을 면밀하게 들여다보던 상황이었다. 따라서 지리산 빨치산 토벌 작전 또한 일종의 아주 냉정한 '시험대'라고 봐도 좋았다. 더구나 전쟁 발발 뒤 처음 벌어지는 한국군 군단 병력의 기동, 수색, 대민 업무 수행 작전이었다. 따라서 미군에게는 이 분야에서 한국군의 능력이 어느 정도인지를 종합적으로 살필 수 있는 기회이기도 했다. 나는 그 모든 과정의 책임을 맡은 지휘관이어서 그 무게감을 절실하게 느낄 수 있었다.

주어진 시험을 잘 치러야 다음 단계로의 도약이 가능한 법이다. 물론 그 다음에도 다른 시험이 기다리고 있겠지만, 우선은 당면한 시험을 훌륭히 치러야 다음의 발전을 꾀할 수 있다. 나는 1951년 막바지의 가을에 펼쳐진 그 빨치산 토벌 작전이 대한민국 군대의 질적인 성장을 위해 아주 필요한 과정이리라는 생각이 들었다.

따라서 밴 플리트 사령관이 내게 준 임무보다 한 걸음 더 나아가 성공을 거두도록 노력을 거듭했다. 그런 이유 때문에 나는 무리하게 지리산 상공을 비행했다. 오전에는 그나마 괜찮았다. 지리산 상공은

도쿄의 유엔군 총사령관으로 부임했다가 한국 전선을 다시 찾은 리지웨이 장군(오른쪽 둘째)과 내가 인사를 나누는 모습

매일 오전에는 바람이 잤다. 그러나 오후에는 바람이 거셌다. 몸체가 무겁지 않은 세스나 경비행기는 그런 바람 앞에 무력해 에어 포켓 현상으로 곤두박질쳐야 했다.

수험생의 심정

그럴 때마다 나는 머리를 비행기 천장에 부딪히거나 심한 구역질에 시달려야 했다. 눈물도 나고, 콧물도 흘리면서 비행기 안은 금세 더럽혀지고는 했으나 나는 매일 비행을 감행했다. 토벌대 사령관의 비행기가 뜨면 사단장, 연대장의 비행기도 떠야 했다. 작전은 그래서 정해진 틀에 따라 착착 펼쳐졌다. 최고 지휘관이 각 예하부대를 찾아다니자 군대의 군기軍紀도 엄정함을 유지했다. 따라서 대민 피해는 발생하지 않았다.

지리산 일대의 산악 지역에 총성이 잦아지고 있었다. 2기 작전을 마무리했던 1952년 1월 12일 내게 진급 소식이 전해졌다. 별 둘에서 별 셋의 중장을 달아준다는 소식이었다. 사령부로 그 소식이 전해지면서 먼저 금속제 계급장을 현장에 파견 와 있던 경찰 간부들이 구해 왔다.

어깨 견장에 다는 계급장은 군 참모들이 현지의 누군가에 부탁해 수를 놓아 가져왔다. 나와 이종찬 육군참모총장, 해군 손원일 제독의 동시 승진이었다. 이로써 대한민국 군대에서 별 셋의 중장에 오른 사람은 미국에 유학 중이던 정일권 장군을 포함해 모두 넷으로 늘었다.

기쁨만 앞서지는 않았다. 밴 플리트 장군의 강력한 지원이 고맙기도 하고, 한편으로는 부담스럽기도 했다. 그는 내 역량을 믿고 전폭적인 지원을 아끼지 않았다. 그래서 고마웠다. 그러나 그로부터는 다시 미군의 '시험'이 펼쳐질 예정이었다. 그런 지속적인 테스트를 잘 이겨야 한국군은 미군의 도움을 이끌어 내 질적인 성장을 이룰 수 있다는 점을 나는 잘 알고 있었다.

군복을 입은 내가 왜 군공(軍功)에 관심이 없을까. 그러나 나는 비록 젊은 나이였지만 내 자신을 잘 알았다. 나는 전쟁이 없었다면, 그래서 미군이 이 땅에 오르지 않았다면 일정 수준 이상의 계급을 달지 못했을 것이다. 숫기가 부족했고, 남과의 교제에도 서툴다. 정무적인 판단에 익숙지 않아 나는 사람과 사람이 만들어내는 기묘한 상황에 잘 어울리지도 못하기 때문이다.

어쨌든 남과 무엇인가를 나누기 좋아했던 밴 플리트가 한국 전선에 부임했고, 마침 그는 나를 전폭적으로 신뢰했다. 그 덕분에 지리산 빨치산 토벌 작전도 매우 성공적으로 치렀다. 매사에 부지런했던 밴 플리트는 가만히 있지 않을 것이다. 또 무엇인가를 기획하고 실천할 태세였다. 내게는 그런 밴 플리트가 냉정한 '시험관'으로 보였다.

지리산 작전은 1~3기로 나눠 벌어졌다. 초기에는 성과가 별로였으나 2, 3기 작전에 들어서면서 빨치산은 거의 소멸했다. 작전이 마무리를 향해 가던 1952년 2월 초였다. 밴 플리트의 작전 참모 마제트 대령이 찾아왔다. "올드 맨(Old man: 마제트가 자신의 상관인 밴 플리트를 지칭하는 말)의 다른 구상이 하나 있다"고 했다. 시험을 치러야 하는 수험생, 나는 그런 기분으로 마제트의 다음 말을 기다렸다.

한국군 현대화의 첫걸음

나를 찾아온 미 8군 작전 참모 마제트 대령은 미 8군 사령관 밴 플리트 장군이 지리산 토벌 작전을 벌였던 '백 야전사령부'를 토대로 한국군 군단을 하나 만들려고 하는데 내 의견은 어떠냐고 물었다. 새로운 한국군 군단을 창설한다는 얘기였는데, 아직 지리산 토벌 작전이 끝나기도 전의 상황이었다.

"2군단을 다시 만들라"

한국군 군단은 1950년 11~12월에 벌어진 북진 작전 때 중공군의 기습에 휘말려 2군단이 무너졌고, 1951년 5월의 이른바 중공군 춘계 2차 공세 때 3군단이 강원도 현리에서 와해하는 바람에 주문진에 주둔하며 강원도 북쪽을 지키던 1군단 하나만 남아 있었다.

군단이라고 타이틀을 붙이기는 했지만 실제 역량은 보잘 것이 없었다. 주문진의 1군단도 이름만 군단이지 실제는 2개 사단의 병력에 야포를 제대로 갖추지 못했다. 나는 그런 생각이 앞섰다. 그런 군단의 재창설은 아무런 의미가 없다는 게 내 판단이었다. 나는 마제트 대령에게 솔직하게 의견을 말했다. "그런 군단 창설이 무슨 의미가 있겠느냐"는 반문이었다.

그러자 마제트는 기다렸다는 듯이 다음 말을 이어나갔다. 아주 새로운 얘기였다. 그는 "아니다. 이번에는 다르다. 155㎜ 야포 대대를 둘 예정이다. 공병단과 병참단도 만들어 준다. 미 제5포병단이 군단 포병 사령부를 대신할 것"이라고 말했다. 아주 놀라운 얘기였다.

그때까지 한국군의 야포는 105㎜가 전부였다. 그마저도 보유량이 절대적으로 부족했다. 6.25전쟁이 벌어지기 직전에 우리 국군은 105㎜ 몇 문을 들여와 용산에서 한강 너머의 지금 광진교 남단으로 포사격을 실시했다. 그 뒤 105㎜를 들여와 포병 화력을 갖췄으나, 그 역량은 정말 내세울 게 없었다.

북한군은 그를 압도하는 야포를 갖췄으며 물량에서도 우리를 크게 앞질렀다. 소련의 지원 덕분이었다. 적을 제압하기 위해서는 당시로서는 가장 현대화한 155㎜ 야포가 필요했다. 105㎜와 155㎜는 서로 비교할 수 없을 정도로 화력의 크기가 다르다. 사정거리는 물론이고 적을 타격하는 힘에서도 아주 뚜렷한 차이를 보인다. 105㎜는 적을 그저 두드리는 정도의 화력이다. 그에 비해 155㎜는 상대 진지를 뒤집어 놓을 만큼 세다.

105㎜의 포격으로는 적의 진지를 그저 강타하는 수준이지만, 155㎜로 때릴 경우 적진지의 땅바닥은 모두 뒤집어진다. 나는 1950년 7월 김일성 군대에 밀리면서 낙동강 전선을 향해 남쪽으로 내려갈 때 부산에 급히 상륙해 일선으로 달려온 미군들이 당시 끌고 왔던 155㎜ 야포를 처음 봤다.

105mm와 155mm의 차이

내가 당시 이끌던 1사단의 참모들과 장병들은 그 야포를 보고 그만 놀라고 말았다. 우리가 보아오던 야포와는 아주 다른 모습이었기 때문이다. 우선 야포의 크기와 그에 탑재하는 포탄의 크기가 상상을 초월할 만큼 컸다. 눈앞에 나타난 155㎜를 보면서 우리는 그저 "어…"라고 감탄만 할 정도였다. 한 마디로 155㎜는 경이驚異 그 자체였다.

그러나 언감생심焉敢生心이었다. 미군은 그 155㎜를 동원해 한국군을 도왔지만, 그 자체를 한국군에게 제공하지는 않았다. 따라서 우리 국군은 현대전에서 가장 필요한 무기를 운용할 방법이 없었다. 직접 사들이기에는 모든 사정이 허락하지 않았다. 그런 점 때문에 155㎜ 야포에 관해서 나는 이상할 정도의 집착을 보이기도 했다.

그런 155㎜를 새로 창설하는 한국군 군단에 배속하겠다는 얘기에 나는 깜짝 놀랄 수밖에 없었다. 이는 우리 국군을 도약시킬 수 있는

전선에서 한국군을 지원했던 미 참모진들과 함께 식사를 하고 있다.

커다란 계기라고 볼 수 있었다. 역시 밴 플리트 장군다웠다. 그는 지리산 토벌 작전의 경과를 주의 깊게 살피면서 한국군 무장을 강화하는 시기를 저울질하고 있었던 것이다.

나는 마제트에게 "그렇다면 합시다"라고 분명하게 말했다. 천금과도 같은 기회였다. 미군이 제공하는 중화포를 건네받아 한국군을 튼튼하게 무장하는 절호의 기회를 잡아야 했다. 마제트는 그런 내 반응을 지켜본 뒤 곧장 서울의 미 8군 사령부로 돌아갔다. 밴 플리트의 의중은 곧 실천에 옮겨졌다.

나는 지리산 토벌 작전을 우선 끝냈다. 최종의 마무리 작업은 수도사단에 맡겼다. 수도사단은 현지에 주둔하면서 토벌 작전의 마지막을 장식했다. 나머지 '백 야전사령부' 요원들은 모두 나와 함께 춘천의 천전리로 이동했다. 그곳은 미 9군단의 주둔지 옆이었다. 천전리의 빈 땅에 막사를 치고 약 200명에 달하는 군단 창설 요원들은 숙영宿營에 들어갔다. 밴 플리트 사령관의 계획대로 우리는 그곳에서 새 군단을 만들기 위한 기초 교육을 받기로 했다.

후속 인사발령은 조금 의아했다. 이형석 준장이 참모장, 원용덕 준장이 부군단장으로 왔다. 두 사람은 나보다 10년 정도 연상이었다. 이형석 준장은 일본 육사를 나왔고, 원용덕 준장은 연세 세브란스의전을 나온 군의관 출신으로 전투 지휘관의 자리에 오른 선배였다. 특히 이 준장은 성격이 괄괄하며 입이 거칠기로 유명했다. 한국군 인사야 육군 참모총장이 하는 일이어서 내가 간여할 바는 아니었으나 당시 상황에 딱 들어맞지는 않았다.

두 '선배'는 다행히 내 입장을 잘 헤아려 줬다. 나 역시 두 사람의 입장이 곤란하지 않도록 언행과 처신에 각별히 주의했다. 미 9군단이 새로 창설하는 국군의 교육을 맡았다. 책임자는 미 9군단장 윌라드 와이먼 소장이었다. 그는 나를 직접 가르쳤다. 우리는 그때 처음 'OJT(On the Job Training)'라는 용어를 접했다.

미 9군단장은 한국군 군단장인 나를 교육했고, 한국군 참모들은 미 9군단의 참모와 같은 사무실에 앉아 그들이 움직이는 모든 과정을 배웠다. 실제의 업무를 현장에서 직접 실행해 봄으로써 일을 익히는 방식이었다. 포병과 공병, 통신 및 기갑 등 제 병과兵科의 요원들 역시 미 9군단의 실무 책임자와 함께 일하면서 직접 업무를 배우고 익혔다.

한국군 증강의 절호 기회

미국의 사정은 당시로서는 그리 좋지 않았다. 북대서양조약기구(NATO) 군대를 창설하려고 서두르고 있어서 한국 전선에 신경을 쓸 여유가 부족했기 때문이다. 따라서 한국군을 무장시킨 뒤 병력을 빼 유럽의 전선으로 보내야 했다. 그런 전체적인 흐름에서 밴 플리트는 지리산 토벌 작전 직후의 시기를 잡았던 것이다. 밴 플리트는 그런 흐름을 가속화할 생각이었다.

그래서 먼저 선택한 작업이 1950년 12월 중공군의 참전으로 무너졌던 2군단을 재창설하는 일이었다. 군단 급 병력이 기동했던 지리산 토벌 작전의 경과를 지켜봤고, 그 작전이 성공적으로 마무리됨에 따라 당시를 적기適期라고 봤던 것이다. 아울러 밴 플리트는 적임適任의 한국군 지휘관으로서 나를 선택했던 셈이다.

중차대한 순간이었다. 그를 훌륭하게 펼쳐야 했다. 결론적으로, 중공군 참전으로 무너졌던 한국군 2군단은 1952년 4월 다시 일어섰다.

리처드 메이요 대령이 이끄는 미군 105㎜ 1개 대대와 155㎜ 2개 대대가 2군단에 배속됐고, 이와는 별도로 군단은 한국군 포병으로 이뤄진 155㎜ 4개 대대를 보유할 수 있었다.

흐름은 잘 타야 한다. 일정한 기류가 만들어져 흐름으로 이어질 때는 그에 잘 올라야 한다. 그 흐름은 분명했다. 한국군은 미군의 지원을 받아 현대화한 군대로 변모할 수 있는 기회를 맞이하고 있었다. 남과 나누기를 좋아하는 밴 플리트라는 사령관이 마침 한국 전선을 지휘하고 있었다. 그는 한국군을 위해 전폭적인 지원을 할 수 있는 인물이었다.

국군 2군단의 재창설은 따라서 의미가 컸다. 155㎜ 중포로 무장

미군과 실제 업무 현장에서 어울리며 그들로부터 각종 군사기술을 배우고 있는 한국 장교들 모습

했고, 미군의 업무체계를 고스란히 인수해 안팎으로 현대화한 군단을 보유할 수 있었던 것이다. 그에 그치지 않는다. 밴 플리트는 내친 김에 한국군 전체의 화력을 증강시킬 계획을 갖고 있었다. 모두 17개 대대 400문의 155㎜로 무장한 포병을 양성한다는 내용이었다.

국군 2군단은 그 핵심으로 작용했다. 한국군의 모든 포병은 훈련을 받고 2군단에 와서 교육을 받았다. 광주에 포병학교를 세우고 인원을 양성한 뒤 2군단에 배치해 실전을 거치도록 하는 과정이었다. 이들은 2군단에서 일정한 실전 교육을 거친 뒤 다시 자대로 보내졌다. 그로써 현대화한 한국군의 포병이 서서히 모습을 드러내고 있었다.

강력한 한국군 조련사

그렇다면 왜 밴 플리트 미 8군 사령관은 한국군 증강에 유독 큰 관심을 보였을까라는 의문이 남는다. 물론, 앞에서도 소개했듯이 미군은 유럽 전선으로 자국의 병력을 보내야 했던 전략적 이유 때문에 한국 전선에 오래 붙어 있을 수 없었다. 여러 대안 중의 하나로 미군은 한국군을 증강해 단독으로 휴전 이후의 전선에 나서는 방법을 모색했다.

한국군 와해에서 받은 충격

그렇다고 하더라도 밴 플리트 장군은 특별했다. 단기간에 획기적으로 한국군 전력을 증강시키는 방법을 모색하는 데 '혈안血眼'이 됐을 정도라고 해도 좋았다. 아주 적극적으로, 때로는 미 행정부의 시각에서 보더라도 '과격하다' 싶을 정도로 한국군 전력 증강에 나서고 있었다.

전쟁을 지휘하는 최고 지휘관의 입장에서 그는 한국군의 어떤 가능성, 그와 함께 군대로서 지녀야 했던 기본적인 조건마저 갖추지 못하고 있음을 봤을 수도 있다. 그런 계기는 아주 일찍 닥쳐왔다. 그가 한국전선을 지휘하는 미 8군 사령관으로 막 부임했을 때였다.

앞서도 설명한 적이 있다. 그는 한국 전선에 부임하자마자 중공군의 1951년 춘계 1차 대공세에 직면한다. 서울을 다시 점령하려는 게 중공군의 의도였다. 그로써 중공군은 전쟁의 판세를 뒤집으려 했다.

한국군 2군단 재창설 직후 군단을 방문한 미 군단장과 내가 인사를 나누고 있다.

밴 플리트는 서울 광화문에서 마포까지 야포 400문을 세워놓고 그런 중공군의 총공세를 꺾었다. 문제는 그 다음이었다.

머잖아 소개할 예정이지만, 중공군은 자신의 주력을 중동부 전선으로 우회했다. 이어 강원도 인제군 현리에서 춘계 2차 공세에 나섰다. 앞에서 적은대로 그곳서 한국군 3군단은 전선을 뚫고 침투한 중공군 1개 중대에게 후방의 요지要地를 점령당함으로써 군단 전체가 무너지고 만다. 6.25전쟁 중 한국군이 보였던 기록적 참패였던 이른바 '현리 전투'다.

밴 플리트는 중공군의 중동부 전선 침투와 한국군의 기록적인 패배를 목격하고서 충격에 휩싸였던 모양이다. 그 이후의 기록을 보면 밴 플리트는 국군 수뇌부에 한국군 전력 증강에 관한 필요성을 역설하는 장면이 자주 나온다. 곧이어 펼쳐진 역습으로 중공군의 공세를 돌려세우기는 했지만, 군단 전체가 무너지는 장면을 보고 밴 플리트는 크게 당황했던 것이다.

한국군의 전력 증강은 큰 과제였다. 그러나 한국군 단독으로 그 작업을 실현할 수는 없었다. 한국군은 모든 면에서 커다란 '결여'를 드러내고 있었기 때문이다. 우리에게는 당시 아무 것도 없었다. 그저 있었다고 한다면 풍부한 인력人力이었고, 그런 인력을 병력으로 끌어와 굶주림과 헐벗음을 겨우 메워줄 식량과 피복류만을 댈 수 있는 정도였다.

모든 창고 열쇠는 미군 손에

당시 대한민국의 젊은 인력으로는 사실 100만 명 정도의 군대 양성이 가능했다. 식량의 공급은 병력을 충분히 먹일 만큼은 되지 않았어도 굶주림은 면할 수 있게 할 정도였다. 그러나 그로써 군대를 이루지는 못한다. 손에 쥐는 개인 화기火器가 필요했고, 적의 머리에 퍼부을 곡사포 등의 화력도 필요했다.

군대의 보급에서 대한민국이 스스로 해결할 수 있는 것은 1종인 식량과 2종인 의류의 일부였다. 나머지인 3종의 유류油類, 4종 총포銃砲, 5종 탄약彈藥은 그저 미군의 얼굴과 의중을 살피면서 그들의 처분에 따라야 했다. 그나마 우리가 스스로 해결한다는 1종 식량도 쌀을 제외한 밀가루와 소맥小麥, 대두大豆 등은 대부분을 미군의 지원에 기대야 했다.

미군은 한국군의 지원에 선뜻 나섰다. 한국이 낯설고 먼 나라이기는 했으나 그들의 지원은 풍부했다. '마음씨 좋은 샘 아저씨'라는 말이 유행했던 것처럼 미군의 지원은 통이 컸다. 그러나 꼭 그렇지만은 않았다. 철저한 검증이 따랐고, 때로는 인색하다고 해도 좋을 정도로 냉정했다.

나는 1946년 '군사영어학교'를 마친 뒤 창군 멤버로 국군의 창설 과정에 몸을 들였는데, 첫 임지가 부산의 5연대였다. 5연대 병력은 신발조차 제대로 없었다. 나는 당시 미 군정청 장교를 찾아가 일본군이 패퇴하면서 남기고 갔던 군화軍靴 교섭에 나선 적이 있다. 창설 초기의 국군은 군화가 없어 일본군이 차던 '각반脚絆'을 그대로 사용하던 사람도 많았다.

나는 그런 사정을 설명하면서 "일본군이 남기고 간 군화가 부산 창고에 있다고 들었는데 지원해줄 수 없느냐"고 했다. 그러자 군정청의 미군 장교는 "당신들에게 나눠주라고 우리가 일본군 군화를 보관하고 있는 게 아니다"라며 냉소와 함께 내 청을 아예 무시했다.

전쟁이 벌어진 뒤 한국군이 미군의 지원을 이끌어내는 일도 그리 쉽지 않았다. 전차와 고성능의 야포 등 중무기의 지원을 요청해도 미군은 자신의 판단에 따라 지원할 뿐이었다. 따라서 미군을 상대하고, 그로부터 막대한 지원을 이끌어 내는 일은 결코 쉽지 않았다.

미군이 한국 전선을 관리하기 위해 운용하고 있던 큰 규모의 보급 창고는 영등포와 춘천에 있었다. 그 말고도 전략적인 요충에 별도의 창고들을 세워 전시에 필요한 물자를 관리했다. 그런 창고의 열쇠는 모두 미군의 손에 쥐어져 있었다. 그 미군의 창고를 열어 한국군의 전력을 뒷받침하는 데에는 상당한 명분과 교섭 능력이 따라야 했다.

동숭동 미 8군 사령부에서 열린 만찬에 참석했다 돌아가는 이승만 대통령 내외.
오른쪽이 밴 플리트 사령관

밴 플리트만이 할 수 있었던 일

그런 와중에 한국 전선에 부임한 밴 플리트 미 8군 사령관은 전임자
들에 비해 한국군 전력 증강에 아주 높은 관심을 보이고 있었다. 미군
의 모든 보급 창고는 밴 플리트의 그런 의지에 따라 활짝 열릴 기미를
보이던 중이었다. 1951년 12월 '백 야전사령부'를 창설해 지리산 일대
의 빨치산을 토벌함으로써 후방의 안정을 이룬 다음 밴 플리트는 한
국군 전력 증강사업에 야심차게 나섰던 것이다.

밴 플리트는 당시의 한국에게는 아주 소중한 사람이었다. 그는 우
선 이승만 대통령과의 관계가 더 할 수 없이 좋았다. 그의 전임자인
월튼 워커와 매슈 리지웨이 사령관은 이승만 대통령에게는 "고약한

친구"였다. 그 둘은 전선의 상황이 한국군의 부진으로 밀렸을 때면 이 대통령을 찾아와 "도대체 이게 무슨 군대냐"면서 힐난을 퍼부었다.

그런 이유 때문에 이 대통령은 워커와 리지웨이를 달갑지 않게 여겼다. 워낙 다급한 전선 상황이라 자존심 높기로 유명한 이 대통령이었지만 그들의 호통에 대꾸를 할 수 없었다. 그러나 밴 플리트는 달랐다. 제2차 세계대전 종전 뒤 그리스에 주둔하며 현지 왕실과 차분한 교섭을 벌여 공산 게릴라를 모두 없앤 경험 덕분이었다.

그는 이승만 대통령의 높은 자존심을 잘 떠받쳤다. 아울러 공산주의에 대한 이승만 대통령의 견해를 존경하며 따랐다. 자유와 민주에 대한 두 사람의 공감대도 깊고 넓었다. 그는 전선의 위기가 닥칠 때마다 창고의 문을 활짝 열어 유엔군과 한국군의 뒤를 떠받쳤다.

그런 밴 플리트가 드디어 본격적인 한국군 전력 증강에 나섰다. 우선은 강력한 중포重砲를 갖춘 현대적인 한국군 군단인 2군단을 재창설했고, 이어 전국 네 곳에 미 군단 예하의 야전훈련사령부(FTC)를 만들어 전선에 선 한국군을 재교육하기 시작했다. 도쿄에 있는 유엔군 총사령부의 매슈 리지웨이도 한국군 초급 장교의 교육에 관심을 보냈다. 그러나 한국군 증강에 관한 활발한 '동력'은 밴 플리트 8군 사령관이 뿜어내고 있었다.

아주 면밀한 계획이 마련됐다. 전황이 지금 휴전선 일대의 일부 요지를 점령하기 위한 아군과 적군의 고지전 형태로 교착을 보이는 상황에서 밴 플리트는 급하지 않은 전선의 국군을 후방의 FTC로 돌려 2~9주 동안 교육을 거듭했다. 그런 교육과정의 최우선 작업은 '검열'이었다.

전선 부대로서 지니고 있어야 할 무기와 장비를 우선 점검하는 과정이었다. 그런 검증 과정에서 국군은 모두 '부적격'이었다. 우선 처음부터 제대로 갖추지 못한 무기와 장비가 각종 전투를 거치면서 더 부족해졌기 때문이었다. 밴 플리트는 그런 한국군의 부족한 무기와 장비를 모두 채웠다. 한국에 있던 미군의 모든 창고를 최대한 열었고, 모자랐던 부분은 일본에 있던 탄약과 장비 창고에서 실어왔다.

그런 1차 검열 과정을 거친 뒤 한국군은 면밀한 훈련 계획에 따라 짧게는 2주, 길게는 9주 동안 훈련을 거듭했다. 한국군이 현대화한 군대로서 일종의 '격'을 만들어가던 과정이었다. 춘천 북방의 소토고미에서 국군 2군단을 재창설했던 작업은 그 시초를 이뤘다. 재창설식이 끝난 뒤 얼마 지나지 않아 전선 북쪽에 중공군이 모여든다는 첩보가 날아왔다.

"중공군을 혼내줘라"

중공군은 6.25전쟁 기간 내내 한국군을 '먹잇감' 정도로 봤다. 만만한 상대 정도가 아니라 때리면 아무 말 없이 맞고 도망치는 존재로 여겼다. 실제 여러 전투에서 채록한 한국군의 증언에 따르면 한국군은 수저를 들고 밥을 먹다가도 "중공군이 온다"는 소리를 들으면 밥과 함께 모두를 내던지고 줄행랑을 치기에 바빴다고 한다.

국군만 노렸던 중공군

치욕스러운 이야기지만 사실이었다. 우리가 싸움 앞에서 한없이 움츠러드는, 용기 없는 민족이라는 이야기는 아니다. 개개인으로 보면 한국군은 중공군에 비해 밀리지 않는다. 죽음을 무릅쓰고 앞으로 나아가는 용기도 없는 게 아니다. 단지 그들을 조직하고 훈련할 여유와 능력이 없었던 것이다.

따라서 그들은 한국군의 방어 지역을 노리고 덤벼드는 경우가 많았다. 미군의 방어지역은 가능한 한 피했다. 강력한 공격력과 방어력을 모두 갖춘 미군에게 덤벼들면 피해가 막심하다는 점을 잘 알고 있었기 때문이다. 적과의 전선을 형성하고 있는 국군의 방어지역은 따라서 중공군의 출현에 상당한 관심을 기울여야 했다.

내가 밴 플리트 미 8군 사령관의 전폭적인 지원에 따라 2군단을 재창설하고, 당시 우리의 형편으로는 보유할 수 없었던 155㎜ 중화포로 무장을 하면서 현대화한 군단의 '격'을 갖춰가고 있던 1952년 5월에도 마찬가지였다. 중공군이 재창설 2군단의 전면에 모여든다는 정보가 날아들고 있었다.

적정敵情을 확인하기 위해 가장 필요한 일은 적을 포로로 잡아들이는 것이었다. 전면에 중공군이 모이고 있다는 첩보에는 밴 플리트 사령관 또한 매우 깊은 관심을 기울였다. 나는 특공작전을 벌이기로 했다. 각 부대의 요원들을 뽑아 특공훈련을 시킨 뒤 적진으로 침투시키기 위해서였다. 밴 플리트는 현장에 직접 찾아와 그런 특공훈련을 지켜보면서 각종 조언을 아끼지 않았다.

군단 예하의 6사단이 당시 많은 전과를 올렸다. 특히 기억나는 대목은 대대장 김종필 중령(전 국무총리)의 활약이었다. 그는 아이디어가 풍부했다. 단순한 군인이라기보다 문학적 감성이 퍽 발달한 사람이었다. 그래서 상상력 또한 발달했음인지, 그는 다양하고 기발한 아이디어를 내서 휘하의 장병들을 보내 중공군 포로 다수를 붙잡아 왔다. 당시 김종필 중령이 내게 준 인상은 애

한국군 현대화의 첫걸음을 뗀 국군 2군단 재창설 기념식

국심이 강했고, 매사에 빈틈을 보이지 않는다는 점이었다. 업무에서의 충실도가 아주 높다는 느낌도 줬다.

김종필 중령의 맹활약

곧 각 사단은 전선 전면에서 적지 않은 중공군 포로를 생포했다. 우선 두드러졌던 특징은 그 포로들의 출신이 아주 다양하다는 점이었다. 소속이 각기 달랐다는 얘기다. 그렇다면 우리의 전면에는 아주 많은 중공군이 집결했다는 얘기와 같았다. 나는 즉각 이 사실을 밴 플리트가 있던 미 8군 사령부에 보고했다.

웬만한 미 사령관은 그런 보고에 즉각 반응을 보이지 않는다. 좀 더 신중하게 적정을 파악한 뒤 행동에 나서는 게 일반적이었다. 그러나 밴 플리트는 즉각 판단을 내렸다. 아주 단호한 내용이었다. 밴 플리트는 "즉각 포격을 개시하라. 사전에 적을 제압하는 일이 무엇보다 중요하다. 탄약은 아끼지 마라. 필요하다면 제한 없이 포탄을 사용하라"고 말했다.

흔쾌함이었다. 아무런 주저도 없었다. 공산주의 중공군을 상대하는 그의 일관된 태도였다. 그는 미군의 지휘관 중에서는 돋보이는 사람이었다. 한국을 돕고, 나아가 공산주의 군대를 물리치는 일에서는 아주 적극적이었다. 밴 플리트의 그런 태도에 대해서는 미군의 반대가 적지 않았다.

특히 밴 플리트의 명령에 따라 내가 군단 예하의 포병단장 메이요 대령을 불러 그 내용을 전하자, 그는 난색難色부터 표시하고 나왔다. 그는 포병으로서 오랫동안 생활한 노련한 장교였다. 미 포병학교인 포트 실에서 교관으로 오래 근무했던 까닭에 탄약 사용에 매우 민감한 사람이기도 했다.

그는 아주 못마땅한 표정으로 내게 말했다. "정확하게 목표 지점과 대상을 측정하지 않은 상태에서 포격하는 일은 규범에 맞지 않는다"면서 "더 관측을 벌인 뒤에 차분하게 포격에 나서야 한다"고 말했다. 그러나 나는 "밴 플리트 사령관의 명령이다. 지시대로 이행하라"고 말했다.

미군은 항상 그랬다. 자신의 의견을 들어 문제를 지적하다가도 역시 상관의 명령에는 복종하는 자세를 취했다. 그냥 겉으로만 명령을 이행하는 게 아니라 나설 때에는 최선을 다하려고 했다. 그는 내가 다시 명령을 내리자 "옛, 써~!"하면서 포격 태세를 취했다.

오후 3시 무렵이었다. 군단 포병 7개 대대와 3개 사단 휘하 3개 포병대대가 일제히 적진을 향해 불을 뿜었다. 보병부대의 박격포들도 마찬가지였다. 우리 군단이 늘어선 동서 약 20여 ㎞에서 동시에 강력한 포격이 벌어졌다. 이는 사흘 동안 이어졌다. 군단이 발사한 당시의 포탄은 모두 2만여 발에 달했다.

중공군의 반격은 없었다. 포격의 효과라고 나는 믿고 있다. 당시의 포격이 어떤 효과를 나타냈는지를 증명할 길은 없다. 단지 중공군은 당시 국군 2군단 전면에 새카맣게 모여든 뒤 공세를 벌이려 했다는 정황은 명확했고, 우리의 포격 뒤 중공군은 그냥 사라지고 말았다.

1년여 뒤 이곳에서는 중공군의 최후 공세가 펼쳐진다. 전선의 북쪽이 적을 향해 불쑥 솟아올라 있는 '돌출부'를 이루고 있어서, 적의 입장에서 볼 때는 전선 관리에 치명적인 약점을 드러내는 곳이었다. 적은 이 '돌출부'를 제거하기 위해 안간힘이었고, 재창설한 2군단의 전면은 그런 중공군의 강력한 공세가 벌어지기에 가장 알맞은 장소였다.

'밴 플리트 탄약량'의 탄생

나는 포격을 끝낸 뒤 관측 초소로 갔다. 그곳에서 망원경을 들어 적진을 살폈다. 적의 참호는 거의 "뒤집어져 있다"고 해도 좋을 정도로 막심한 포격의 피해를 입었다. 아래에 있던 흙이 전부 나와 위를 덮고 있었다. 화약으로 인해 흙의 상당 부분은 흰색을 뒤집어쓰고 있었다. 나는 현대전을 수행하기 위해 가장 필요한 중화포의 위력을 새삼 실감했다. 적은 그렇게 뒤로 물러나고 말았다.

서울 동숭동 미 8군 사령부에서 브리핑을 듣고 있는 밴 플리트 사령관(가운데 앉은 이)과 나(왼쪽)

나는 약 3개월 반 동안 재창설 2군단장을 맡았다. 군단을 현대화하기 위한 작업이 주를 이뤘으나, 중공군의 머리에 퍼부은 포격이 남겼던 인상은 매우 강렬했다. 전에도 중공군에게 밀리다가 부분적으로 승리를 이루기는 했으나, 국군이 현대화한 장비와 화력을 갖추고 본격적으로 중공군에게 위력적인 '한 방'을 먹인 사건에 해당하기 때문이다.

　　'밴 플리트 탄약량'이라는 용어는 이전에 소개했다. 미 8군 사령관에 부임한 밴 플리트가 탄약 재고량 등과는 상관없이 적진을 향해 아주 많은 탄약을 소모하기 때문에 만들어진 용어다. 그 말이 만들어진 중요한 계기가 바로 2군단 전면의 중공군 포격이었다. 그때 본격적으로 미 의회 등에서 밴 플리트 8군 사령관의 1일 탄약 소모량이 지나치게 많다는 문제를 제기하면서부터다.

　　나중에 다시 밴 플리트 사령관을 만났을 때 인사부터 전했다. 나는 "장군 명령 덕분에 중공군을 꺾을 수 있었다"고 했다. 미국 조야에서 '밴 플리트 탄약량'으로 곤경을 당하고 있던 그를 위로할 심산에서였다. 그러자 밴 플리트는 내 심중을 짐작했는지, 우선 씩 웃었다.

　　이어 밴 플리트는 "중공군에게는 강하게 나와야 한다. 적의 기선機先을 꺾었으니 그것 하나만으로도 충분하다. 한국군이 중공군에게 계속 밀리면 곤란하다. 한국군 전면에 나타나는 중공군을 강하게 때릴 수 있어야 한다. 이번에는 그 점을 잘 보여준 것 아니냐? 그 뒤로 중공군의 움직임이 없다. 탄약을 많이 썼다고들 이야기하는 사람이 있지만, 그 정도 비용으로 이 정도의 효과를 거뒀다면 훌륭하지 않느냐?"고 말했다.

　　국군 2군단은 일약 화제의 부대로 떠올랐다. 현대화한 전력을 제대로 갖춘 국군의 출발이라는 점, 미군이 향후 한국전선에서 철수할 경우 한국군의 전력증강을 어떻게 꾀해야 하는가를 보여줬다는 점, 미군 전력 이양의 모범적 케이스란 점 등에서였다.

그래서 많은 사람들이 우리를 찾아왔다. 리지웨이 후임으로 도쿄 유엔총사령관으로 부임한 마크 클라크 대장, 콜린스 미 육군참모총장, 영국군 원수와 그리스 육군참모총장 등이었다. 내 개인적으로도 이때의 경험이 매우 소중했다. 미군의 지원을 받아 한국군을 어떻게 현대화하느냐에 관한 중요한 시사점을 던져줬기 때문이었다.

나를 참모총장에 추천한 사람

나는 갑자기 육군참모총장이라는 자리에 올랐다. 1952년 7월이었다. 당시 부산에서 정치 파동이 있었다. 대통령을 직선제로 뽑고자 했던 이승만 대통령의 의중과 국회의 충돌로 벌어진 사건이었다. 이 대통령은 그해 5월 부산 일대에 계엄령을 선포하면서 대통령 직선제를 골자로 하는 헌법 개정을 추진했다. 그 와중에 이종찬 육군참모총장이 대통령의 요청을 거부함으로써 자리에서 물러나고 말았다.

갑작스런 승진

나는 돌연 그 후임에 임명됐다. 내 나이 32세였다. 나는 왜 그런 선택을 받았을까. 당시로서는 그 점을 따질 여유가 없었다. 어느 날 갑자기 내게 전문이 날아왔다. 2군단장 집무실에서 받은 전문이었다. "육군참모총장에 임명됐으니 부산(임시 경무대)에 가서 대통령께 신고하라"는 내용이었다.

나는 당시 부산에서 벌어지던 정치 파동의 내용조차 잘 몰랐다. 정국政局의 추이에 관심을 두기에는 전선의 여러 가지 상황이 급절하기만 했다. 지금의 휴전선 일대에서는 적군을 상대로 치열한 고지전이 여러 곳에서 벌어지고 있었으며, 내가 맡은 2군단은 국군 현대화의 초석을 만들어가고 있었던 관계로 아주 분주했기 때문이다.

역대 미 8군 사령관 중에서 이승만 대통령과 가장 가까웠던 밴 플리트 사령관이 이 대통령과 함께 촬영했다.

　나는 우선 서울로 향했다. 동숭동의 옛 서울대 자리에 있던 미 8군 사령부로 밴 플리트 장군을 찾아갔다. 내가 돌연 육군참모총장 자리에 오르는 곡절을 그로부터 들으려 했던 것은 아니다. 밴 플리트는 어느덧 내 인생의 선배로 자리를 잡고 있었다. 그에게서 육군참모총장에 오른 뒤 내가 어떻게 처신을 해야 할지 먼저 물었다.

　그는 내 질문을 들은 뒤 잠시 생각에 잠겼다. 이어 밴 플리트는 고개를 들어 나를 보면서 "백 장군, 당신은 참모총장 임무를 잘 수행하리라 믿소. 당신이 거둔 지금까지의 전적戰績으로 볼 때 이 점은 분명합니다. 그래도 내 입장에서 덧붙일 말이 하나 있소. 우선 말을 많이 하지 마시오. 그리고 판단하기 쉬운 안건에 대해서는 '예스'냐 '노'냐를 분명히 하시오. 판단이 어려운 사안에 대해서는 그 자리에서 답변을 하지 마시오. 하룻밤 정도는 충분히 생각을 해 본 다음에 답변을 하시오. 부하들에게는 가급적 화를 내지 마시오"라고 말했다.

나를 아끼는 마음에서 나오는 말이었다. 전쟁을 거치는 동안 나는 지휘관이 어떤 사람이어야 하는가를 어렴풋하게 배웠다. 우선 침착해야 했다. 섣부른 판단은 아주 많은 화를 불러들일 수 있다. 아울러 부하를 아껴야 했다. 겉으로만 그런 척 하는 게 아니라, 진심에서 우러나오는 동료애가 있어야 한다. 그런 여러 가지를 함축적으로 담은 말이 밴 플리트의 충고였다.

"자네 그만 두게!", 이승만의 호통

그러나 그는 내게 숨기는 게 있었다. 나중에 안 사실이지만, 내가 육군참모총장에 오른 데는 그의 역할이 결정적이었다. 그는 부산 정치 파동으로 이종찬 장군이 참모총장에서 물러날 때 그 현장에 있었다. 모두 세월이 지난 뒤 밴 플리트 장군이 내게 직접 들려준 말이었다.

당시 이승만 대통령은 집무실에서 밴 플리트 사령관, 이종찬 참모총장과 함께 있었다. 그 자리에서 이승만 대통령은 손가락으로 이종찬 장군을 직접 가리키며 "자네, 이제 자리에서 썩 물러나게"라며 호통을 쳤다고 한다. 아주 화가 난 모습이었다고 했다. 그런 이승만 대통령 앞에서 밴 플리트 장군은 배짱도 좋게 "후임은 어떻습니까. 저는 아무래도 백선엽 장군이 적합하다고 생각합니다"고 말했다.

미군이 작전 지휘권을 갖고 있는 상황이었지만, 한 나라의 육군참모총장 인선에 관해서 미군이 개입할 명분은 없었다. 그러나 그런 명분은 간혹 실재하는 역량에 자리를 내주기 일쑤다. 당시 상황이 그랬다. 추천의 형식이기는 했으나 밴 플리트의 발언에는 무게가 실리지 않을 수 없었다.

그러나 생각해보면, 이승만 대통령이나 밴 플리트 장군이나 이종 찬 참모총장에게는 좀 '잔인하다' 싶을 정도였다. 해임된 참모총장을 앞에 두고 두 사람은 후임자를 직접 거론하고 있었으니 말이다. 이승 만 대통령은 그 자리에서 밴 플리트 장군의 권유를 선뜻 받아들였다 고 한다.

그만큼 미군의 힘은 강했다. 공산주의 군대와 싸우는 대한민국의 사정이 그랬고, 모든 기초 역량을 쌓지 못한 채 전쟁을 맞이함으로써 대부분의 영역에서 허약하기 짝이 없던 나라 사정이 그랬다. 곰곰이 따져 볼 때 이승만 대통령의 의중에는 내가 들어가기 힘들었다. 나는 전쟁이 벌어진 뒤 줄곧 굵직한 전적을 쌓았다고는 해도 이 대통령의 눈에 찼던 사람은 아니었다.

나는 '평안도 촌뜨기'였다. 전쟁이 벌어지기 전까지가 그랬다. 대 통령은 전쟁이 벌어지기 전에는 내 이름을 들어보지도 못했다. 평양에 선두로 입성한 뒤 이름이 제법 알려지면서 이 대통령의 귀에 들어간 정도였다. 그러나 미군은 줄곧 내 주위에서 나를 면밀히 지켜봤다. 밴 플리트의 천거는 그런 상황에서 이뤄졌고, 어쨌든 이 대통령은 그를 받아 들였다.

이종찬 총장은 자리에서 물러났지만 다른 탈은 없었다. 밴 플리트 의 배려 때문이었을 것이다. 이 총장이 대통령으로부터 '괘씸죄'를 얻 은 이유는 군 병력을 계엄 치하의 부산에 동원하라는 국방부 장관의 명령을 거절했기 때문이었다. 그러나 작전 지휘권을 지닌 미군의 입김 도 작용했으리라고 봐야 한다. 그 점은 다행이었다. 이종찬 장군은 그 에 따라 미국으로 유학을 떠날 예정이었다.

야전의 경험이 없었던 정일권

미군은 모든 것을 댔다. 화력과 장비, 그리고 막대한 양의 전쟁 물자모두였다. 그러니 한국 사회에 미치는 힘의 크기는 상상을 초월했다. 32세에 불과한 나를 육군참모총장의 자리에 올린 힘도 당연히 미국의 것이었다. 아울러 여러 구석에도 고루 그런 힘이 미쳤다.

정일권丁一權 전 육군참모총장의 경우가 그랬다. 그는 전쟁 초반에 채병덕 장군의 후임으로 총장 자리에 올라 활약했다. 낙동강 전선에서 우리가 고전을 거듭할 때 미군과의 원활한 교섭을 이룰 수 있던데에는 그의 활약이 컸다. 그러나 그 뒤로는 잘 풀리지 않았다. 특히 1951년 징병 대상인 장정壯丁들을 이끌다 부정과 독직으로 많은 이를굶어 죽게 한 이른바 '국민방위군 사건'의 책임을 지고 총장 자리에서물러났다.

육군참모총장 시절의 정일권 장군(오른쪽)과 나. 그와 나는 호형호제하는 사이였다.

그는 내가 총장 자리에 오르기 직전에 국군 2사단장으로 발령을 받았다. 역시 이승만 대통령과 논의했던 밴 플리트 장군의 '권유' 때문이었다. 말하자면, 미군에 의해 전 육군참모총장이 사단장으로 내려앉은 것이다. 이 점이 아주 골칫거리였다. 정일권 장군은 그런 인사발령 소식을 들은 뒤 급기야 문을 닫아걸고 나타나지 않았다. '두문불출杜門不出'의 정일권 장군 행위는 일종의 '시위'였다. 전 참모총장을 사단으로 내려 보낼 수 있느냐는 항의이기도 했다.

그 인사발령은 밴 플리트의 의중이 진하게 배어있는 결과이기도 했다. 당시는 전쟁 중이었다. 따라서 군을 이끄는 지휘부도 전쟁에 걸맞게 짜야 한다는 미군의 의도가 만든 판국版局이라고 보는 게 옳다. 밴 플리트는 정일권 장군의 야전野戰 경험이 적다는 점을 지적했던 셈이다. 아울러 야전을 거쳐 다시 올라오라는 배려이기도 했다.

그러나 심사가 틀어진 정일권 장군은 문을 열고 나오지 않았다. 내가 육군참모총장에 오른 뒤 처음으로 수행해야 할 '임무'는 바로 정 장군의 마음을 돌리는 일이었다. 군인은 야전의 경험이 중요하다는 미군의 실용적인 태도, 체면과 서열序列을 함께 중시하는 한국적인 문화의 충돌이기도 했다. 미군은 그런 점에서 눈치와 체면을 따지지 않았다. 오히려 정일권 장군을 이해하지 못하겠다는 태도였다.

정일권 장군은 국민방위군 사건으로 총장 자리에서 물러난 뒤 미국 포트 레븐워스 지휘참모대학 유학을 마치고 막 귀국해 있었다. 진해의 친구 집에서 "몸이 아파 쉬고 있다"면서 한 발짝도 나오지 않을 태세였다. 그러나 밴 플리트 장군 역시 자신의 뜻을 돌이킬 생각이 없었다. 대한민국 군대의 초기 명칭이었던 국방경비대 시절 정 장군은 4연대장을 맡은 '야전 경험'이 전부라서 사단에서 지휘 경험을 쌓아야 한다는 점을 굽히지 않았다.

나는 경비행기에 올라타 진해로 향했다. 초췌한 얼굴의 정 장군은 집으로 찾아온 나를 보자 "이제 군대 생활 접고 다른 일자리나 찾아볼 생각"이라고 말했다. 불만과 서운함이 가득한 표정이었다. 나는 "전쟁을 이끄는 미군이 야전 경험을 중시하다 보니 나온 결과"라며 "후배들에게도 모범을 보이는 게 좋다"고 간곡하게 설득했다.

한국군을 일으켜 세우다

정일권 장군은 다행히 내 설득에 응했다. 그는 자신이 칩거하고 있던 진해까지 찾아와 내가 "2사단장으로 부임해 달라"고 하자 이튿날 내가 보낸 경비행기에 올라타고 사단장에 부임했다. 그는 이후 야전 경험을 쌓은 뒤 2군단장을 거쳐 내 후임의 육군참모총장으로 복귀했다.

미군과의 협력 다지기

이 점에서 우리가 생각할 대목이 있다. 전화戰禍에 허덕여야 했던 대한민국에게 미국은 절대적인 후원자였다. 그들은 막대한 물량을 지원했다. 그로써 대한민국은 전화의 참담함을 딛고 일어설 수 있었다. 특히 한국군에 대한 그들의 영향은 이루 말할 수조차 없을 만큼 지대했다.

그런 이유 때문에 정일권 장군의 인사를 비롯한 모든 지휘관 급 장교의 보직 배치와 승진 및 강등 등을 미군이 좌지우지할 수 있었다. 그러나 전쟁 중에 넘겨줬던 작전권은 어쩔 수 없다 하더라도 미군이 한국군 고위 지휘관의 인사를 모두 총괄하게 내버려 둘 수는 없는 노릇이었다.

현실적으로 미군의 입김이 미치는 것은 허용할 수밖에 없지만, 인사의 근간을 미군에게 맡길 수는 없었던 것이다. 따라서 미군과의 협력을 최대한 펼치더라도 우리 스스로 체계성을 지니면서 독자적으로

미군 고문단과 참모진은 한국군의 전투역량 강화에 큰 힘을 보탰다.
내가 미 참모진과 함께 어느 행사 뒤 촬영한 사진

일어서는 길을 찾아야 했다. 나는 육군참모본부에 파견 나와있던 미
고문관과 참모본부 요원들의 협력 토대를 단단하게 다졌다.

그들은 참모본부 부장들과 같은 방에서 일했다. 공산주의 군대와
전쟁을 치르기 위해서는 마땅한 협력 방식이었다. 나는 휘하의 참모
들에게 함께 같은 방에서 일하고 있던 당시의 미 군사고문단(KMAG)
요원들과 업무협조를 더욱 원활하게 진행하라고 지시했다. 그들은 앞
에서 소개했던 대로 우리가 필요로 하는 모든 물자와 장비, 탄약 등의
'열쇠'를 쥐고 있던 사람들이었다.

우리가 필요하다고 물자와 장비 등을 맘껏 동원할 수 있는 상황
이 아니었다. 그들이 응하지 않으면 창고의 문은 열리지 않았다. 그들
의 승낙을 거쳐야 물자와 장비 등을 전선으로 옮길 수 있었다. 따라서

미 군사고문단 고문관들과 휘하 참모들의 협력은 절대적으로 필요했다.

나는 미 군사고문단의 단장인 라이언 소장과 일부러 자주 만났다. 사소한 일이라도 그의 협력이 필요한 사안이라면 나는 먼저 그를 찾아가거나, 만나자고 해서 본부로 들어오도록 했다. 그를 만나는 일에 나는 시간을 아끼지 않았다. 내가 그를 자주 만나야 휘하 참모들과 본부에 파견 나와있던 미 군사고문관의 협력이 잘 펼쳐졌기 때문이다.

내가 해야 했던 일

미군이 한국군에게 지원하는 모든 역량은 우선 라이언 미 군사고문단장의 양해, 이어 서울에 주둔하는 미 8군 사령관의 승낙, 최종적으로는 도쿄의 유엔군 총사령관의 재가를 거쳐서 우리에게 전해지고 있었다. 이 세 사람을 만나서 상황을 설명하고 한국의 실정을 이해시키며, 우리에게 필요한 모든 지원을 이끌어 내는 일은 순전히 나의 몫이었다.

라이언 소장은 특히 나와 자주 만났다. 육군참모본부와 미 군사고문단 사령부는 모두 대구에 있었다. 같은 시내에, 아주 가까운 거리에 있어서 나는 그와 시도 때도 없이 만났다. 점심에 특별한 약속이 없는 경우에도 그랬고, 심지어는 저녁 때 특별한 사안이 없어도 만나서 자주 의견교환을 했다.

나는 서울의 미 8군 사령부에도 자주 올라갔다. 마침 내가 지닌 보잘 것 없는 능력을 인정하고, 그런 나를 한국군 최고 지휘관인 육군참모총장에 천거했던 밴 플리트가 사령관을 맡고 있었다. 밴 플리트는 함께 참전했다가 북쪽으로 폭격 비행을 나선 뒤 행방불명으로 이미 숨졌을 것으로 보였던 자신의 아들이 생각날 때도 나를 찾았다. 나는 그런 경우에는 아무 말 없이 길을 나서 그와 함께 그의 아들이 머물렀던 군산의 옥구 비행장을 찾아가기도 했다.

그렇게 나는 그들과 가까워졌다. 대한민국이 지닌 역량이 변변찮은 상황이었고, 그들의 지원이 절대적으로 필요한 시절이었기 때문이다. 목표를 수행하기 위해 의도적으로 가까워졌을 수도 있지만, 그런 과정을 겪다 보니 사이도 가까워졌고 일도 잘 풀어나갈 수 있었던 것이다. 미군의 협력이 너무나 간절한 우리의 사정을 두고 볼 때 더욱 그랬다.

그러면서 나는 한국군 인사를 우리 스스로의 필요와 판단에 따라 펼쳐가는 작업에 나섰다. 미군은 모든 것을 주고 있었지만, 장기적으로 우리 스스로 자립할 수 있는 토대를 마련해야 했기 때문이다. 미군은 그런 점에서 너그러웠다. 모든 것을 손에 쥐고 놓지 않는 스타일이 아니었다. 자신의 필요와 이해利害를 날카롭게 저울질하는 성향을 보이지만, 명분과 실정에 맞는 일이라면 자신의 권한을 양도하는 데 결코 인색하지 않은 군대였다.

그들의 성향이야 여러 가지임에 분명하지만, 미군은 특히 합리성을 존중했다. 명분에 합당하다면 상대를 받아들이는 버릇이 있었다. 아울러 자신들이 대한민국에게 절대적인 지원을 펼치고는 있지만, 모든 것을 "감 놔라, 배 놔라"하는 식은 아니었다. 그래서 설득이 중요했다. 명분과 실제를 조화시켜 합리적으로 설득할 경우 그들은 쉽게 한국의 사정을 받아들이는 편이었다.

별 단 아들, 아버지에 꾸지람

그 무렵에 한국 전선을 이끌던 밴 플리트 사령관은 그런 점에서 한국 군에게 매우 소중한 존재였다. 그는 한국의 사정을 깊이 이해했고, 가능한 한 한국을 돕고자 했던 미 고위 장성이었다. 나는 그 점을 충분히 활용했다. 우선 시급했던 사안은 한국 육군참모본부의 병과장兵科長을 승진시키는 일이었다. 당시 육군참모본부 병과장의 계급은 대령이었다.

그 병과장들이 각 육군본부 예하의 지휘관을 상대하기가 어려웠다. 군대는 모든 것이 계급을 위주로 돌아가기 때문이다. 아귀가 서로 맞지 않았다. 상대가 장성이라면 이쪽도 장성이 나서야 말이 통할 수

지리산 빨치산 토벌 작전 때의 사진으로 기억한다. 당시 현장을 방문한 밴 플리트 사령관(오른쪽 둘째), 미군 참모와 인사를 나누는 내 모습이 보인다.

있었다. 그래서 나는 육군참모본부의 병과장을 무더기로 승진시키는 일에 나섰다. 우선 이승만 대통령의 재가가 필요한 일이었고, 아울러 미군이 양해해야 했다.

10여 명을 우선 진급시켰고, 그 뒤에는 모든 병과장에게 준장 계급을 달아줬다. 이승만 대통령은 내가 올리는 장군 진급 인사안을 모두 재가했다. 미군도 이에 대해 아무런 의견을 달지 않았다. 당시도 지금처럼 '별'을 다는 일은 영광이었다.

내가 진행한 무더기 준장 승진의 대열에 올라 있던 한 병과장은 승진한 뒤 제 방에다가 "하인何人(어떤 사람)이든 막론하고 노크를 하라"고 써 붙였던 일이 있다. 다른 사람에게는 결례가 아니었으나, "아들이 별을 달았다"는 소식을 듣고 대구 육군본부를 방문했던 그의 부친이 그 종이를 보고서는 불같이 화를 내며 아들을 꾸짖었다는 이야기는 나중에 내가 들었던 유쾌한 일화였다.

아주 영리한 인상을 주는 한 사람이 있었다. 그는 언변이 좋았고, 아이디어를 잘 냈다. 나와는 오래 함께 머물면서 일을 한 적은 없었으나 평소 그런 이미지를 풍겨 나 또한 주목했던 인물이기도 하다. 그는 이후락이었다. 나중에 박정희 대통령이 집권했을 때 권력 핵심을 이뤘던 전 중앙정보부 부장이다.

그 역시 내가 벌인 '무더기 승진'에 묻혀 그때 준장으로 진급했다. 그는 줄곧 병참 분야를 맡았던 것으로 기억한다. 승진 당시에도 그는 대구의 육군본부에서 병참감을 맡고 있었다. 그 외에도 작전참모부장 이준식, 행정참모부장 양국진, 군수국장 백선진 등이 모두 준장으로 진급했다.

내가 육군참모총장에 올라 벌인 일은 적지 않았다. 자리에 가만히 앉아 있지 못하는 내 성격 때문이기도 했다. 그러나 당시의 대한민국 군대는 무엇인가 새롭고 의미 있는 일을 찾아 부지런히 움직여야 했다. 그냥 앉아 있기에는 대한민국 사정이 아주 급박했다. 그렇다고 대한민국 군대가 혼자 해결할 수 있는 일도 많지 않았다.

당시로서 가장 절박했던 현안은 대한민국 군대의 전력 증강이었다. 그러나 우리는 하늘에서 떨어지는 빗물이 있어야 벼를 심을 수 있는 '천둥지기'의 신세였던 것이다. 미국이 움직여주지 않으면 우리가 스스로 할 수 있는 일은 거의 없었다. 그러나 마침 미군이 움직이고 있었다. 그것도 자신이 지닌 음식을 누군가와 늘 나눠먹기 좋아하는 사령관, 밴 플리트의 움직임이었다.

그가 대구에 있던 나를 서울로 불렀다. 사무실에 들어서는 나를 기다렸다는 듯이 밴 플리트는 "이제 한국군 전력 증강 계획을 짜야 할 때"라고 말했다. 나는 그 말의 앞뒤 사정을 잘 알았다. 나는 속으로 '이제 기회가 왔다'라고 되뇌었다. 아주 중요한 변화가 몰아닥치고 있었던 것이다.

"아이젠하워에게 브리핑해라"

화려하지는 않았으나 밴 플리트는 한국군의 내실화를 누구보다 진지하게 시도했다. 아울러 그는 중요한 작전이 벌어질 때, 그리고 한국군 전력 증강을 위한 작업에 꼭 나를 내세웠다. 중공군에 한국군 3군단 전체가 무너졌을 때 내가 이끄는 1군단이 그 후방을 받쳐 전선의 위기 상황을 타개한 일이 아무래도 큰 계기였던 듯하다.

"아이젠하워가 온다. 기회다."

그는 이후 1개 군단 이상의 병력이 치밀하게 벌였던 지리산 빨치산 토벌 작전에 나를 내세웠고, 전쟁 초반에 무너졌던 국군 2군단을 재창설하면서 벌였던 한국군 현대화 작업에 다시 나를 내세웠다. 앞에서 소개한 내용처럼, 그는 더 한 걸음 나아가 이승만 대통령에게 나를 육군참모총장으로 천거했다.

이제 그가 다시 일을 벌일 태세였다. 그는 동숭동 미 8군 사령부로 찾아온 내게 한국군 전력 증강계획을 언급하더니 "이제 한국군을 20개 사단으로 늘려야 한다"고 했다. 조금 과장을 섞자면, 당시 밴 플리트의 언급을 들으면서 내 귀가 먼저 반응했던 듯하다. 귀가 번쩍 뜨였다는 얘기다.

한국 육군은 전쟁이 벌어지기 직전인 1950년 6월 당시의 기준으로

대구의 미 군사고문단을 방문한 밴 플리트(앞줄 왼쪽서 둘째) 사령관과 내가 브리핑을 받고 있는 사진

볼 때 약 9만 7,000명 정도였다. 수도경비사령부까지 합쳐서 모두 8개 사단이었고, 1개 전투사단의 병력은 약 9,000명 정도로 구성한 수준 이었다. 그러나 주지하다시피, 당시의 국군은 전쟁을 수행할 만한 화력과 장비는 거의 갖추지 못한 상태였다.

그러다가 졸지에 김일성이 벌인 남침 전쟁에 휘말렸다. 피눈물을 쏟는 저항으로 겨우 김일성 군대를 돌려 세웠으나 우리 자체의 병력과 화력으로는 155마일에 달하는 휴전선(휴전 협정과 함께 획정했다)을 지키기에는 턱없이 부족했다. 따라서 전력증강이 필요했고, 미군은 한국에 장기간 주둔하는 문제가 여러 가지로 부담스러워 이를 어떤 형식으로든지 펼쳐가야 하는 상황이었다.

그 시기가 예상보다 빨리 다가오고 있었던 것이다. 마침, 전선을 이끄는 밴 플리트 장군이 그를 먼저 언급하고 나왔다. 미군이 지원한다면 보다 현대화한 전력을 갖춘 전투 사단을 증강할 수 있었다. 밴 플리트는 우선 20개 사단을 얘기했다. 전쟁 전에 비해 2배 이상의 전력을 갖추는 일이었다. 미국의 의지가 확고하다면 대한민국 군대는 미군의 막강한 화력과 장비를 물려받을 수 있었다.

그는 한국군의 자립(Self standing)을 말하고 있었다. 당장 우리 역량으로는 이룰 수 없으나, 미군의 지원을 받는다면, 그래서 안보가 튼튼해지고 국가의 역량이 커진다면 한국군은 독자적인 안보 역량을 구축할 수 있었다. 밴 플리트는 "미군이 장기적으로 한국에 머무를 수는 없으니 앞으로는 한국군의 힘을 강화해 독자적인 방어에 나서야 할 것"이라고 강조했다. 밴 플리트가 그를 언급하는 속내가 무엇인지는 잘 알 수 없었다.

미군과 함께 만든 계획서

그러자 밴 플리트는 "곧 미국의 새 대통령 당선자가 한국을 방문할 수 있으니 그때 당신이 한국군 증강계획을 브리핑해야 한다"고 말했다. 제2차 세계대전의 마지막을 장식하고 전쟁을 승리로 이끌었던 드와이트 아이젠하워 미국 대통령 당선자가 한국을 방문한다는 얘기였다. 아울러 그 앞에서 내가 한국군 전력 증강의 필요성과 세부 계획을 브리핑하라는 내용이었다.

그의 말을 들으면서 나는 무조건 기뻤다. 이제 한국군의 전력을 획기적으로 증강할 기회가 닥친 셈이었다. 속으로는 만감萬感이 오갔다. 적지 않은 전쟁터를 다니면서 나는 미군의 실력을 확인했다. 그들의 막강한 화력이 늘 부러웠다. 그 모습 그대로 우리 군을 키울 수는 없었으나, 기초적인 역량을 획기적으로 현대화할 수 있다는 점만은 분명했다.

밴 플리트는 이어 "세부적인 계획을 이제부터 마련해야 한다"고 내게 말했다. 나는 그의 배려에 따라 라이언 미 군사고문단장과 함께 작업에 들어갔다. 지금 서울 필동 '한국의 집'은 당시 미 8군의 게스트하우스였다. 나는 그곳을 자주 이용했다. 대구 육군본부에서 미 8군 사령부가 있는 서울을 들를 때면 거의 이곳에서 묵었기 때문이었다.

그러나 이번에는 '장기 투숙'에 들어갔다. 나는 그곳에서 라이언 미 군사고문단장, 밴 플리트 사령관의 참모들과 함께 2주 동안 한국군 전력 증강의 밑그림을 그려 나갔다. 우리 육군본부에서는 정래혁 丁來赫 작전교육국장(후일 국회의장 역임)을 시켜 기본계획을 마련토록 지시했다.

당시는 차트의 활용도가 높았다. 중요한 계획은 모두 차트에 글과 그림을 적거나 그려놓은 뒤 보고를 받을 사람 앞에 걸어놓고 한 장씩 넘기면서 설명을 했다. 아이젠하워가 미 차기 대통령 당선자의 신분으로 한국을 방문할 경우에도 마찬가지였다. 밴 플리트는 매우 용의주도했다. 아이젠하워가 한국을 방문해 한국군 증강계획 관련 브리핑을 들을 장소가 그의 집무실이었다.

밴 플리트는 차트가 완성될 무렵 나로 하여금 그의 집무실을 활용토록 배려했다. 아이젠하워 앞에서 충분하고 자신 있게 한국군 전력 증강의 필요성을 설명할 수 있도록 '예행연습'을 하라는 취지였다. 아이젠하워는 대통령 선거 경선 때 6.25전쟁의 휴전 필요성을 강조하고 다녔다. 아울러 "대통령에 당선된 뒤에는 한국을 방문해 직접 현장을 살피겠다"고 공언까지 했다.

그런 분위기를 밴 플리트는 잘 살핀 셈이었다. 그가 한국을 방문하는 상황을 활용해 한국군 전력 증강의 필요성을 확인케 한 뒤 그 작업을 밀어 붙이자는 계산에서였다. 나는 차트 작성이 끝날 무렵에 여러 번에 걸쳐 밴 플리트의 집무실을 사용했다. 그와 참모들이 듣는 자리에서 나는 열심히 차트를 넘겨가며 연습을 했다.

서울에 나타난 미 대통령 당선자

그러나 아이젠하워가 언제 한국에 올지는 알 수 없었다. 이미 대통령 당선자의 신분이라 경호 상의 문제로 일정 자체가 극비에 속했기 때문이다. 정확한 일정을 알려주는 사람은 없었지만, 나는 부지런히 밴 플리트 장군의 사무실에서 차트 내용을 점검하며 브리핑 연습에 몰두했다.

아이젠하워의 방한 일정에 관해서 미군들은 내게 한 마디의 언급도 없었다. 그만큼 철저하게 보안 규정을 준수하고 있었다. 중요한 브리핑을 앞둔 내게 귀띔이라도 해주리라 기대했으나, 그는 그저 내 어리석은 기대에 불과했다. 시간은 그렇게 흘렀다. 나는 필동의 미 8군 게스트하우스에 묵으면서 분주하게 차트를 확인하고 브리핑 연습을 벌였다.

밴 플리트의 참모들은 여러모로 도움을 줬다. 브리핑을 들으면서 발음을 교정해주거나, 때로는 용어가 적절한지의 여부도 검토해 줬다. 그러면서 나는 점차 영어 브리핑 실력을 갖춰 나갔다. 미군에게 브리핑하는 일이야 여러 번 있었지만, 미 대통령 당선자 앞에서 한국군의 비약적인 성장을 꾀하는 자리여서 각고의 노력을 기울여야 했다.

12월 2일이었던 것으로 기억한다. 나는 여러 가지를 점검한 뒤 그
날 해질녘에 필동 숙소를 나섰다. 행선지가 어디였는지는 기억할 수
없으나 나는 차량에 올라탄 뒤 시내로 향했다. 요란한 자동차 행렬을
본 적은 여러 번이었다. 기억에 남는 자동차 행렬은 우선 1950년 6월
28일 경 다급한 한국 전선을 시찰하기 위해 수원에 와서 영등포로 움
직였던 맥아더 장군 일행이었다. 흙먼지 속으로
사라지는 많은 지프 차량의 행렬은 당시 김일성
군대에 쫓겼던 내게 큰 감흥을 줬다.

그보다 훨씬 요란한 행렬이 마포 쪽에서 광
화문 방향으로 지나갔다. 유독 큰 검은색 세단
한 대가 눈에 띄었다. 누가 탔는지는 확인할 수
없었으나, 나는 마음속으로 '아이젠하워가 한국
에 왔다'는 생각이 들었다. 전조등을 환하게 켠
미군 헌병의 지프차가 앞에서 호위했고, 그 뒤로
도 아주 많은 차량들이 따르고 있었다.

이승만 대통령은 아이젠하워 당선자가 한국
을 방문할 것에 대비해 거리 곳곳에 그를 환영하
는 플래카드와 시설 등을 마련해 놓은 상태였다.
그런 한국의 열렬한 환영 분위기는 상관치 않겠
다는 듯, 아이젠하워가 탄 차량의 행렬은 빠른
속도로 시내를 달려 지나갔다.

그렇게 하루가 저물었다. 아이젠하워가 서울
에 왔다는 통보는 없었다. 나는 식사를 마치고

필동의 숙소로 돌아왔다. 밤이 깊었다. 조그맣게 나있는 숙소의 뜨락을 보면서 나는 생각에 잠겼다. 아이젠하워는 한국군 전력 증강에 흔쾌히 나설까. 나는 최선을 다 할 수 있을까. 많은 생각 끝에 잠자리에 들었다.

1952년 12월 방한한 드와이트 아이젠하워 미 대통령 당선자를 환영하기 위해 나선 사람들의 모습이 보인다. 중앙청 근처다. 조형물도 이채롭다.

아이젠하워 앞에서의 브리핑

다음 날 8시였다. 동승동 미 8군 사령부에서 전화가 왔다. "회의에 참
석하라"는 내용의 전갈이었다. 짐작대로 드와이트 아이젠하워가 서울
에 도착했던 것이다. 그의 숙소는 미 8군 사령부 안에 있었다. 아침에
회의가 열린다는 전갈은 그 앞에서 내가 당시까지 준비해왔던 한국군
전력 증강에 관한 계획을 브리핑해야 한다는 말과 같았다.

당선자 아들의 안부로 보고 시작

나는 서둘러 필동의 숙소를 나와 동승동 옛 서울대 문리대 자리로 향
했다. 본관 앞에서 내려 회의실이 있는 2층을 향해 계단에 올라서려고
할 때였다. 1층 복도가 왁자지껄하더니 여러 사람이 걸어서 계단 앞으
로 왔다. 아이젠하워의 일행이었다. 그들은 막 아침 식사를 끝낸 뒤 회
의실이 있던 2층으로 자리를 옮기고 있었던 것이다.

　맨 앞에서 걸어 나오는 사람이 아이젠하워였다. 그는 인상이 부드
러웠다. 그 뒤로는 마크 클라크 도쿄 유엔군 총사령관과 밴 플리트
사령관, 브래들리 미 합참의장, 레드포드 태평양함대사령관 등이 따
르고 있었다. 나와 일행은 그들을 향해서 거수경계를 했다. 뒤에 서 있
던 밴 플리트 사령관이 우리 일행이 누구인지를 아이젠하워에게 간단
히 설명하는 듯했다.

아이젠하워는 얼굴에 웃음을 띠면서 "굿모닝, 이렇게 여러 사람들이 모이니 노르망디 상륙작전 D-데이 전날의 상황이 떠오르는군요"라며 화답했다. 이어 나는 그들과 함께 2층에 있는 밴 플리트 장군의 집무실로 이동했다. 회의는 우선 밴 플리트 사령관의 브리핑으로 시작했다. 한국 전선의 현재 상황에 관한 브리핑이었다. 그러나 그 시작이 내게는 참 이상하게 느껴졌다.

밴 플리트 사령관은 우선 한국 전선에 와있는 아이젠하워 당선자의 아들 존 아이젠하워 소령의 안부부터 보고했다. "존 소령은 현재 3사단에서 근무 중입니다. 선거에서 각하가 당선자로 선출된 뒤에는

경기도 광릉의 한국 수도사단을 찾은 드와이트 아이젠하워 미 대통령 당선자(앞줄 왼쪽)와 이승만 대통령

인사 조치를 취했습니다. 일선 대대장에서 사단 정보참모로 보직을 바꿨으며, 현재 그 자리에서 잘 근무하고 있습니다."

나는 그 점을 잘 이해할 수 없었다. 대통령 당선자의 아들 현황부터 보고를 하다니…. 공公과 사私가 뒤바뀐 것 아니냐는 생각이 들었던 것이다. 그러자 아이젠하워가 입을 열었다. "내 아들에 관한 인사 조치는 사령관 권한에 속하는 일입니다. 나는 아들 존 아이젠하워 소령이 어떤 보직을 받아도 개의치 않습니다만, 존이 적의 포로가 되는 일은 절대 없었으면 좋겠습니다."

나는 그때서야 미 대통령 당선자와 한국 주둔 미군 총사령관이 주고받는 '선문답'의 문맥을 알아차릴 수 있었다. 미 대통령 당선자는 그때까지 한국 전선에 뛰어들어 참전 중이던 자신의 아들에 관해 사사로이 언급한 적이 없었던 것이다. 그런 상황에서 밴 플리트는 존 아이젠하워 소령의 인사에 처음 언급하면서 대통령 당선자의 염려 사항을 불식시키고 있었던 것이다.

신중하면서 부드러웠던 아이젠하워

곧이어 진행할 게 내 브리핑인지라 그에 신경을 바짝 세울 수밖에 없는 처지였으나, 나는 왠지 그 점이 아주 부러워보였다. 지위고하를 막론하고 일의 원칙과 경중輕重을 신중히 헤아리는 미군의 업무 태도가 내 마음속에 경탄驚歎으로 자리를 잡고 있었다. 이어 밴 플리트는 한국 전선 상황을 간략하게 보고했다.

그는 보고를 끝마치면서 자리에 앉아 있던 나를 바라봤다. 다시 아이젠하워 당선자에게 눈을 돌리더니 "다음은 한국 육군참모총장 백선엽 장군이 한국군 증강계획에 관해 보고하겠습니다"라고 말했다. 나는 자리에서 일어나 차트를 옆에 두고 섰다. 라이언 미 군사고문 단장이 내 옆에서 차트를 한 장씩 넘겨주기 위해 나와 함께 섰다.

나는 긴장할 수밖에 없는 상황이었다. 미 대통령 당선자 앞에서, 한국군 전력 증강을 위한 설득 절차에 들어가고 있었기 때문이었다. 그러나 밴 플리트 사령관의 배려에 따라 실제의 브리핑장인 그의 집무실에서 여러 차례 반복했던 '예행연습'의 효과는 뚜렷했다.

나는 "현재 한국군은 10개 사단으로 이뤄져 있는데, 이를 20개 사단으로 증강해야 한다. 화력과 장비를 제대로 갖춘 한국군 10개 사단을 증강한다면, 미군을 비롯한 유엔군 등이 맡고 있는 지역을 크게 줄일 수 있다"는 취지로 브리핑을 이어갔다. 이어 마지막으로 준비한 한마디를 더 보탰다. "미군 1개 사단이 주둔하는 비용으로 한국군 2~3개 사단을 창설할 수 있으며 미국이 협조하면 2년 안에 증강을 완료할 수 있다"는 내용이었다.

나는 그 뒤로도 아이젠하워를 여러 번 만난다. 그가 당선자 신분을 벗어나 실제 미국의 대통령으로 재직할 때였다. 그를 만날 때마다 나는 한국군 전력 증강, 또는 대한민국 사정을 호전시키기 위한 몇 가지 제안을 했다. 아이젠하워는 대개 내 말을 경청했다. 그런 뒤에는 꼭 "원칙적으로는 동의한다"고 했다.

동숭동 미 8군 사령부의 밴 플리트 사령관 집무실에서 내가 한국군 증강계획에 관한 브리핑을 마친 뒤에도 아이젠하워는 똑같은 말을 했다. 그 뒤에는 다른 여러 말을 붙이지 않았다. 나중에도 늘 들었던 그 말, "원칙적으로 동의한다"는 발언은 그의 성격을 보여주는 단면이다. 그는 그만큼 신중했던 사람이다.

나는 사실 아이젠하워 발언이 의미하는 바를 잘 알 수 없었다. 그

아이젠하워 당선자 방한 무렵의 이승만 대통령과 나, 그리고 신임 도쿄 유엔군 총사령관 마크 클라크 대장

러나 브리핑을 마치고 나서 밴 플리트는 만족한 표정을 지어보였다. "이제 할 말은 다 했고, 다 잘 풀릴 거야"라는 메시지를 내게 던지는 듯했다. 아이젠하워의 표정은 내가 보기에도 좋았다. 그는 결국 한국에서 벌어지는 전쟁을 하루 빨리 끝내고자 한 사람이었다. 그러니 그가 한국군을 증강해 휴전선의 대부분을 한국군에게 맡기고자 하는 계획 자체에 반대할 이유는 없었던 것이다.

이승만 대통령의 파커

아이젠하워 일행은 이어 일선에 있는 미군 부대 시찰에 나섰다. 먼 곳의 전선으로 가기에는 부담이 있었다. 아이젠하워는 행보에도 매우 신중했다. 그는 자신이 미국 대통령 신분이 아닌, 미 차기 대통령 당선자로 한국에 왔다는 점을 분명히 했다. 따라서 공식적으로 한국의 이승만 대통령을 면담하는 일을 매우 꺼렸다.

아울러 미군 부대 방문도 조용하게 벌이려 했다. 아이젠하워 당선자는 우선 경기도 광릉光陵에 있는 한국 수도사단을 방문한 뒤 미군 부대를 방문할 예정이었다. 그 날 날씨가 매우 추웠다. 이승만 대통령은 수도사단에 가서 아이젠하워의 일행을 맞이할 예정이었다.

그러나 대통령이 마땅히 걸칠 옷이 없었다. 대통령은 양복 차림으로 나갈 예정이라고 했다. 영하 10도를 넘는 강추위였다. 대통령은 이미 72세의 고령이었다. 나는 급히 미 군사고문단장에게 대통령이 걸칠 외투를 준비해 달라고 부탁했다. 미군은 당시 우리에게는 매우 낯설었던 파커 한 벌을 즉시 구해왔다. 나는 급히 파커 한 벌을 들고 광릉으로 향했다.

당시 이승만 대통령은 아이젠하워의 방한을 하나의 큰 '기회'로 간주하는 분위기였다. 휴전을 서두르려는 미국의 속내를 잘 알고 있던 대통령이었다. 그러나 이 대통령은 100만 명에 달하는 중공군이 북한에 주둔하는 상황에서 휴전은 어림없다고 봤다. 휴전이 기정사실화 하더라도 한국으로서는 국가 안보를 위해 미국으로부터 명확한 약속을 받아내야 했다.

그런 대통령의 기대와는 상관없이 아이젠하워는 자신이 미 대통령 당선자의 신분이라는 점을 유독 강조했다. 공식적인 접촉은 가능한 한 자제하겠다는 뜻을 분명히 했다. 광릉 수도사단에서 이 대통령과 아이젠하워는 수도사단을 함께 시찰했다. 그러나 아이젠하워는 곧장 경기도 북부에 주둔 중인 미 3사단과 미 9군단을 방문했다. 이승만 대통령은 서울로 돌아와 광화문, 옛 중앙청 광장에서 벌일 아이젠하워 당선자 환영 행사장으로 갔다.

그러나 아이젠하워는 이승만 대통령을 비롯한 한국의 3부 요인, 각 부처 장관들이 기다리고 있던 중앙청 광장에 오지 않았다. 지금의 실정에서 보면 있을 수 없는 일이 벌어지고 있었다. 우리의 요청에도 아랑곳하지 않은 채 아이젠하워는 자신의 일정을 고집했다. 중앙청 광장의 행사장에서는 많은 인파가 몰려 아이젠하워를 기다리고 있었다.

일이 크게 어그러지고 있었다. 대한민국이 어엿한 국가임에는 틀림이 없었으나, 나라의 힘이 미국 대통령 당선자를 행사장으로 이끌기에는 턱없이 부족했던 것이다. 대통령의 얼굴은 점점 더 어두워졌다. 단상에서 함께 있던 한국의 3부 요인과 내각의 장관들 표정도 일그러지고 있었다.

이승만 초대 거절했던 아이젠하워

이승만 대통령은 집요했다. 전쟁으로 휘청거리던 신생 대한민국을 어떻게 해서든지 제자리에 올려놓기 위한 늙은 대통령의 안간힘처럼 보였다. 그러나 그는 결코 주눅이 들지 않았다. 전선에 선 용사勇士처럼 그는 자신의 의지와 목표를 잃지 않았다. 아이젠하워 당선자는 대한민국 대통령과 요인, 장관들, 수많은 서울 시민의 기대와는 달리 환영식장에 모습을 나타내지 않았다.

환영식장에 안 나타난 아이젠하워

대통령과 요인들이 자리를 잡고 앉아 있던 무대 위는 군중들의 열기와는 달리 아주 착잡한 분위기에 휩싸였다. 아이젠하워를 기다리는 이승만 대통령 주변으로 여러 사람들이 오고 갔다. 아이젠하워의 동정을 시시각각으로 알리는 사람들이었다. 그런 보고가 도착할 때마다 무대의 분위기는 더욱 가라앉고 있었다. 아이젠하워는 제 일정을 고집할 뿐 환영식장으로 발길을 돌릴 기미가 전혀 없었다.

아이젠하워는 끝내 이승만 대통령의 기대를 저버렸다. 그러자 이 대통령이 연단 앞으로 나섰다. 늘 강조하던 '북진통일'을 중심으로 연설을 하기 시작했다. 군중들은 열렬한 환호와 박수로 그에 화답했다. 연설 말미에 대통령은 무대 뒤를 흘끗 돌아보더니 "지금 한국에 온

기념식 무대에 서 있는 이승만 대통령 내외와 그 오른쪽 끝에 서있는 육군참모총장 시절의 나

아이젠하워 차기 미 대통령은 제2차 세계대전을 이끈 전쟁 영웅입니다. 그러나 우리에게도 전쟁 영웅이 있습니다. 백선엽 참모총장이 바로 그 영웅입니다"라고 말했다.

나는 민망하면서 어안이 벙벙했다. 아주 갑작스럽게 대통령은 나를 전쟁 영웅으로 소개하고 있었던 것이다. 그 순간 우레와 같은 시민들의 박수가 터졌다. 대통령은 나를 무대 앞으로 나오도록 했다. 나는 무대 앞에 나가 얼떨결에 경례를 올리고 말았다. 아주 겸연쩍은 일이었다. 난감했지만, 순간적으로 대통령의 뜻을 거역할 수는 없었다.

아이젠하워의 태도에 심사가 뒤틀렸던 대통령이었다. 그가 영웅이라면, 한국에도 그런 영웅이 있다는 즉흥적인 소개는 그래서 나왔을 것이다. 내가 진짜 영웅인지는 나도 잘 모르는 일이다. 대통령은 그런 소개를 통해 자존심을 회복하려는 듯했다. 그는 타고난 승부사였다. 의지가 강했고, 실천력은 더 강했다. 대통령은 아이젠하워에게 다시 도전장을 내밀 태세였다.

그 다음날이었다. 아이젠하워가 서울을 떠나기로 예정했던 날이었다. 대통령은 오전부터 사람들을 경무대에 모이도록 했다. 전날 환영식장에 있다가 그냥 귀가했던 요인들과 장관들이 다시 모두 경무대의 응접실에 모였다. 아이젠하워를 다시 오도록 하기 위해서였다.

이승만 대통령의 오기

그러나 신중함에 고집까지 강했던 아이젠하워는 역시 그에 응하지 않았다. 나는 아이젠하워가 경무대에 도착하는 순간을 위해 의장대와 군악대를 오도록 했다. 그런 의전을 수행할 요원들의 준비 사항을 점검하는 게 내 일이었다. 그러나 분위기가 또 이상하게 돌아가고 있었다. 아이젠하워 쪽으로부터 좋은 기별이 전혀 닿지 않고 있었기 때문이다.

그는 경무대를 예방할 생각이 없었다. 자신의 신분이 대통령 당선자여서 공식적인 활동을 자제해야 한다는 생각 때문이었다. 오전 일찍 경무대에 모여들었던 한국의 요인과 장관들은 불편한 기다림을 이어가야 했다. 당시 경무대의 응접실은 그리 넓지 않았다. 빽빽하게 모여 앉은 대통령과 요인, 장관들 사이에서는 깊은 침묵만이 쌓여갔다.

지금의 대한민국으로서는 상상조차 할 수 없는 일이 벌어지고 있었던 것이다. 기다리던 사람들은 결국 점심을 해결하기 위해 경무대 밖으로 삼삼오오 나가서 끼니를 때웠다. 이승만 대통령은 경무대에서 웬만한 경우에는 식사를 베풀지 않았다. 그럴만한 공간도 부족했고, 여럿의 식사를 함께 준비할 인력과 시설도 적었기 때문이다.

오후의 시간도 답답하게 흘러갔다. 아이젠하워가 있던 동숭동 미 8군 사령부로부터는 아무런 소식이 없었다. 오후 늦게 이 대통령은 김 태선 서울시장을 동숭동으로 가보라고 했다. 그는 미국에 유학했던 경력이 있어서 미국 대사관과의 교섭이 빈번했던 인물이었다. 그러나 김태선 시장은 곧장 돌아왔다. "사령부 정문 안에도 들어가지 못했다"고 말했다. 그러자 경무대 응접실의 분위기는 더욱 가라앉았다.

대통령은 급기야 나를 바라보더니 손짓을 했다. "이리 와보게, 백 총장." 곁에 다가선 내게 대통령은 착잡한 표정으로 "자네가 한 번 다녀와보게"라고 말했다. 힘이 많이 빠진 대통령의 목소리였다. 나는 군 말 없이 경무대를 나왔다. 지프에 올라타고 동숭동으로 직행했다. 대통령의 체면이 걸린 문제였다. 비록 대통령 당선자의 신분이라고는 해도 아이젠하워가 자존심 강한 이 대통령의 체면과 마음에 상처를 남긴다면 앞으로 양국의 협력에는 상당한 장애가 생길 수 있었다.

나는 경무대에서 동숭동으로 향하는 시간 동안 많은 것을 생각했다. 미국과의 협력은 아주 절실한 과제였다. 특히 한국군의 전력증강 사안에서 미군이 지닌 몫은 거의 절대적이었다. 어떻게 해서든지 아이젠하워 일행을 설득해 경무대에 오도록 해야 했다. 내가 탄 지프는 어느덧 사령부 정문에 도착했다. 정문을 지키고 있던 미군 헌병은 낯익은 내 차가 도착하자 문을 바로 열었다.

나는 2층의 사령관 집무실로 곧장 올라갔다. 밴 플리트는 자신의 집무실에 있지 않고, 그 옆의 부속실에 있었다. 자신의 집무실은 아이젠하워에게 내준 상태였다. 밴 플리트는 돌연 나타난 나를 보더니 "나

육군참모총장 시절의 내가 도쿄 유엔군 총사령관으로 부임한 마크 클라크 대장과 함께 찍은 사진

도 설득했지만 소용없었다"고 말했다. 그런 뒤에 그는 짤막하게 "마크 클라크에게 직접 이야기해보라"며 사령관 집무실에 붙은 다른 부속실을 가리켰다. 클라크 사령관이 머물던 방이었다.

단도직입적인 설득

나는 그 방에 노크를 하고 들어섰다. 마크 클라크 사령관도 마찬가지 대답이었다. "경호원들이 융통성이 없어 설득에 실패했다"는 얘기였다. 나는 단도직입적으로 말을 이어가는 게 좋다고 판단했다. "이제 한국은 병력 수만으로는 100만 대군을 갖출 수 있다. 공산주의에 맞서 함께 싸우는 이 100만의 한국군을 움직이려면 어떻게 해야 좋은지 아느냐? 아이젠하워 당선자가 이승만 대통령을 예방하지 않고 그냥 떠나면 그런 일이 절대적으로 어려워진다. 장군께서 설득해야 한다"
고 말했다.

마크 클라크 사령관은 미국의 자존심을 최고로 내세우는 스타일
이었다. 그러나 그는 이승만 대통령을 잘 알았다. 이 대통령의 학식과
미국에 대한 이해, 자유와 민주에 대한 철저한 인식을 존경했던 사람
이었다. 그는 결코 길지 않은 내 '협박'에 얼굴이 금세 벌겋게 달아올
랐다. 그는 아무 말 없이 벌떡 자리에서 일어섰다.

이어 클라크 장군은 사무실 뒤로 난 작은 문을 열고 들어갔다. 아
이젠하워가 머물고 있던 방이었다. 그는 곧 밖으로 다시 나왔다. 나를
보면서 클라크는 "경무대로 돌아가 기다려라. 아이젠하워 당선자가
곧 경무대를 방문한다"고 짧게 말했다.

내 자랑이지만, 사실은 자랑이 아니다. 당시 상황은 모든 게 급절
하기 짝이 없었다. 대한민국의 절박한 상황을 감안할 때 미국의 지원
은 절대적이었다. 내 입장에서는 하루라도 빨리 미군의 지원을 얻어
내 한국군을 무장해야 했다. 이승만 대통령과 미 행정부의 관계가 나
빠진다면 그 시간은 한없이 늘어질 수 있었다. 나는 그 점이 무엇보다
염려스러웠다.

다행히 나의 설득이 주효했다. 나는 곧장 경무대로 가서 마크 클
라크 사령관의 언질을 대통령에게 전했다. 이 대통령은 "수고했네"라
는 말도 없이, 아이젠하워를 맞을 준비에 착수하라고 지시를 내렸다.
나는 응접실 밖으로 나가 군악대의 준비상황을 다시 점검했다. 경무
대 응접실의 안팎이 갑자기 부산스러워졌다.

6시 무렵이었다. 아이젠하워는 결국 경무대에 왔다. 그는 클라크
사령관과 브래들리 합참의장, 그리고 한국 전선에서 활약 중이던 아

들 존 아이젠하워를 대동하고 경무대에 도착했다. 응접실로 들어가기 전 간단한 의장대 사열식을 했다.

아이젠하워는 아무래도 이승만 대통령과 요담하는 일을 꺼려했던 것으로 보인다. 한국에 대해 모종의 정치적 약속을 해줘야 할 수도 있었기 때문일 것이다. 나는 그런 깊은 사정을 잘 알 수 없었다. 단지 그때의 만남이 불발에 그쳤다면 자존심 강했던 이 대통령과 차기 미 행정부의 관계는 매우 냉랭해졌을 가능성은 컸다. 미 대통령 당선자가 아들인 존 아이젠하워를 데리고 왔던 덕분에 그때의 면담 분위기는 나쁘지 않았다. 아이젠하워는 1시간 남짓 경무대에 머물다가 여의도 비행장을 통해 일본으로 향했다.

리지웨이 vs 밴 플리트

김일성의 기습적인 남침에 의해 벌어진 전쟁으로 이 땅에 올라섰던 그 수많았던 미군, 세계 최강의 군대라고 해도 좋을 그 병력을 직접 지휘한 미 장군들은 면면이 다 나름대로의 특징을 지녔다. 전쟁 초기 김일성 군대에 한없이 밀릴 듯하던 우리의 뒤를 받쳐줬던 미 8군 사령관은 월튼 워커다.

워커를 험구했던 리지웨이

그가 갑작스런 교통사고로 세상을 떠난 뒤 전선을 지휘했던 장군은 매슈 리지웨이다. 탁월한 지휘력으로 그는 1.4후퇴 당시의 급박했던 상황을 막아냈다. 그 뒤를 이어 사령관으로 부임한 사람이 이번에 자세히 소개하는 제임스 밴 플리트다. 그는 휴전이 이뤄지기 전인 1953년 1월에 한국을 떠난다. 후임은 맥스웰 테일러 장군이다.

　이 네 사람은 다 독특한 면모를 지녔다. 워커 장군은 별명이 '불독'이었다. 생김새가 우선 그랬다. 성정 역시 불독을 닮았다. 투지가 뛰어났고, 공세攻勢를 펼칠 때 역시 그 맹견처럼 사납고 집요했다. 리지웨이는 강철과 같은 사람이었다. 제2차 세계대전 당시 미군의 공수부대를 이끌었던 맹장猛將이었다. 한국에 대규모 병력을 보냈던 중공군은 그의 공격력에 전전긍긍했다.

밴 플리트는 두 전임자와는 색깔이 달랐다. 우직愚直함이 그의 특징
이었다. 아울러 대한민국의 사정을 깊이 이해하는 사람이었다. 따라서
한국을 어떤 방식으로든 도우려고 가장 애를 쓴 사람이다. 그 후임으
로 온 테일러 사령관은 리지웨이처럼 제2차 세계대전 막바지의 노르
망디 상륙작전에서 유명한 101 공수부대를 지휘했던 탁월한 지휘관
이었다.

다들 화려한 야전 경력을 갖췄다는 점이 눈에 띈다. 그 넷이 한국
전선에 부임한 시점은 공교롭게도 전선에서 그들이 개인적인 장점을
가장 잘 발휘할 수 있는 때였다. 불독의 사나운 기질을 지닌 워커는
낙동강 전선에 몰린 풍전등화風前燈火의 당시 상황에 절묘하다 싶을 정

한국군 2군단 재창설 직후 방한한 로튼 콜린스 미 육군참모총장(왼쪽 끝). 그 오른쪽으로 리지웨이 유엔군 총사령관,
밴 플리트 미 8군 사령관

도로 가장 잘 맞았던 지휘관이었다.

중공군 공세로 다시 서울을 내주고 전체 병력이 공황에 가까운 심리상태에 젖어 들어갈 무렵에 나타난 리지웨이는 강철처럼 단단해 적에게는 가공할 공격력을 선보이는 인물이었다. 전세戰勢는 그로써 확실하게 뒤집히고 말았다. 아주 적절한 시점에 나타난 매우 적절한 지휘관이었다고 하지 않을 수 없다.

밴 플리트도 마찬가지다. 한국군의 전력증강이 가장 필요한 시점에 나타난 그는 현지의 사정을 깊이 헤아리며 화합和合을 이끌 줄 알았던 사령관이다. 테일러 장군은 날카로운 이지理智를 지닌 군정가軍政家 스타일이었다. 밴 플리트가 초석을 다진 한국군 증강사업은 그로써 치밀하게 펼칠 수 있었다.

적재적소에 능했던 미 지휘부

미군 수뇌부는 그렇게 약 3년 동안의 6.25전쟁 중 각 상황에 가장 적합한 야전 사령관을 한국에 보냈다. 지휘관에 대한 정확한 이해, 치밀한 검증이 뒤를 받쳤기에 가능했던 일이었다고 생각한다. 그러나 이들 지휘관은 전임과 후임자로서 한국 전선에 온 뒤 나름대로 서로 갈등을 겪기도 한다. 미군이라고 사람 사이에 흔히 나타나기 쉬운 갈등을 피해갈 수는 없는 노릇이다.

낙동강 전선에서 맹활약을 벌이던 워커를 결코 고운 시선으로 보지 않았던 사람이 하나 있었다. 바로 리지웨이였다. 그는 당시 미 육군본부의 참모차장으로 있으면서 낙동강 전선을 찾아온 적이 있다. 내가 직접 현장에서 들은 내용은 아니지만, 당시 리지웨이는 워커의 작전능력에 상당히 비판적이었다. 일종의 험구險口까지 늘어놓았다고 했다.

내가 들은 바로는, 당시의 리지웨이는 '몸이 근질근질했다'고 한다. 워커 대신 한국 전선의 지휘봉을 잡으려는 마음이 앞섰다는 얘기다. 그래서 워커를 상당히 불편하게 만들었다고 한다. 불의의 교통사고로 워커가 세상을 하직하자 리지웨이는 자신의 염원대로 한국전선의 지휘봉을 잡았고, 그 특유의 전투력을 발휘해 중공군의 모진 공세를 막아냈다.

맥아더 유엔군 총사령관의 돌연 해직으로 리지웨이는 몇 개월 만에 그 자리를 다시 이어받았고, 얼마 뒤 북대서양조약기구(NATO) 총사령관으로 다시 영전했다. 그로부터 8군 사령관 자리를 이어받은 밴 플리트는 미 육사 입학으로 볼 때는 리지웨이의 2년 선배다. 그러나 진급이 여러 차례 늦어지면서 리지웨이 예하의 사령관 자리에 올랐다.

둘의 사이는 썩 좋지 않았다. 밴 플리트는 여러 불만을 직접 입에 올리기를 꺼려했지만, 그 둘 사이에 벌어진 일은 내가 그와 함께 한국 전선을 이끌면서 제법 많이 파악할 수 있었다. 밴 플리트는 우선 한국 전선의 북상을 강력하게 원했다. 전쟁 자체에서 승리를 거두고자하는 군인의 자세에 충실했다는 얘기다.

그에 비해 리지웨이는 좀 더 정치적이었다. 전선에 선 야전 지휘관으로의 능력으로는 나무랄 데 없었으나, 자신의 군공軍功을 포장하고 가꾸는 데 더 열심이었다. 저 앞 어딘가에서 소개를 했지만, 밴 플리트와 리지웨이가 각 미 8군 사령관과 도쿄의 유엔군 총사령관으로서 한국전선을 지휘하면서 처음 의견 대립을 보인 때가 금강산 고저庫底 작전을 펼치려던 무렵이었다.

밴 플리트는 1951년 4~5월의 공세를 막아낸 뒤 거꾸로 적을 향한 공세에 나설 심산이었다. 그래서 계획한 게 금강산 고저 작전이었다.

이승만 대통령이 밴 플리트 미 8군 사령관에게 훈장을 달아주고 있다.

그는 서해로 미 항모 2척을 끌어들인 뒤 서부전선을 안정시킨 다음
미 2개 군단과 내가 당시 이끌던 국군 1군단을 동원해 금강산 일대를
점령하려는 계획이었다. 나는 주문진의 1군단 사령부에서 밴 플리트
사령관이 보낸 작전계획까지 받았다.

"한국군보다는 일본군 증강"

그러나 이 작전은 돌연 취소됐다. 도쿄에 있던 유엔군 총사령관 리지
웨이가 반대를 했기 때문이다. 전선의 동쪽을 크게 밀고 올라가려던
그의 계획은 그래서 좌절했다. 리지웨이는 전선 북상에 관심을 기울
였던 밴 플리트에게 "39도선까지 밀어 붙일 생각이냐"는 물음을 자주

던졌다고 한다. 평양과 원산까지 위협할 수 있는 39도선을 염두에 둔 것 아니냐는, 조롱嘲弄의 뜻이 담긴 말이었다.

39도선을 향한 공세는 한반도 전선의 새로운 국면局面을 여는 일이었다. 확전의 염려가 아주 높아 미 행정부가 가장 꺼리는 일이기도 했다. 정치적인 판단에 예민한 리지웨이는 그 점을 잘 알았다. 그래서 전선의 북상 자체를 시도할 생각이 없었던 것이다. 그에 비해 밴 플리트는 아주 우직한 군인이었다. 미 행정부의 정치적 판단은 그렇다 치더라도, 실질적인 효과를 거두기 위해서는 공세를 멈추지 말아야 한다는 게 그의 생각이었다.

그래서 밴 플리트는 서부전선의 고착을 기정사실화하면서, 상대적으로 세계의 주목을 덜 받는 동부전선에서 공격을 펼쳐 땅을 손에 넣자는 생각이었다. 군인으로서는 매우 충실한 아이디어였고, 한 치의 땅이라도 우리 쪽으로 끌어들이려는 대한민국의 정서에도 깊이 호응하는 계획이었다.

한국군 전력 증강에서도 둘은 큰 이견異見을 보였다. 밴 플리트는 앞에서 소개한 대로 한국군 전력증강을 아주 절실한 과제로 보고 추진에 나섰다. 미 수뇌부의 입장과는 다소 달랐다. 미국 본토에서도 언젠가는 한국군 전력증강을 지원해야 한다고 판단했지만, 그 시기와 규모에 대해서는 신중한 입장이 대세였다. 회의적인 반응도 없지 않았다.

따라서 누군가 나서서 이 문제를 해결하지 않으면 안 되는 상황이었다. 본토의 미군 수뇌부가 먼저 그 일에 나설 분위기는 전혀 없었다. 도쿄의 리지웨이 역시 마찬가지였다. 본토 펜타곤의 동정에 관심이 많았던 그는 서둘러서 한국군 전력증강에 나설 뜻이 별로 없었다.

밴 플리트의 회고록에는 그런 저간의 사정이 잘 드러난다. 그는 미 본토의 수뇌부와 도쿄의 유엔군 총사령부가 한국군 전력증강을 적극적으로 추진할 의사가 없다는 점을 잘 파악하고 있었다. 밴 플리트는 리지웨이에게 "빠른 시간 안에 한국군 전투 사단 10개를 더 증강해야 한다"고 건의했던 적이 있다. 그에 대한 리지웨이의 반응은 냉정했다.

밴 플리트 회고록에 따르면 리지웨이는 미군 수뇌부의 뜻이 그렇지 않다는 내용을 전하면서 "한국군보다는 오히려 일본 병력을 보강하는 게 더 급한 사안"이라고 했다. 그러면서 리지웨이는 "귀관의 뜻에 존경심을 지니고는 있지만, 미국은 보다 중요한 임무를 고려해야 한다"고 말했다는 것이다. 그 분위기는 리지웨이의 후임으로 마크 클라크 대장이 부임하면서 달라졌다.

'벗을 위한 희생'을 강조한 사람

밴 플리트 미 8군 사령관은 그런 점에서 외로운 입장이었다. 한국군 증강에 관한 원칙적인 생각은 다를 게 없었으나, 시기적으로 언제, 그리고 어떤 규모로 한국군 전력 증강에 나서야 할지에 대해서는 의견이 모아지지 않았다. 앞 회에서 소개한 것처럼 리지웨이는 한국군 전력 증강을 당장 벌이자는 밴 플리트의 입장에는 퍽 부정적이었다.

고립무원의 미 8군 사령관

리지웨이는 한국의 경제적 상황을 먼저 고려하고 있었던 듯하다. 밴 플리트 회고록에는 리지웨이가 한국군 전력을 당장 증강하더라도 그를 유지하고 확대할 수 있는 한국의 경제력이 없는 까닭에 당시 한국군 전력 증강에 신속히 나서는 일이 바람직하지 않을 것이라고 생각했다. 그런 맥락에서 리지웨이는 "한국군보다 오히려 일본 군대를 보강하는 일이 더 급하다"고 했던 것이다.

밴 플리트의 직속상관이었던 도쿄 유엔군 총사령관이 그런 생각을 지니고 있었으니, 미 8군 사령관의 뜻은 워싱턴의 펜타곤에 있는 미 국방부에 전해지기 훨씬 전에 좌초할 가능성이 높았던 셈이다. 그런 리지웨이가 NATO 총사령관으로 영전했고, 그 뒤를 이어 마크 클라크 대장이 신임 유엔군 총사령관으로 부임하면서 분위기가 달라질 가능성이 엿보이고 있었다.

매슈 리지웨이에 이어 새 도쿄 유엔군 총사령관으로
부임했던 마크 클라크 장군

마크 클라크 역시 여느 미군 고위 장성처럼 '유럽주의'의 기질을 지닌 사람이다. 자신의 조국인 미국에 대한 자부심이 매우 높았고, 그에 따라 미국의 전략적 토대를 유럽 중심으로 바라보는 사람이었다. 따라서 아시아, 그것도 당시까지는 '극동 極東, Far east asia'이라고 여겼던 곳의 작은 일부인 한국을 중시하지 않을 수 있는 사람이었다.

그러나 마크 클라크는 리지웨이와 조금 달랐다. 그는 제2차 세계대전 종전 뒤 공산주의 소련과 동유럽에서 담판을 벌였던 경험이 있다. 그의 회고록에는 당시 회담에 참여하면서 느꼈던 공산주의에 대한 환멸감이 아주 진하게 드러나고 있다. 그는 정통 백인의 미군이면서 유럽주의 시각을 지녔음에도, 리지웨이에 비해서는 훨씬 높은 강도로 공산주의를 비판하는 입장이었다.

따라서 그의 부임과 함께 밴 플리트의 한국군 증강에 관한 구상은 조금 더 힘을 받을 수 있는 계기가 만들어졌다고 볼 수 있었다. 실제 앞에서 소개한 것처럼, 무너졌던 한국군 2군단을 재창설하면서 강력한 155㎜ 포병 대대를 한국군에게 이양하는 작업, 그 뒤 한국군 포병을 양성하는 사안 등이 줄곧 순탄하게 이뤄진 것은 그런 분위기와 무관치 않다.

워싱턴, "시야가 좁다"고 힐난

그러나 고비는 더 기다리고 있었다. 미 육군본부를 비롯한 워싱턴의 수뇌부는 쉽게 달라지지 않았다. 밴 플리트는 줄곧 워싱턴으로부터 우려의 시선을 받는 상태였다. 먼저 소개한 내용처럼 그는 한국전선에서의 승리를 위해 포탄 등을 아끼지 않아 '밴 플리트 탄약량'이라는 단어까지 만들어질 정도로 워싱턴 조야에서 비판을 받은 적이 있다. 밴 플리트는 그런 분위기에도 아랑곳하지 않고 본국에 귀환하는 미군의 대체 병력을 줄기차게 요구했다.

미 합참과 육군본부는 그런 밴 플리트를 고운 눈으로 보지 않고 있었다. 심지어는 비난까지 할 정도였다고 한다. 미 국방부는 그런 밴 플리트를 두고 "자신이 부임한 지역을 중심으로만 대처하고 있다"고 비판했다. 워싱턴의 그런 분위기는 나름대로 이유가 있었다.

한국전선과 함께 유럽에서 펼쳐지는 소련과의 총성 없는 대결을 염두에 두고 있었던 것이다. 따라서 국방부를 비롯한 워싱턴의 고위 참모들은 "밴 플리트가 전 세계의 위협에 대처하기 위한 미군의 여러 수요를 무시하고 한국만 감싸고 있다"는 비난을 퍼붓기 일쑤였다.

그 점에서 밴 플리트는 거의 고립무원孤立無援이라고 해도 좋을 정도의 상황에 빠져들고 있었던 게 사실이다. 전 세계를 상대로 전략을 구사해야 한다는 워싱턴 수뇌부의 사고와 시각에 밴 플리트를 제외한 모든 미 고위 지휘관들이 찬성하고 있었기 때문이었다. 리지웨이는 신임 NATO 사령관이어서 '극동'의 한국전선과 새로 경쟁하는 입장이었다. 따라서 한국에 우선적인 전력 지원을 하기보다는 넓은 시야로 유럽을 비롯한 다른 지역에도 지원을 펼쳐야 한다는 주장이 강했다.

그의 후임으로 왔던 마크 클라크 유엔군 총사령관도 그 점에서는 리지웨이, 나아가 워싱턴의 미군 수뇌부와 생각이 같았다. 밴 플리트는 리지웨이가 도쿄에 있을 때 그와 이 사안을 두고 자주 의견충돌을 빚었으며, 그 후임으로 온 클라크와도 갈등을 벌였다고 한다. 클라크는 부분적으로 밴 플리트의 입장을 후원했으나, 한국군의 신속한 전력증강을 위한 전폭적인 지원에는 소극적이었다는 얘기다.

의견을 낼 때는 자신의 의견을 끝까지 밀고 가는 사람이 밴 플리트였다. 그러나 상황은 결코 녹록치 않았다. 워싱턴 수뇌부는 미 8군에 대한 병력보충을 거절하기 일쑤였고, 한국군 증강 정도에 따라 미군의 전투 사단을 한국전선에서 철수시켜 일본에 주둔시키라는 명령을 내리기도 했다. 밴 플리트는 그런 미군 수뇌부의 결정에 순순히 따랐다.

그러나 그의 생각은 바뀌지 않았다. 미군 수뇌부가 주장하는 논리를 받아들이지 않았던 것이다. 그는 워싱턴이 주장하는 세계 각 지역의 위협은 그저 위협에 불과하다는 생각을 굽히지 않았다. 그는 한국전선이 가장 중요하다고 생각했다. 그곳에서는 실제의 전쟁이 벌어지고 있기 때문이라는 생각에서다.

그런 상황에서 벌어진 일들이 앞에서 소개했던 것처럼 한국군 2군단의 재창설이고, 한국군 초급 장교 및 지휘관 급 장교들에 대한 교육이었다. 따라서 한국군 2군단의 재창설과 이들을 현대전의 총아였던 155㎜ 중화포로 무장시키는 일은 매우 중요했다. 그런 계획이 차질 없이 펼쳐질 수 있느냐의 여부는 밴 플리트의 한국군 전력증강에 관한 실행과 깊은 관련이 있었기 때문이다.

부활절에 보낸 메시지

그는 뚝심이 있었다. 그래서 나는 그의 성정性情을 표현할 때 우직愚直이라는 단어를 사용했다. 그러나 그의 철학을 받쳐준 것은 스스로 지닌 풍부한 야전의 경험이었다. 워싱턴 수뇌부도 그 점을 잘 알았다. 밴 플리트는 워싱턴에 있던 미군 수뇌부의 어떤 참모들보다 야전의 경험을 풍부하게 지녔던 장군이었다. 그는 결국 자신의 그런 자력資歷을 바탕으로 식지 않는 열의熱意와 꺾이지 않는 신념으로 자신의 뜻을 관철했다.

나는 그런 밴 플리트의 뜻과 조그만 접점을 형성하는 위치에 있었다. 그 점은 내게 행운이기도 했다. 나는 그런 밴 플리트의 의지를 읽어가며 한국군 전력증강에 함께 나서고 있었다. 그래서 그의 여러 면모를 잘 읽을 수 있었다. 그는 내게 자주 샌드위치와 오렌지를 나눠주면서 "같이 먹자"고 했듯이, 그 성격 그대로 건국 직후 전화戰禍의 폐허 위에 섰던 대한민국에 아주 큰 관심과 배려를 보여주고 있었던 것이다. 그는 1953년 1월 미 8군 사령관에서 물러나 은퇴했다.

그때까지 그는 한국군 4개 사단을 증강했다. 그로써 다시 전선에 섰다가 철수해야 하는 미군의 자리를 채웠다. 매우 신속한 작업이었다. 그 점은 이승만 대통령이 반드시 이루고야 말겠다는 '한국군 20개 전투사단'의 꿈을 펼치는 중요한 계기이기도 했다.

밴 플리트는 당시의 한국으로 볼 때 아주 고마운 미 장성이었다. 그의 열의가 없었으면 한국군 전력증강은 신속하게 펼쳐지기 어려웠다. 많은 고비를 맞아 기우뚱거릴 가능성도 있었다. 그는 자국 정부로부터 전해지는 많은 멸시와 편견을 딛고 결국 한국군 전력증강의 토대를 닦은 인물에 해당한다.

밴 플리트는 도대체 무슨 생각으로 한국을 돕기에 열정적으로 나섰던 것일까. 그 속내를 다 들을 수는 없었다. 그는 자신의 공로를 먼저 내세우는 사람이 아니었다. 아주 가깝다고 할 수 있는 내게도 그는 가슴에 품은 고뇌와 번민을 쉽게 털어놓지 않았다.

그의 회고록을 보면서 한 대목에 내 눈이 멈춘 적이 있다. 그의 아들 제임스 밴 플리트 2세가 군산 옥구 비행장을 떠나 북한으로 갔다가 실종된 뒤였다. 아들의 실종은 곧 죽음을 의미했다. 그 여러 사정은 앞에서 몇 번 소개했다. 밴 플리트는 절망의 시간 일부를 자신의 아내, 그리고 지인들에게 편지 쓰는 일로 보냈던 듯하다. 그는 다정다감한 어투로 아내를 위로했고, 관심을 보여준 지인들에게는 의연한

어느 저녁 자리의 밴 플리트 사령관(오른쪽).
그는 손수 나이프와 포크를 들고 고기를 잘라 남에게 주는 일을 즐겼다. 왼쪽 끝이 나

말투로 오히려 그들을 위로했다.

그 해 부활절이었다. 그는 한국전선에서 아들을 잃은 모든 미국의 부모들에게 위로의 메시지를 전했다고 한다. "저는 모든 부모님들이 저와 같은 심정이라고 믿습니다"라며 시작한 그의 메시지는 이렇게 끝을 맺고 있다. "오래전에 하나님께서 말씀하신 대로 친구를 위하여 자기 목숨을 버리면 이보다 더 큰 사랑은 세상에 없습니다." 내 눈길은 이 대목에서 아주 오래 머물렀다. 꽤 오래였다.

주한 미 대사직 제안 거절

전쟁을 피해 부산으로 내려와 있던 서울대학교 임시 캠퍼스에서 명예박사 학위 수여식이 있다는 전갈이 왔다. 주인공은 밴 플리트 장군이었다. 1953년 1월이었다. 나는 대구의 육군참모본부를 떠나 부산으로 향했다. 그가 떠나기 전 서울대에서 건네는 명예박사 학위가 한국의 입장을 끔찍이도 아꼈던 밴 플리트 장군에게 얼마나 큰 위안을 줄까.

어두운 표정으로 한국을 떠나다

그러나 대한민국으로서는 그런 밴 플리트에게 해줄 것은 많지 않았다. 그나마 서울대학교에서 명예박사 학위를 수여하고, 대한민국 정부의 태극무공훈장을 건네주는 일이라도 있으니 다행이었다. 밴 플리트가 한국을 떠나는 자리에서 벌어지는 웬만한 행사에는 가능한 한 참여할 수밖에 없었다.

서울대 임시 캠퍼스에서 열린 명예박사 수여식 때 밴 플리트는 예의 여유 있는 미소를 잃지 않았다. 그러나 수여식과 기념 촬영을 하는 자리에서 바라본 밴 플리트의 얼굴에는 어딘가 어두운 그림자가 있었다. 사랑하는 아들을 잃었던 전선으로부터 이제 떠나야 하는 아비의 심정도 있었을 테고, 못내 이루지 못한 전선에서의 승리가 아쉽다는 정한情恨도 배어 있는 듯했다.

그는 약 2년에 걸쳐 한국 전선에 머물렀다. 중공군에게 밀렸던 전선을 회복하는 데 빼어난 지휘력을 발휘했고, 한국군의 전력증강을 위해 물심양면으로 힘을 보태던 장군이었다. 그럼에도 그 날의 명예 박사 수여식은 어딘가 좀 쓸쓸했다. 평소에 비해 기운이 빠진 듯한 밴 플리트의 어깨가 유난히 돋보였다.

그는 승리를 위해 싸우는 군인이었다. 그에 비해 밴 플리트가 미 8군 사령관으로 한국에 머물 때 워싱턴에 있던 미군 수뇌부는 '승리'보다는 '패하지 않는 전쟁'에 더 많은 관심을 두고 있었다. 브래들리 미 합참의장이 그랬고 콜린스 육군참모총장도 마찬가지였다. 미군 수뇌부는 대개가 한국에서의 전쟁을 모양새 있게 마무리하는 데 급급했다는 얘기다.

밴 플리트는 그런 분위기를 모르지 않았다. 그래서 마지막으로 희망을 걸었던 대상이 아이젠하워 대통령 당선자였다. 그는 주지하다시피 제2차 세계대전을 승리로 마감한 전쟁 영웅이었으며, 밴 플리트 본인과는 미 육사인 웨스트포인트 동기생이었다. 그런 아이젠하워가 대통령에 당선해서 곧 분위기를 돌릴 수도 있지 않을까 하는 희망이 밴 플리트에게는 조금이나마 남아 있었다고 볼 수 있다.

대통령 당선자 신분으로 아이젠하워가 서울을 방문했을 때 한국군 전력증강에 관한 브리핑을 마쳤던 점은 앞에서 설명했다. 밴 플리트는 1952년 1월 현역에서 은퇴한다. 한국을 떠나 미국에 도착한 밴 플리트는 각종 환영행사 등에 참석하면서도 아이젠하워 등 요인들을 만날 때마다 "한국 전선에서 우리는 승리할 수 있다"며 끝까지 분위기 반전을 시도했다.

워싱턴에서 벌인 마지막 설득

그러나 아이젠하워 대통령은 선거전에서 '전쟁 끝내기'를 공약했던 상황이었고, 좀 더 넓은 시각에서 소련과 동유럽 및 중국 등 사회주의 세력에 대항해야 한다는 전략 구도를 짰던 워싱턴 미군 수뇌부의 심경에도 변화가 일지 않았다.

그런 상황에서 한국을 떠나는 밴 플리트의 심정이 편할 리 없었다. 실제 그는 1953년 2월 사령관 직에서 이임해 한국을 떠날 때 행한 기자회견에서 1951년 10월과 11월 벌인 공세의 좌절을 못내 아쉬워했다. 그때 공세를 지속적으로 이어갔다면 전쟁에서 승리를 거둘 수 있었다고 판단했다는 것이다. 그는 워싱턴에 가서도 이런 취지의 발언을 계속했다.

부산의 임시 서울대 캠퍼스에서 열린 밴 플리트 명예박사 학위 수여식 뒤의 기념촬영 사진.
앞줄 오른쪽에서 여섯째가 밴 플리트 사령관

그는 그런 점에서 맥아더와 같은 맥락을 지닌 군인이었다. 맥아더는 워싱턴의 '사려 깊은 외교적 시야'를 우습게 본 사람이었다. 공산주의자와 대화가 통하지 않는다는 믿음에, 전쟁을 벌였다면 상대의 수도에까지 진격해 항복을 받아내야 한다는 철학을 지닌 장군이었다. 밴 플리트는 그런 점에서 맥아더와 아주 흡사했다.

그러나 때가 너무 늦고 말았다. 워싱턴의 정가에서는 밴 플리트를 의심하고 있었다. 콜린스 육군참모총장은 밴 플리트의 그런 언행을 두고 "정치판에 뛰어들려고 한다"고 발언했고, 이 말을 전해들은 밴 플리트는 "도대체 그가 왜 그런 발언을 하는지 이해할 수 없군…"이라며 끌탕을 쳤다고 한다.

밴 플리트는 미국으로 돌아간 직후 주한 대사로 부임하지 않겠느냐는 제안을 받는다. 그가 워싱턴에서 여러 인사들을 만나 "한국 전선에서 반드시 승리해야 한다"고 역설한 뒤 고향인 플로리다에 막 정착했을 때였다. 아이젠하워 대통령 정부에서 국무부 차관에 올랐던 월터 스미스(Walter Smith, 1895~1961)가 메신저 역할을 맡았다.

월터 스미스는 플로리다 목장의 밴 플리트를 찾아와 "한국의 이승만 대통령이 정전협정을 반대하고 있다. 그는 단독 북진까지 주장하며 정전 협정 체결에 반대하고 있다. 이 대통령과 친분이 있는 장군께서 주한 미 대사를 맡아주면 좋겠다고 아이젠하워 대통령이 말했다"는 취지로 내용을 전했다.

밴 플리트는 즉석에서 그를 거절했다고 한다. 그는 "이 대통령이 당신들의 말을 따르도록 하기 위해 정전 자체에 반대하는 내 생각을 바꿀 수 없다는 점을 잘 알고 있지 않은가?"라고 말했다. 그래도 월터 스미스는 굽히지 않았다고 한다. 그는 "이승만 대통령도 장군의 의견이라면 반대하지 않을 것"이라고 다시 설득을 벌였다.

밴 플리트의 입장은 확고했다. 월터 스미스의 주장에 대해 밴 플리트는 "결코 안 되는 일이다. 당신은 내가 절대 할 수 없는 일을 하라고 강요하는 중이다. 그렇다면 나는 차라리 사표를 내야 할 것"이라며 다시 제안을 일축했다고 한다. 완고한 밴 플리트의 입장을 전해들은 아이젠하워는 결국 밴 플리트의 주한 대사 임명 계획을 철회했다.

90세에도 160㎞로 차를 몰다

이런 점에서 보면 "정치적 의도가 있어 이상한 말을 하고 다닌다"고 했던 당시 미 육군참모총장 콜린스의 판단은 옳지 않다. 밴 플리트는 군인으로서의 순수한 입장으로 '한국 전선에서의 승리'를 주장했던 것이다. 펼쳐놓은 전선에서는 반드시 승리를 거둬야 한다는 강력한 소신을 지녔던 사람이 바로 밴 플리트였다.

그는 자신의 고향인 플로리다에 있는 목장과 일부 관련 사업에 뛰어들었다. 그럼에도 제2차 세계대전을 겪고, 그리스 반군 게릴라 소탕 작전의 성공적 수행에 이어 한국 전선에서 이름을 높였던 밴 플리트는 플로리다의 유명인사 대접을 받았다.

그는 다른 한 면모로도 제법 유명했다. 4성 장군 출신으로 고향의 유지이기도 한 그가 플로리다에서 아주 빠른 속도로 차를 몰고 다녔기 때문이다. 거의 100마일(160㎞) 이상의 속도로 빠르게 돌진하는 그의 차량은 여러 사람에게 화제였던 모양이다. 그의 운전은 90세 이후에도 이어졌다. 목표를 향해 후퇴와 우회보다는 직진直進만을 거듭했던 군인으로서의 밴 플리트 성격이 그 차량의 질주와 어떤 관련이 있을까. 곁눈질을 하지 않았던, 그래서 적을 두고 벌이는 전쟁에서는 오

직 승리만이 중요하다고 했던 그의 성향이 그와 아무 연관이 없다고
는 할 수 없겠다는 게 내 생각이다.

그는 또 플로리다의 여러 유지들로부터 "주지사 선거에 나가라.
당신 정도면 충분한 자격이 있다"는 '정치 입문' 권유를 받았다고 한
다. 그럴 때마다 밴 플리트는 "그냥 당신들이 나가라. 나는 그와 전혀
관련이 없는 사람"이라고 퉁명스럽게 되받곤 했다는 것이다.

그는 그러면서 한국에 대한 관심과 열정을 계속 키웠다. 한국과
미국의 최고最古 교류단체인 '코리아 소사이어티'의 발족과 발전을 주
도했던 그였다. 아울러 한국의 전후戰後 지원 문제를 두고 미 행정부의

한국을 떠나기 직전의 밴 플리트 사령관(가운데)이 나를 찾아와 담소를 나누고 있다.

자문역을 맡아 활동하는가 하면 실제 집행과정을 감독하기 위한 순회대사로도 활동했다.

그는 퇴임 뒤에도 한국을 아주 많이 방문했다. 그의 후임 미 8군 사령관인 맥스웰 테일러 장군은 사실 그 점이 매우 거북했다고 한다. 전임자가 자신의 임지에 자주 나타나니 신경이 쓰이지 않을 수 없었던 것이다. 그러나 100마일로 차를 모는 '직진直進 스타일' 군인 성격의 밴 플리트는 그에 전혀 구애를 받지 않고 자신의 열정 그대로 한국을 돕는 일에 몰두했다.

그렇다. 그는 오직 승리만을 위해 뛰었던 미국의 장군이었다. 공산주의 위협에 직면했던 대한민국에 진정한 승리가 무엇인지를 알았던 사람이기도 했다. 그래서 이승만 대통령과의 우의友誼가 아주 깊었다. 이승만 대통령이 하와이에서 망명객으로 세상을 떠났을 때도 그는 주저 없이 그의 곁으로 달려갔다.

생애 마지막에도 나눠 먹은 아이스크림

밴 플리트의 말년은 평온했다. 전쟁터를 휘돌다가 돌아온 그를 고향
플로리다는 따듯하게 맞았다. 목장을 비롯해 일부 사업을 확장하려
는 의지도 보이면서 밴 플리트는 요란하지는 않으나 활기에 찬 여생
을 보냈다. 그러나 한국에 대한 애정만큼은 식을 줄 몰랐다. 그는 '코
리아 소사이어티'의 창설을 주도해 끊임없이 한국에 대한 지원을 펼
치는 데 관심을 기울였다.

어느 한국 소녀와의 애틋한 이야기

또한 여러 기회를 잡아 한국을 방문했다. 그 중에서도 가장 인상에 남
는 장면은 이승만 대통령과의 인연을 소중히 생각하는 그의 자세였
다. 이승만 대통령은 1960년의 4.19에 대한 책임을 지고 하야한 뒤
하와이에 망명객 신분으로 거주했다. 이 대통령은 1965년 7월 서거했
고, 밴 플리트는 그 소식을 들은 뒤 하와이에 가서 이 대통령의 운구
행렬에 참가했다.

　　그는 전쟁으로 고아가 된 한 한국 소녀를 깊이 후원했다. 거의 입
양한 딸이라고 해도 좋을 만큼 밴 플리트 사령관은 한국 전선을 이끌
면서 그 소녀를 도왔다. 그러나 소녀는 일찍 세상을 떠났던 것으로 알
고 있다. 밴 플리트 사령관의 후원으로 곱게 자라던 소녀는 특히 학습

능력이 아주 뛰어나 경기여고에 진학했던 것으로 기억하고 있다.

한국 전선에서 이임한 뒤 고향으로 돌아간 밴 플리트는 지속적으로 그 한국 소녀를 지원했다. 그러나 병을 앓았던 소녀는 밴 플리트의 성원에도 불구하고 세상을 먼저 떴다. 나는 밴 플리트 사령관이 한국 전선을 이끌던 무렵 그가 소녀를 후원한다는 사실을 들어서 알고 있었다. 그러나 열렬한 후원자의 기대와는 달리 소녀는 나이 많은 사람에 앞서 세상을 떠남으로써 귀국했던 밴 플리트의 가슴에 다른 상처 하나를 더 남기고 말았다.

그가 한국의 전쟁고아에도 많은 관심을 기울였던 것으로 알고 있다. 밴 플리트는 미 8군 사령관으로 재직하면서도 그런 고아들이 수용돼 있는 시설에도 깊은 관심을 기울였고, 시간을 쪼개 그곳에 들러 적지 않은 물품을 보태고 돌아오는 적도 많았다. 그러나 밴 플리트는 자신의 그런 행동을 알리는 데에는 매우 소극적이었다. 나와 친분이 깊었음에도 그는 한국의 한 소녀를 후원한다는 사실에 대한 언급을 매우 꺼렸다.

그는 박정희 대통령과도 친

한국에서의 임무를 마치고
고향 플로리다 공항에 도착해
환영 나온 사람들에게 화답하는
밴 플리트 장군 내외

분이 깊었다. 이승만 대통령의 뒤를 이어 5.16을 통해 권력을 장악한 박정희 전 대통령 또한 밴 플리트가 어떤 심정으로, 그리고 어떤 자세로 한국을 돕는지 매우 잘 알았다. 밴 플리트는 여러 활동을 펼치면서 한국을 돕는 데 계속 열정을 보였고, 이는 5.16으로 들어선 박정희 전 대통령 정부 인사들에게도 잘 알려졌다.

96세에 면허 다시 취득

밴 플리트는 플로리다에서 활발하게 움직였다. 미국 정부의 요청이 있을 때는 동아시아 군사 문제에 관한 자문 역할에 나섰고, 미군의 전투 준비 태세 점검을 위한 자문 역에도 기꺼이 나섰다. 특히 그는 공산주의와 싸우는 아시아 국가들을 미국이 왜 더 지원해야 하는가를 지속적으로 역설했다고 한다.

그는 천성天性이 군인이었던 듯하다. 고향의 도로를 100마일 이상의 속도로 주행하며 직진直進을 일삼았던 그의 운전 실력은 노년에도 계속 화제였다고 한다. 그의 외손자가 전하는 내용에는 밴 플리트가 나이 96세 때 면허 유효기간이 끝나 면허장을 다시 찾은 얘기가 나온다.

96세의 은퇴한 대장 출신을 알아볼 리가 만무했다. 면허관은 우선 그의 시력을 테스트했고, 이어 면허 갱신을 위해 지팡이를 짚고 나온 그의 연령年齡을 문제 삼았다고 한다. 그러자 밴 플리트는 "내 시력은 문제가 없다"면서 시력 테스트를 고스란히 받아 통과했고, 면허관이 문제를 삼았던 지팡이는 차 뒷좌석으로 집어 던지면서 "이곳에 걸어올 때 필요해서 짚었던 것이고, 차를 몰 때는 당연히 필요가 없다"라고 했다는 것이다.

그 후로도 밴 플리트는 계속 차를 몰았다고 한다. 90세가 넘은 나이에도 밴 플리트는 워싱턴에 볼 일이 생겼을 경우 고향 플로리다를 떠나 워싱턴까지 왕복하는 길에 자신의 차를 직접 몰고 나섰다고 한다. 믿을 수 없는 활력이다. 젊었을 적 미식축구를 통해 단련한 체력이라고 해도 그 정도의 왕성함을 유지하기는 참 어려운 일이다.

나는 그 점이 아깝다. 곧은 성정과 왕성한 활력으로 밴 플리트가 한국군 전력 증강의 뒤를 더 받쳐줬더라면 한국군이 빨리 실력을 키우고, 나아가 한 치의 땅이라도 공산군의 수중으로부터 더 빼앗아 올 수 있었다는 점을 생각해보면 그렇다. 그러나 대세는 이미 그의 은퇴를 기정사실화한 상태였고, 그를 되돌릴 힘은 대한민국과 그에게 없었다는 점이 안타까울 뿐이다.

그는 한국을 정말 사랑한 미군 장성이었다. 그는 여러 곳에 사무실과 별장 등을 두고 활동했다. 그러나 그가 마지막으로 운명한 곳은 플로리다 그의 목장이었다. 그 목장의 집무실 이름을 밴 플리트는 '한국의 방'이라고 명명했다. 아울러 그의 회고록을 집필한 폴 브레임에 따르면 밴 플리트는 한국을 "나의 고향, 나는 고향으로 돌아간다"라고 자주 언급했다고 한다.

그리스도 그의 주둔지였으나, 말년의 밴 플리트는 한국에 대한 자신의 기대와 사랑을 아낌없이 펼쳐 보였던 듯하다. 특히 한국의 산업화에 속도가 붙었던 1970년대에는 주변 사람들에게 "한강의 기적"이라며 이를 매우 자랑스러워했다고 한다. 그러나 그는 1985년 이후에는 다리를 절기 시작해 움직임이 불편했다. 이는 그 전 해에 세상을 뜬 자신의 아내 헬렌과도 관련이 있어 보인다. 어쨌든 그는 그 무렵부터 활동의 범위가 크게 줄어들었다.

퇴임 뒤인 1964년 8월 청와대를 방문해 박정희 대통령 가족과 함께 기념촬영한 밴 플리트 사령관의 가족들. 왼쪽 둘째가 박 대통령, 오른쪽 끝이 밴 플리트. 오른쪽에서 셋째가 박근혜 대통령

마지막 소망 '88 서울 올림픽' 참석

그럼에도 그는 1988년 서울에서 올림픽이 열리게 되자 서울행을 강력하게 희망했다고 한다. 회고록에 따르면 밴 플리트의 주치의는 "이 상태로는 도저히 움직일 수 없다"며 극구 만류했다고 한다. 서울 방문을 위해 구체적인 계획까지 짰던 밴 플리트는 아주 실망했다고 한다. 그러나 서울행의 꿈을 접으면서 밴 플리트가 남긴 말도 명언이다. "군인으로서 어떻게 명령을 어기겠느냐"였다.

그를 꽤 많이 적었다. 그럴 만한 이유가 있기 때문이다. 그는 한국 전선에 홀연히 나타난 미군 장성이다. 그러나 한국군의 전력 증강이 발 빠르게 이뤄질 수 있었던 것은 거의 그의 공로에 가깝다. 한국을 보는 시선이 그렇게 우호적이지만은 않았던 무렵에, 한국과는 한 가닥 인연의 줄도 없이 나타나 다른 어느 누구보다 한국인의 단점과 장점을 알아보고 그를 채우면서 북돋으려 했던 사람이 곧 밴 플리트였기 때문이다.

그는 내 것을 남과 나눌 줄 알았던 사람이다. 그의 성정을 표현할 때 오렌지나 샌드위치를 충분히 준비해 와 나와 나눠 먹었던 점을 자주 거론했다. 그는 그렇게 자신이 지닌 것을 마음이 맞는 사람에게 스스럼없이 나눠주려 했던 인물이다.

그를 소개하는 이 글의 작은 제목이 '아이스크림 장군 밴 플리트'다. 그는 늘 부드럽고 달콤한 아이스크림을 즐겼다. 그 아이스크림 또한 남과 나눠 먹는 것을 즐겼던 이가 밴 플리트였다. 그는 동숭동 미 8군 사령부 등 여러 곳에서 맛있는 아이스크림을 발견하면 주위의 사람들과 함께 나눠 먹기를 즐겼다. 그래서 우선 그의 면모를 떠올리다가 '아이스크림 장군'이라는 말이 생각났던 것이다.

그는 100세를 일기로 세상을 떠났다. 그가 100세 생일을 맞이하던 날 고향 플로리다는 그를 위해 따뜻한 기념식을 열었다. 그 기념식에서 밴 플리트를 모시던 옛 부하 몇 명이 다가와 그에게 "장군께서는 군인 중의 군인, 보병 중의 보병이십니다"라는 작은 헌사獻詞를 바쳤다고 한다.

내 생각도 그와 같다. 그는 군인 중의 군인이요, 보병 중의 보병이었다. 적을 향해, 그리고 승리를 쟁취하기 위해 끊임없이 다가서는 군인 중의 군인, 보병 중의 보병이었다. 그 기념식이 끝난 뒤 밴 플리트는 역시 그답게 기념식장의 많은 이를 그의 목장으로 초대했다고 한다. 그리고 밴 플리트는 그 사람들에게 아이스크림을 대접했다고 한다.

나는 요즘에도 양식을 먹을 때면 가능한 한 아이스크림을 주문한
다. 단 음식 많이 먹지 말라는 주치의의 충고를 떠올리면서도 말이다.
그는 내게 뭘 가르쳤던 것일까. 앞에 놓인 아이스크림을 보면서 나는
그를 줄곧 떠올린다. 그는 내게, 적어도 당시의 대한민국 많은 이에게
결코 잊힐 수 없는 위대한 군인이었다.

제8장

전쟁의 시작

전쟁의 폐허에 나앉은 고아들의 모습이다.
1950년 6월 25일 김일성 군대의 기습적인 남침은
한반도 전역에 이루 말할 수 없는 참극을 남기고 말았다.

38선을 김일성 군대가 넘을 때

60여 년 전 벌어진 6.25전쟁에서 전쟁을 제대로 이해하는 대한민국 군대의 지휘관은 거의 없었다. 장제스蔣介石 국민당 정부의 군대에서 경력을 쌓았던 김홍일 장군, 일본 육사 출신으로 실전을 치렀던 김석원 장군 정도가 전쟁을 조금 이해한다고 할 수 있을까. 그러나 두 장군도 역시 대규모로 벌이는 전쟁에서 경험을 쌓은 것도 아니었다.

전쟁을 이해하는 사람은 없었다

대대급 병력의 전투에 참여해 본 경험이 거의 다였다. 대한민국을 이끌었던 당시의 이승만 대통령 역시 마찬가지였다. 국제무대에서 약소국이 지닌 서러움을 잘 알고, 외교적 전략을 통해 대한민국의 입지를 다지는 데 탁월하고 아주 탁월했던 분이기는 하지만 전쟁 자체는 잘 알지 못했던 대통령이었다.

전쟁 당시 국방부를 이끌었던 신성모 장관도 그랬다. 그는 선원 출신이었고, 상하이上海를 기반으로 국제노선을 오가는 상선商船의 선장을 맡았던 게 가장 큰 이력이었다. 누구라도 전쟁을 알지 못했던 상태였다. 북한의 사정도 그 점에서는 마찬가지였다. 그럼에도 김일성의 섣부른 야욕은 이 땅에 거대한 전쟁을 불렀다.

나는 1950년 4월 전까지 광주에서 국군 5사단을 지휘하다가 임진강 전면을 방어했던 1사단의 사단장으로 자리를 옮겼다. 당시 대한민국은 개성을 우리 땅으로 안고 있었다. 그러나 부임 직후에 개성 일대를 살펴보니 방어 전면이 너무 넓다는 점이 마음에 걸렸다.

나는 언제라도 북한의 김일성 군대가 남침을 시도하리라 봤다. 그 가능성이 얼마인지와는 상관없이 국군 1사단장으로서의 나는 전쟁 가능성에 대비해야 했다. 전쟁이 돌발하면 개성을 지키기가 어렵다고 봤다. 1개 사단으로는 90㎞에 달하는 개성 방어 전면을 담당하기가 거의 불가능하다고 판단했기 때문이다.

그래서 나는 임진강 남쪽의 파평산~적성 일대에 참호를 파서 주

1945년 9월 해방 뒤의 서울에 진주한 미군의 모습

방어선을 설정한 다음, 그 뒤로 3선까지 이어지는 방어 계획을 확정했다. 당시 대한민국 군대는 혹시 있을지 모를 김일성 군대의 남침에 대비하기 위해 전선의 사단에게 방어 계획을 다듬으라고 지시했다. 그에 따라 나는 개성 이남의 진지 공사에 돌입했던 것이다.

그렇게 분주히 방어 계획 작성에 열중하다가 나는 그해 6월 10일경 발령을 받았다. 시흥의 육군보병학교에 가서 고급 지휘관 교육과정을 이수하라는 내용이었다. 그에 따라 서울의 신당동 집에서 시흥으로 출퇴근하며 교육을 받았다. 차량 등 일선 지휘관에 대한 지원은 없었다. 매일 대중교통을 이용하며 부지런히 시흥을 다녔다.

무시했던 전쟁의 조짐들

김일성 군대의 동향은 그때까지 줄곧 관심사였다. 내 개인적인 관심사 정도가 아니라, 대한민국 정부와 군대가 줄곧 주목했던 동향이었다는 얘기다. 내가 1948년 정보국장의 자리에 있었을 때도 없는 예산에 많은 돈을 들여 사람을 파견하면서 모았던 게 북측 군대의 동향에 관한 정보였다. 그때에도 북한은 이미 적잖은 힘과 노력을 기울여 전쟁 준비에 나선다는 점을 파악할 수 있었다.

1950년에 접어들면서 김일성 군대의 동향은 더욱 분주해졌다. 6월에 들어서는 그 정도가 훨씬 심해졌다. 그래서 채병덕 육군참모장 등 수뇌부는 6월 11일을 기해 전군에 비상 경계령을 내리기도 했다. 그러나 어쩐 일인지는 모르겠으나, 김일성 군대의 남침이 전격적으로 벌어지기 하루 전 그 경계령이 풀렸다. 6월 23일 24시를 기해 전군에 내려졌던 경계령이 풀리면서 대한민국의 아주 많은 장병들은 외박과 휴가를 나갔다.

그런 24일의 분위기는 아주 평화로웠다. 나는 마침 시흥의 보병학교에서 치를 시험에 대비하고 있었다. 토요일이었고, 평소보다 더 안온한 분위기에서 책을 들여다보며 씨름하고 있었다. 나중에 안 사실이지만, 육군본부 한 구석의 상황은 그와 전혀 달랐다.

김종필 중위는 당시 육본 정보국에 속해 있었다. 그는 그곳에서 문관이었던 박정희 전 대통령 등과 함께 1949년 12월 북한의 기습 남침 가능성에 관한 보고서를 내기도 했다. 그랬던 까닭에 그는 전선 상황에 매우 민감했다. 심지어 6월 24일 38선 동향이 아주 심각해지자 정보국장 장도영 대령에게 긴급 적정 브리핑을 했다고 한다.

김종필은 그 자리에서 "적이 전선에 병력과 무기들을 전진배치하고 있어, 오늘 내일 안으로 공격을 할 가능성이 있다"고 했다. 아주 정확한 예측이었다. 김종필 등 정보국의 발 빠른 움직임에 따라 육군본부 총참모장 채병덕 장군도 긴장하지 않을 수 없었다. 그는 두 팀을 적진으로 파견했다고 한다.

60여 년 전 벌어진 6.25전쟁의 속내를 드러내 보여준 학자는 꽤 많다. 그 중에서 박명림 연세대 교수는 줄곧 나를 찾아와 당시의 여러 가지 사정을 두고 인터뷰를 했던 학자다. 그의 저작은 전쟁 당시의 상황을 아주 깊이 파고 들어갔다는 평을 받고 있다. 그에 따르면 채병덕 총참모장은 동두천과 포천, 개성 지구에 정보장교들을 급파했다고 한다.

24일 보낸 요원들은 다음날인 25일 오전 8시까지 채병덕 총참모장에게 보고를 하기로 했다. 그러나 전쟁은 이튿날 새벽에 터지고 말았다. 일부는 26일 오전 육군본부에 돌아와 적정에 관한 보고를 했다. 그러나 이미 엎질러진 물이었다. 전선은 이미 북한군에 의해 철저하게 짓밟힌 뒤였다. 다른 한 일부 정보 요원들은 개성으로 넘어가 적진에 들어갔다고 했다. 이들은 결국 육군본부가 대전으로 후퇴한 뒤에야 돌아와 보고를 마칠 수 있었다.

정보국의 김종필 중위는 그날 당직을 자처했다고 알려져 있다. 상황이 너무 긴박하게 돌아가고 있다는 판단 때문이었다. 줄곧 적정을 파악하던 김종필 중위는 오후 들어서도 마음이 놓이지 않았다고 한다. 육군본부의 분위기는 뒤숭숭했다. 전쟁 발발 15일 전인 6월 10일 대대적인 인사이동으로 전방의 사단장과 육군본부의 지휘관이 상당수 바뀌어 있었기 때문이었다.

전쟁 발발 직후인 1950년 6월 29일 미 군사고문단과 가족들이 서둘러 철수하는 사진

전쟁 전야의 한가로운 파티

적의 침공에 대비해 방어계획 작성을 주도했던 강문봉 작전국장도 그때 자리에서 물러났다. 그는 후임자인 장창국 대령에게 자리를 물려준 뒤 미국으로 유학을 가기 위해 준비 중이었다. 모든 상황이 김일성 군대의 남침에 유리하게 맞춰지고 있었던 셈이다. 게다가 느닷없이 비상경계령을 해제하면서 전선의 핵심 방어 인력 중 상당수가 외박이나 휴가를 나간 상태였다. 오로지 육군본부의 정보국만이 전전긍긍하면서 전선 너머의 적정을 파악하기에 안간힘을 쓰고 있던 상황이었다.

그 날 저녁에는 용산의 장교구락부 준공식이 있었다. 지금 미 8군 용산 캠프 안에 있는 콘크리트로 지은 건물이었다. 장교구락부의 준공식은 나름대로 의미가 없지 않았다. 대한민국 군대의 고위 장교들이 서로 모여 의견을 교환하는 자리였으니 말이다.

교육생 신분이기는 하지만 나 역시 그 자리에 초청을 받았다. 나는 저녁 무렵 그곳에 도착했다. 많은 사람들이 모였다. 채병덕 육군 총참모장을 비롯해 정부 요인, 일선 사단장을 포함한 고위 지휘관 등이 그 자리에 얼굴을 드러냈다. 나는 술을 전혀 하지 않는다. 그래서 미군이 들여온 작은 콜라 두 병을 시켜 마시면서 한 구석을 지키고 있었다.

폭풍의 전야였다. 그럴 때는 이상하게 바람이 잦는다던가. 준공식은 스탠딩 파티 형식으로 벌어졌다. 적지 않은 부인네들도 눈에 띄었다. 고위

급 장성들이 모이고, 정부의 요인들도 얼굴을 드러내는 자리여서 제법 흥이 높아져 갔다. 벌써 술을 들이켜는 사람들이 많이 보였다. 나는 자리가 흥에 익어갈 무렵 그곳을 떠나 신당동의 자택으로 돌아왔다.

나중에 들은 내용이다. 우리 고위 장교들은 술을 거나하게 취하도록 그 자리를 이어갔던 모양이었다. 채병덕 총참모장의 귀가 시간은 새벽 2시였다고 한다. 박명림 교수의 기록에 따르자면 그렇다. 육군의 최고 지휘관이었던 총참모장이 자리를 떠나지 않으니 다른 고위 장교들도 자리를 지켜야 했을 것이다. 그렇게 술자리는 새벽까지 이어졌던 듯하다.

그날 38선 전역에서는 북한군이 조용히 움직이고 있었다. 병력 이동은 이미 마친 상태였다. 세부적인 움직임을 보이며 전선 일대에서 곧 강력한 야포 사격을 벌일 작전명령이 내려오기만을 기다리고 있었다. 육군본부에서 그에 주목했던 사람은 거의 없었다. 장교들은 술에 취해가며 그 순간을 맞이했다. 정보국의 일부 당직자들만이 애를 태우고 있었다. '뭔가 크게 벌어질지도 모른다'는 걱정과 초조에 휩싸이면서 말이다.

술에 취했던 육군 지휘부

1950년의 6월 25일 서울은 언뜻 평화롭게 보였다. 내가 전선으로부터 급히 걸려온 전화를 받고 길거리에 나섰던, 그래서 부랴부랴 전선으로 향하면서 보았던 서울의 거리는 최소한 그런 모습이었다. 많은 사람들이 잠들어 있었던 아침이었다.

전선으로부터 온 전화

나는 오전 7시쯤 전화 소리를 들었다. 아침 일찍 일어나는 습관이 있던 나는 그날도 잠자리에서 일어나 육군보병학교 시험에 대비하고 있었다. 내게 전화를 걸었던 이는 1사단 작전참모로 있던 김덕준 소령이었다. 내가 비록 육군보병학교에 입교해 수업을 받는 신분이었으나 그는 다급했던 나머지 내게 전화를 걸었던 것이다.

아주 당황한 목소리였다. "적이 공격해 왔다"는 말이 먼저 들렸다. 그 전에도 남과 북은 38선 인근에서 여러 차례의 충돌을 벌인 적이 있었다. 따라서 중요한 것은 적의 공격이 어느 정도의 수준이냐는 점이었다. 그런 내 생각을 짐작했음인지 김 소령은 "개성에 이미 적들이 진입했다. 전면적인 도발인 것 같다"고 말했다.

나는 개성에 적군이 진입했다는 그의 보고를 듣고 상황이 심각함을 깨달았다. 머리에 떠올리기조차도 싫었던 적의 전면 남침이라는 판

6.25전쟁 발발 직후 고전을 거듭하던 국군 병사들의 모습

단이 들었던 것이다. 나는 우선 움직였다. 비록 교육생의 신분이기는 하지만 내가 이끌던 1사단으로 급히 돌아가야 한다고 생각했다. 나는 옷을 주섬주섬 챙겨 입었다. 전투복이 아닌 정복 차림에 신발은 군화가 아닌 일반 단화였다.

신당동 집을 우선 나와 길거리에서 차를 잡아타려고 했으나 도로에는 차량이 거의 보이지 않았다. 한동안 차를 기다리며 '어디로 갈 것인가'를 우선 생각했다. 드문드문 지나는 차량은 내 간절한 손짓을 무시하고 그냥 지나쳤다. '이래서는 차를 잡지 못한다'고 판단한 나는 멀리 지프가 오는 것을 보고 무작정 길 복판으로 나서 마주 오는 차를 향해 섰다.

다행히 지프가 멈췄다. 나는 신분을 이야기한 뒤 상황을 설명하면서 육군본부까지 태워달라고 했다. 육군본부에 도착했을 때 상황은 제법 심각해 보였다. 채병덕 총참모장이 굳은 얼굴로 참모 몇 사람과 함께 회의를 하고 있었다. 나는 용건부터 말했다. "제가 교육생 신분이니, 1사단 현장에 가서 지휘할 수 있도록 명령을 다시 내려달라"고 했다. 채 총참모장은 "그게 무슨 소리야, 당장 현장에 가라구!"라며 고함을 치듯 말했다.

전쟁이 벌어진 마당에 현장으로 달려가는 일이야 당연했다. 그러나 명령이라는 형식도 중요했다. 그런 명령이라는 형식이 있어야만 나는 제 자리에서 내가 마땅히 해야 할 일을 할 수 있다고 봤던 것이다. 다혈질의 채 총참모장은 그런 내가 못마땅해 보였을 수 있다. 그러나 거쳐야 할 경로는 분명히 거치는 게 마땅했다.

잠자리에서 맞았던 전쟁

그러나 차편이 없었다. 나를 전선으로 싣고 갈 만한 차량도 준비할 수 없었던 상황이었다. 나는 궁리 끝에 육군본부 근처에 살고 있던 국군 1사단 미 군사고문관 로이드 로크웰(Lloyd H. Rockwell) 중령을 떠올렸다. 급히 그곳으로 가서 집 문을 두드렸다. 영문도 모른 채 밖으로 나온 로크웰 중령이 "일요일인데, 도대체 무슨 일이냐?"면서 의아해했다.

나는 상황을 설명하면서 급히 전선으로 가자고 했다. 그는 역시 군인이었다. 상황을 짐작하는 속도가 빨랐고, 행동 역시 기민했다. 그는 급히 옷을 차려 입은 뒤 지프를 몰고 길을 나섰다. 차에 올라탄 뒤 문득 최경록 대령에 생각이 미쳤다. 1사단 11연대장이었던 그는 시흥에서 교육을 받고 있던 나를 대신해서 사단을 이끌고 있었다. 이를테면 대리 사단장이었던 셈이다.

그 또한 집에 와 있으리라고 생각했다. 당시 '남대문 이발소 골목'이라고 불리던 곳에 그의 집이 있었다. 나는 차를 잠시 기다리게 해놓고 그 골목 안의 최 대령 집을 향해 "얼른 이리 나오시게. 지금 일이 벌어졌어!"라고 큰 소리로 외쳤다. 그는 다행히 얼른 옷을 차려 입고 나왔다.

나는 최경록 대령, 로크웰 중령과 함께 급히 길을 나섰다. 수색을 지나던 무렵에 멀리서 교회의 종소리가 울렸다는 기억이 있다. 아직 서울까지는 전쟁의 소음噪音이 전해지지는 않았다. 단지 거리에는 군용 지프 차량이 부쩍 많이 보였다. 전쟁이 벌어진 뒤 급히 움직이는 차량들이었다. 그로써 전쟁이 본격적으로 벌어졌다는 사실이 느낌으로 다가오고 있었다.

1사단 본부 현관에 참모들이 마중을 나와 있었다. 내게 전화를 걸었던 작전참모 김덕준 소령, 포병대대장이던 노재현 소령(육군대장 예편, 전 국방부 장관), 통신 중대장 동홍욱 대위 등이었다. 사령부 안으로 들어갈 경황도 없었다. 나는 선 채로 그들의 보고를 우선 들었다. 개성은 이미 적의 수중으로 넘어간 상태였다. 그곳에 주둔했던 12연대와는 이미 연락도 끊겼다고 했다.

문산 방면으로 진출해 있던 13연대는 현재 적과 교전 중이었다. 예비로 두고 있던 수색의 11연대는 현재 병력을 끌어 모아 전방 진지에 다시 배치하는 중이라고 했다. 역시 큰 문제는 전날 해제한 비상경계령으로 인해 아주 많은 수의 병력이 외출과 휴가를 나와 돌아오지 않고 있다는 점이었다.

그나마 다행이었던 점이 하나 있다. 13연대였다. 김익렬 대령이 지휘하는 연대는 비상 경계령 해제와는 상관없이 부대원들의 외출과 휴가가 거의 없었다. 검열을 받아야 했던 까닭에 부대원들에게 외출이나 휴가를 허용하지 않아 거의 전 대원들이 자리를 지키고 있었던 것이다. 전투력이 온전한 연대가 하나 남아 있다는 점이 그나마 위안이었다.

사단본부에는 결국 들어가지 않고 나는 차를 몰도록 해서 곧장 전방지휘소로 향했다. 파주국민학교에 차려 뒀던 지휘소였다. 그곳에 잠시 들러 지휘소 상황을 확인한 후 나는 다시 전방 지역을 우선 살피려고 임진강 철교로 향했다. 내가 도착하던 그때 임진강 북안에서 다리를 건너는 차량 한 대가 있었다.

신발도 잃고 도망친 미 고문관

12연대의 미 군사고문관이었던 조셉 다리고(Joseph R. Darigo) 대위였다. 그의 모습은 많은 상황을 말해주고 있었다. 그는 내게 "적군이 열차를 통해 개성역에 내려 점령했다"고 말했다. 끊어져 있던 개성 북

북한군은 오래 진행한 전쟁준비 덕분에 개전 초 아주 강력한 공세를 펼칠 수 있었다.

쪽의 선로를 연결해 북한군이 열차에 올라탄 뒤 기습적으로 개성에 진입했다는 얘기였다. 그는 거의 두서없이 상황을 설명했다. 그만큼 아주 당황했던 것이다.

나는 지프를 직접 몰고 남쪽으로 내려왔던 그가 군화조차 신고 있지 않은 점을 눈여겨봤다. 그는 군화를 제대로 신을 틈도 없이 급히 쫓겨 내려왔던 것이다. 나는 임진강 철교가 내려다보이는 언덕으로 올라갔다. 로크웰 중령이 옆에 서 있었다. 나는 그에게 "담배를 가지고 왔느냐?"고 물었다. 그가 자신이 가지고 있던 럭키스트라이크 담배를 한 대 건넸다.

나는 그 자리에서 잇따라 담배 세 대를 피웠다. 그래도 가시지 않는 것이 있었다. 불안감이었다. 내가 지닌 군사적 경험이야 중대를 이끈 정도에 불과했다. 만주군에서 쌓은 경험이었고, 대한민국 군대에 들어와 훈련과 학습을 거치면서 조금 전기戰技를 연마했다고 하더라도 역시 실전은 아니었다. '이 전쟁을 어떻게 치를까'. 불안감이 더 깊어지고 있었다.

전쟁의 시작은 그랬다. 모두 잠에 들어 있었던 상황이었다. 국군 전반이 그랬고, 실전의 경험이 있던 미군의 고문단도 마찬가지였다. 아무도 대비하지 않은 전쟁을 치를 참이었다. 상대는 오랜 훈련과 기다림 끝에 전선을 넘고야 말았던 김일성의 군대였다.

럭키스트라이크 담배는 손끝에서 자꾸 타들어갔다. 내 마음도 그렇게 타들어가는 듯했다. 육군본부 핵심 참모 한 사람은 그렇게 준비 없이 전쟁을 맞았던 우리의 모습을 생생하게 일깨워주고 있다. 그 역시 전날의 장교구락부 연회에 참가한 뒤 새벽까지 술을 마셨던 모양이다.

전쟁이 터진 다음날이었다. 전쟁을 치르는 데 없어서는 안 될 그가 나타나지 않아 지휘부는 한동안 애를 태웠다고 한다. 헌병이 그가 살고 있던 동네를 샅샅이 뒤졌다고 한다. 전화조차 가설하지 않은 상황이라서 그랬다. 결국 그는 마이크로 가두방송을 하고 다닌 헌병 덕분에 전쟁이 벌어지고 한참 뒤 집을 나와 육본으로 향했다고 한다.

전쟁에서 지지 않으려면 적을 얕보지 말아야 한다. 그러나 당시 대한민국은 그 점을 너무 수월하게 깨고 말았다. 누구든 제대로 전선에 서있던 적의 실체를 보려하지 않았다. 게다가 김일성 군대의 역량을 아주 얕잡아보고 있었다. 전쟁은 따라서 적의 의도에 의해 흘러갈 태세였다.

황급히 올라온 미군 선두

김일성이 일으킨 전쟁이었다. 그러나 나는 그 배후에 버티고 있는 존재는 소련이라는 점도 잘 알았다. 김일성의 야욕은 소련의 후원이 없는 상태에서는 그다지 대단하지 않을 수 있었다. 임진강 철교가 내려다보이는 언덕에서 내가 잇따라 담배를 피워 물며 깊은 불안감에 빠졌던 것은 사실 그 점에 기인하는 바가 적지 않다.

치밀했던 김일성의 전쟁 준비

나는 평양에서 월남하기 전에 조만식 선생의 비서로 있으면서 소련군을 예의 주시했다. 아울러 그들이 움직이는 모습을 자세히 살핀 적이 많다. 해방을 맞이하기 전 만주 일대에서 당시 막강했던 일본 관동군을 동서로, 북남으로 협격挾擊하는 소련군의 전술도 이미 자세히 들여다 본 경험이 있다. 그들은 아주 강했다. 힘이 매우 강했고, 전법이 아주 거칠었다.

　　그래서 내 불안감은 자꾸 깊어만 갔다. 전쟁은 아주 높은 강도로 벌어질 태세였다. 게다가 우리는 준비도 제대로 없이 그 전쟁에 나서야 할 형국이었다. 김일성 군대의 작전계획은 3,000여 명에 달하는 소련의 군사고문단이 짠 내용이다. 제2차 세계대전에서 수많은 야전을 치르며 성장한 소련의 군대가 짠 작전계획이 허술할 수 없었다. 김일성 군대는 그에 올라타 치열한 공세에 나설 것이다.

　우리의 상황은 어땠나. 나는 지금도 그 장면을 기억한다. 전쟁이 터지기 직전 우리 군대는 겨우 105㎜ 야포를 들여와 용산에서 광나루 쪽으로 시험 사격을 벌였다. 적이 압도적 전력의 우위를 지니게끔 만든 소련제 전차도 우리에게는 없었다. 1948년 대한민국 건국 뒤 군대의 편제가 제대로 섰다고는 하지만, 무기와 인력 및 장비 등에서는 보잘 것이 없었다.

　우리의 강력했던 요청에는 아랑곳하지 않고 미군은 자신의 무기와 장비를 건네는 데 아주 인색할 뿐이었다. 그때 우리 군의 대부분 지휘관은 전쟁을 예상하고 있었다. "언젠가는 저들이 꼭 쳐들어온다"고 말하는 사람이 대부분이었다. 그러나 그 시기가 문제였다. 언제

1947년의 평양

어떻게 닥칠지에 대해서는 입장이 달랐다. 그러나 1948년 나는 정보 국장으로서 전선의 동향을 자주 접했다. 김일성 군대가 전쟁을 준비하는 정황은 여러 경로로 잡혔다.

육군과 해군, 공군의 사관학교가 우리보다 훨씬 빨리 들어섰다. 가장 뚜렷한 동향은 길을 닦는 작업에서도 읽혔다. 남침을 위한 요로要路가 북한 전역에서 새로 닦였다. 전쟁 정황은 그로써 충분히 읽을 수 있었다. 1948년에는 해방 전 만주군에서 근무하다가 김일성에게 합류한 이기건과 박림항 등이 북한 지역을 탈출해 대한민국에 귀순하면서 전쟁에 관한 정황이 훨씬 자세하게 전해졌다.

다리까지 떨렸던 기억

그들은 우리에게 아주 상세한 정보를 귀띔했다. 우선 철도경비대를 창설한 북한은 전쟁을 위해 싸우다가 죽는 군인들을 위한 유족 학교도 건립했다. 해방 직후부터 착수한 작업들이었다. 그들은 5년 동안 치밀하게 전쟁을 위한 준비를 벌여왔던 셈이다. 도로와 함께 통신 시설도 전쟁 전에 이미 충분할 정도로 구비했다고 알고 있다.

그런 치밀한 준비가 모두 스탈린이 이끄는 소련의 지원 아래 펼쳐졌다는 점이 가장 마음에 걸렸다. 준비를 마친 김일성 군대를 깔보는 것은 아니었다. 그 뒤를 받쳐주는 소련이 문제였다. 따라서 나는 이 땅에서 전쟁이 벌어지면 미군의 개입이 가장 중요하다고 늘 생각했었다. 그러나 미국의 방어 전략에는 대한민국이 들어있지 않았다. 전쟁이 벌어지기 직전인 1950년 1월 미 국무장관 딘 애치슨(Dean Acheson, 1893~1971)이 선언한 미군의 방어선에는 일본까지만 들어있었다.

미 군사고문단과 그 가족들이 일부 남아있기는 했으나, 미국은 '애치슨 라인' 선포로 사실상 한국을 자신의 방어 지역에서 제외한 상태였다. 그러니 전쟁이 벌어진 그 날의 내 심사는 착잡하기 짝이 없었다. 전력의 불균형은 아는 사람은 다 아는 사실이다. 거기다가 믿었던 미국이 발을 빼는 형국에서 드디어 터지고 만 전쟁이었다.

그런 여러 생각이 미치면서 나는 국군 1사단의 미 고문관 로크웰 중령으로부터 담배 석 대를 빌려 연신 피웠다. 로크웰 중령은 그런 내 심사를 어느 정도 읽었는지 모르겠으나, 내가 달라는 대로 담배를 건넸다. 이어서 나는 발길을 돌렸다. 전쟁 전에 파주 일대의 학도호국단 1,000여 명의 학생을 동원해 건설한 주방어선의 참호가 있는 곳이었다.

그곳에는 파평산이 있다. 파평 윤씨尹氏의 대종大宗이 있는 곳이다. 나는 그 파평산을 중심으로 인근 적성에까지 이어지는 긴 참호를 파도록 했다. 그곳을 둘러보려는 생각이었다. 길에서 파평산으로 조금 올라가면 지금도 그 참호는 보인다. 나는 그 낮은 언덕을 올라가는데 휘청거렸다. 다리가 왠지 모르게 떨렸다. 후들거리는 다리가 순간 창피하다는 생각이 들었다.

로크웰 중령도 내 뒤를 따랐고, 1사단의 참모 몇 명도 나를 좇아 파평산에 오르고 있었다. 나는 떨리는 다리를 감추려고 애를 썼다. 그러나 다른 사람들도 착잡한 심정으로 산을 오르기 때문이었는지 내 다리의 떨림을 눈치 못한 듯했다. 알고서도 모른 척하는 것일 수도 있었겠다.

참호는 건재했다. 그곳에서 주방어선을 형성하면 적이 임진강을 넘더라도 당분간은 버틸 수 있다고 생각했다. 속으로는 '정신을 제대로 차리자'고 수도 없이 되뇌었지만, 다른 한편으로는 '이 전쟁을 도대체 어떻게 치를 수 있을까' '미군은 참전할 것인가'를 반복해서 생각했다. 그러면서 다리의 떨림은 차츰 잦아들었다.

등을 돌린 미군

참호를 둘러보고 내려왔다. 나는 일행들과 파주의 전방지휘소로 돌아왔다. 나름대로 방어 전략을 구상하느라 깊은 생각에 잠겨 있었던 내게 로크웰 중령이 머뭇거리는 기색을 보이면서 다가왔다. 마치 내게 무슨 중대한 말을 꺼내려는 모양새였다. 나는 그를 바라봤다. 로크웰 중령은 나를 바로 보면서 "사단장, 지금 명령을 받았다. 우리는 이제 모두 돌아가야 한다"고 말했다. 맑은 하늘에서 벼락이 치는 듯한 느낌이었다. 나도 모르게 고함을 치듯 말했다. "아니, 이게 무슨 소리냐!

전쟁이 터진 뒤 북한 공군의 공습을 받아 불에 타고 있는 김포의 미 수송기

당신들은 전쟁이 나면 도와주겠다고 하지 않았느냐? 지금 와서 무슨 말을 하고 있는 거냐"고 했다.

　미군은 전쟁이 발발하기 전에 여러 경로를 통해 "대한민국이 침략을 당하면 반드시 돕겠다"고 했다. 미국 정부도 그런 의사를 여러 번 강조했고, 한국에 와 있던 미 군사고문단도 그 점을 자주 언급했다. 그런 미군이 정작 전쟁이 벌어지자 완전히 철수를 결정했다는 얘기를 전하고 있었다. 로크웰은 내 외침과는 상관없이 "그래도 이제 작별 인사라도 해야 한다"며 악수를 청했다.

　그는 내 손을 잡아 악수한 뒤에 길을 떠났다. 나와 함께 타고 왔던 지프에 올라 길을 떠나는 로크웰 중령을 바라봤다. 전방지휘소 밖이었다. 멀리 사라지는 로크웰의 그림자를 바라보면서 나는 급기야 눈

물을 떨어뜨리고 말았다. 나약함의 표현일 수도 있겠다. 그러나 나는 그를 따질 겨를도 없이 그저 눈물을 흘리고 말았다. 누가 지켜보는지를 따질 경황도 내게는 없었다.

큰 불안감 때문에 흘렸던 눈물이었을 게다. 내가 죽고 내가 사는 것은 부차적인 일이었다. 모든 것을 빼앗길 수 있다는 불안감이 더 컸다. 내가 거느린 9,000여 명의 사단 병력, 내가 지키고 있던 개성 이남 임진강 일대의 지역, 그리고 대한민국의 운명….

전쟁의 성격은 분명했다. 김일성의 배후에 도사리고 있는 소련의 힘에 주목하지 않을 수 없었다. 그런 상황에서 터진 전쟁으로부터 미군은 등을 보였고, 신생 대한민국의 준비조차 불충분한 군대가 나서서 전선에 홀로 서야 한다는 점이 불안했다. 눈물을 좀체 보이지 않는 나였으나 그 상황에서는 어쩔 수 없었던 모양이었다.

그러나 싸울 수밖에 없었다. 적은 이미 개성을 점령한 뒤 대규모 공세를 벌이는 중이었다. 개성을 지키고 있던 12연대는 계속 연락이 끊긴 상태였다. 포병대대가 전쟁 전에 개성에서 수색으로 이동한 게 그나마 위안이었다. 포병대대장 노재현 소령의 건의를 받아들인 덕이었다. 그는 정비를 위해 대대를 수색으로 이동시키는 게 좋다는 제안을 했고, 나는 일선의 책임자 의견을 중시해야 한다는 원칙 때문에 그를 수용했다.

문제는 임진강 철교였다. 언제 그곳을 끊어 적의 진로를 일단 막아야 하느냐가 중요했다. 그러나 개성 전면에 있던 12연대가 강을 건넌 뒤에 끊어야 했다. 나는 다시 12연대와의 연락 상황을 물었다. 역시 소식이 없었다. 공병대대장 장치은 소령은 "철교 폭파 작업을 완료했다"고 보고했다.

엉뚱했던 작전 명령서

나는 지금도 우리가 적의 침략에 맞서 제대로 싸우지 못하는 민족이라는 생각을 하지 않는다. 비록 준비가 없었고, 전쟁을 예견치 못했던 우를 범했더라도 우리는 싸움에 관한 한 그렇게 호락호락한 민족이 아니다. 문제는 누가 나서서 그를 잘 조직하고 훈련하느냐 하는 문제였다. 아쉽게도 우리는 그런 점을 미리 챙기지 못했다.

임진강 철교 폭파 실패

비상경계령을 해제해 부대 밖으로 외박과 휴가를 나갔던 1사단 장병들은 부지런히 전선으로 모여들고 있었다. 그러나 중대한 결정이 하나 남아 있었다. 어느 시점에 임진강 철교를 폭파해 적의 진로를 막느냐 하는 점이었다. 공병대대장 장치은 소령은 철교 폭파 준비를 마쳤다고 보고한 상태였다.

25일 오후 3시가 넘어서 개성 전면을 방어하던 전성호 대령의 12연대가 철교를 통해 강을 넘기 시작했다. 전성호 대령은 이미 53세의 '고령'에 속하는 지휘관이었다. 그럼에도 분전을 거듭하다가 얼굴 등에 피를 많이 흘리는 부상을 입고 겨우 강을 넘어오고 있었다.

나는 그를 즉각 후방으로 이송토록 했다. 대신 1948년 정보국장 시절 나와 함께 일했던 김점곤 중령을 후임 12연대장으로 보내달라고 육군본부에 요청했다. 나는 12연대 후퇴 병력이 거의 모두 다리를 건 넌 뒤에 "철교를 폭파하라"고 지시했다.

불운은 늘 겹쳐서 다가온다고 했다. "폭파 준비를 완료했다"고 했던 장치은 공병대대장의 호언장담과는 달리 임진강 철교 폭파음은 들리지 않았다. 중대한 실책이 생겨났던 것이다. 전차를 앞세운 적의 주력을 막아서는 데 결정적인 역할을 할 수 있었던 철교 폭파는 그렇게 헛수고로 돌아가고 말았던 것이다.

적은 전차를 앞세우고 강을 건넜다. 25일 저녁에는 본격적으로 우리 전면에 출현하기 시작했다. 나는 이튿날 한낮에 강을 건넌 적의 전차를 멀리서 볼 수 있었다. 소련제 T-34 전차의 기능은 당시로서는 탁월했던 듯하다. 철갑의 두께와 기동성 등에서 당시 전차로서는 첨단의 기능을 갖춘 것이었다.

우리로서는 할 수 있는 방법을 모두 동원하는 수밖에 없었다. 전차를 처음 보는 장병들이 대부분이었으나, 그냥 겁에 질려 후퇴할 수는 없었다. '육탄 돌격'이라는 말이 신화처럼 들릴 수도 있겠으나, 하다가 끝내 달리 방법을 찾지 못하면 몸에 직접 폭탄을 지니고 뛰어드는 수밖에 없었다.

당시의 1사단 장병들은 모두 비장했다. 어떻게 해서든 적의 진공로를 막아 서울이 적의 수중에 넘어가지 않도록 해야 했다. 그러나 파상적인 적의 공세는 멈출 기색이 없었다. 26일은 남진하는 적이 13연대와 11연대의 저항을 받아 주춤했다. 우리는 파평산에 설정한 주저항선의 진지에서 기관총을 쏘면서 적의 진출을 방해했다.

전차를 향해 육탄 돌격

특공대를 별도로 모집했다. 직접 수류탄 등을 손에 쥐거나 몸에 두른 다음에 적의 전차를 공격하는 요원들이었다. 약 30여 명이 모여들었다. 이들은 2개 분대로 나뉘어 적진으로 향했다. 직접 적의 전차가 진출하는 도로로 바짝 접근한 뒤 전차에서 가장 방비가 약한 궤도에 수류탄을 던져 넣는 공격을 벌였다. 나름대로 효과가 있었다. 적의 전차 일부가 도로에서 방향을 틀어 주변의 마을로 들어서는 모습도 보였다. 궤도가 우리의 공격 때문에 망가졌던 것이다.

공병대대 장치은 소령은 임진강 철교를 제 때에 폭파하지 못한 부담감 때문에 공병대대 자체 병력으로 특공대를 구성하기도 했다. 이들은 야밤에 적의 진영으로 진입해 전차를 파괴하러 길을 떠났다. 그러나 전차를 발견하지 못해 적의 중화기 몇 점을 노획한 뒤 돌아오는 성과만을 거뒀다.

나중에 박정희 대통령 밑에서 마지막 국방부 장관을 지낸 노재현

전쟁 초반 낙동강 전선에서 급히 이동해 진주에 도착하고 있는 미 25사단의 모습

포병대대장의 활약도 상당했다. 그는 후에 대한민국 육군의 포병양성에 상당한 역할을 하는데, 당시 내 밑에서 1사단 포병대대를 이끌고 있었다. 그는 우선 사격술이 좋았다. 우리가 운용하고 있던 야포는 105㎜였다.

노재현 소령은 105㎜를 동원해 곡사曲射 형태로 포물선을 그으며 포탄을 공중으로 날려 적의 전차를 공격했다. 사격술이 좋았던 덕분에 아군의 포탄은 용케도 적의 전차에 명중하거나 궤도 등 취약한 부분에 타격을 가했다. 26일의 전세는 그에 따라서 다소 소강의 상태를 보였다. 적은 임진강을 넘었지만 1사단의 저항에 주춤거리고 있었다.

그러나 우리의 분전奮戰에는 한계가 있었다. 아무래도 소련의 강력한 지원 덕분에 저들은 전차와 압도적인 야포 및 중화기로 무장한 상태였다. 정신력에 기대 전쟁에 나서는 일은 그 앞에서 뚜렷한 한계를 드러낼 수밖에 없었던 것이다. 25일 등을 보이며 "철수명령을 받아 떠난다"고 했던 미군 고문관이 이튿날 느닷없이 돌아왔다. 12연대 미고문관으로 있던 마이크 도노반 소령이 "철수명령이 갑자기 취소됐다"며 돌아왔던 것이다.

나는 그 점이 아주 반가웠다. 전선의 모든 상황을 관리하느라 경황이 없었지만 나는 머릿속으로 항상 그 점을 생각해야 했다. 1944년 만주군 중위로 복무하고 있을 때 중국 선양瀋陽에서 병이 생겨 군 병원에 입원한 적이 있었다. 그때 나는 인상적인 한 장면을 목격했다.

병원 뜰에 나가 쉬고 있던 나는 사이렌 소리가 울리자 눈을 들어 하늘을 봤다. 미 공군기의 출현 때문이었다. 먼 하늘 한 구석에 미국 비행기의 모습이 보였다. B-29 폭격기의 형체였다. 거리가 멀어 아주 작게 보였지만, 당시 세계 최강의 폭격기로 알려졌던 B-29의 모습은 제법 뚜렷했다.

선양 인근에 주둔하고 있던 일본 전투기들이 급발진해서 먼 하늘의 B-29를 향해 날아올랐다. 일본 전투기들은 한동안 열심히 B-29를 향해 다가갔다. 그러나 어느 정도의 고도에 이르러서는 그만 하강을 반복해야 했다. B-29가 비행하는 고도에 채 미치지 못했던 것이다.

나는 그 무렵에 세계 최강을 향해 앞으로만 치닫던 일본군이 곧 패망하리라는 점을 알 수 있었다. 미국이 최강의 국력으로 일본으로서는 도저히 따라잡기 힘든 전비戰備를 확보하고 있다는 점도 그때 직접 눈으로 확인했다. 조그만 사실일 수는 있지만, 어떻게 보면 매우 상징적인 B-29와 일본 전투기의 조우 장면이었다.

이해할 수 없는 명령서

나는 그런 점 때문에 미군의 개입 여부에 초미의 관심을 기울이고 있었다. 신생 대한민국은 어차피 김일성의 야욕에 따라 전화戰火에 휩싸였다. 그러나 그 배후가 문제였다. 미국에 버금가는 소련이 그 뒤를 지탱하고 있는 한 신생 대한민국 또한 강력한 후원자가 필요했다.

'현대전'은 내가 60여 년 전 전쟁을 치르면서 줄곧 머릿속으로부터 떠나지 않던 개념이었다. 단순한 병력과 화력으로 상대를 제압하는 차원보다는 훨씬 멀리 나가 있는 전쟁의 개념이 현대전이었다. 병력과 화력은 물론이고, 그 뒤를 받쳐주는 보급과 공병工兵의 역할이 부재하면 현대 전쟁에서는 자신을 지킬 수 없다.

그러나 그런 복잡한 생각만을 할 수 없었다. 당장 눈앞에서 김일성 군대의 침공이 벌어지고 있었으니 말이다. 그런 와중에도 나는 12연대 미군 고문관 도노반 소령의 복귀가 정말 반가웠다. 그러나 미군 고문관이 돌아왔다고 해서 당장 전세를 뒤집을 수는 없는 노릇이다. 본격적인 미군의 참전이 있기 전에는 전선의 적을 우선 물리쳐야 했다.

그러나 27일 들어서면서 전세는 더욱 험악해졌다. 도저히 버틸 수 없을 만큼 적의 공세는 줄곧 강한 힘으로 이어졌고, 그에 맞서 싸우려는 아군의 힘은 자꾸 바닥을 향해 주저앉고 있었다. 27일에는 최후 저지선인 봉일천으로 모두 후퇴했다. 전방 지휘소를 봉일천초등학교로 옮겼다. 이곳을 허물면 더 이상 갈 곳이 없었다.

마침 육군본부 전략지도반장 김홍일 소장이 봉일천 지휘소를 방문했다. 내 전황보고를 듣고 난 뒤 그는 "그래도 참 잘 싸웠다. 그러나 의정부 방면이 이미 허물어졌다. 적에게 포위될 염려가 있으니 이제 한강 이남으로 철수해야 좋지 않느냐"고 했다. 나도 그 점을 생각하고 있었다.

의정부 7사단이 이미 적에게 뚫린 상황이었다. 따라서 지체할 경우 적에게 둘러싸일 위험은 충분했다. 나는 김홍일 소장에게 "육군본부로 돌아가시면 총참모장에게 후퇴를 건의해 달라. 명령이 있어야 움직일 수 있다"고 부탁했다. 그는 "알았다"며 돌아갔다.

그날 저녁 늦게 육군본부로부터 명령서가 도착했다. 후퇴를 허가한다는 내용인줄 알았다. 그러나 내가 펴든 명령서에는 '현재 위치를 사수하라'고 적혀 있었다. 아주 엉뚱한 내용의 명령서가 도착했던 것이다. 무슨 영문인지 도대체 알 수가 없었다.

중국 국민당 군대에서 장성까지 올랐던 김홍일 장군

시흥에서 마주친 맥아더 행렬

채병덕 총참모장을 비롯한 대한민국 육군 지도부는 1950년 6월 28일 새벽 2시 경, 그러니까 한강 인도교를 폭파하기 직전의 시간에 이미 강을 넘었다고 했다. 당시 전선에 있던 나는 그런 동향을 알 수 없었다. 그러나 한강 이북에 아직 숱하게 많이 남아 있는 국군과는 상관없이 지도부는 강을 넘고 다리를 폭파했던 것이다.

나흘 버틴 전선에서의 후퇴

다리를 끊는 일, 서두르다가 많은 인명을 냈고, 전방에 남은 국군 전력을 고스란히 적의 수중에 넘겨줄 수도 있었던 까닭에 많은 사람들이 당시의 육군본부 결정을 비판하고 있다. 나 역시 다리를 서둘러 끊는 바람에 생긴 많은 인명의 희생, 육군 전력의 손실 등을 두고 볼 때 한강 다리 폭파가 큰 아쉬움으로 남아 있을 수밖에 없다.

그러나 솔직히 말하자면, 당시 대한민국의 실력이 그 정도에 불과했다는 점도 인정해야 한다고 본다. 채병덕 총참모장은 실전 경험이 없었던 지휘관이었다. 아니 그를 포함해 당시 대한민국 육군에 전쟁의 경험을 제대로 갖춘 인물은 거의 없었다. 김일성의 기습적인 남침까지 벌어진 마당이었다. 차분하게 후퇴를 이끌면서 전쟁을 지휘할 사람은 아무도 없었다고 봐도 좋다.

전쟁 발발 직전 미 극동군 사령관이었던 맥아더 장군. 그는 단호한 참전 촉구로 위기에 빠진 대한민국에 커다란 도움을 줬던 인물이다.

그 점은 나중에 기회가 오면 자세히 언급하기로 하자. 어쨌든 다리는 끊겼고, 내가 이끄는 국군 1사단의 후방은 어느덧 동두천으로 진입한 북한군에 의해 흔들리고 있었다. 나는 한강 다리가 끊겼던 28일 아침까지 파주 남쪽의 봉일천에서 전쟁을 지휘했다. 또 밀릴 태세였지만, 육군본부는 내게 '현 전선을 사수하라'는 명령서를 보낸 터였다.

정신을 가다듬어 전선 상황을 지켜보고 또 지켜봤지만 대세大勢를 돌리기에는 우리의 역량이 너무 부족했다. 그럼에도 문산 일대를 탈환한다는 작전계획을 세웠다. 어떻게 해서든지 적의 예기를 꺾고 밀렸던 지역을 되찾으려는 생각이었다. 28일 아침이었다. 떨어진 탄약을 보충하기 위해 서울로 갔던 군수참모 박경원 중령(중장 예편, 내무부 장관 역임)이 빈 트럭으로 지휘부로 돌아왔다.

박 중령은 "녹번리에 갔더니 서대문형무소에 있던 죄수들이 다 풀려나고 거리마다 이미 붉은 깃발이 걸렸다. 서울에 북한 인민군이 다 들어와 탄약 수령은 전혀 엄두조차 낼 수 없었다"고 보고했다. 절망감이 지휘부를 휘감았다. 이어 포병대대장 노재현 소령이 찾아왔다.

절망감에 또 흘린 눈물

노 소령은 내게 "이제 포탄이 다 떨어졌다"고 보고했다. 작전계획은 세웠지만 그 작전을 수행할 아무런 힘이 내게는 남아 있지 않았던 것이다. 또 절망감에 젖었다. 노재현 소령의 보고는 마지막으로 버텼던 내 기운을 모두 빼버리는 내용이기도 했다. 나는 앞에 섰던 노 소령의 어깨를 안았다. 그리고 또 허무한 마음에 눈물을 흘리고 말았다.

봉일천초등학교에 차렸던 지휘본부에서는 약 300m 앞에 조그만 야산이 보였다. 28일 아침이었다. 나는 문득 시선을 들어 그 야산을 보고 있었는데, 말에다가 장비를 실은 적의 병력이 그 위로 올라가는 장면이 눈에 들어왔다.

이어 그들이 사격을 가하기 시작했다. 기관총 총탄이 지휘부의 벽면에 맞아 마구 떨어지고 있었다. 나와 지휘 참모들은 건물 반대편으로 뛰어나갔다. 봉일천을 건넜다. 참모 여럿을 모아두고 나는 노상에서 작전회의를 열었다. 마침 봉일천 저 건너편으로 미군 공군기가 날아갔다. 이어 비행기로부터 폭탄 몇 발이 떨어졌다.

이제 물러나야 할 시간이었다. 나는 함께 모인 참모들에게 "이제 한강을 넘어서 후퇴해야 할 수밖에 없다. 전면에서 작전 중인 모든 부대원들에게 각자 한강을 넘어 시흥에 집결하도록 지시를 내려라. 각자 한강을 건너 시흥 보병학교에 모여 항전하고, 그마저 어렵다면 마지막에는 지리산에서 모이자. 지리산에라도 들어가 최후까지 싸워야 한다"고 말했다.

그렇게 흩어진 국군 1사단은 각자 한강으로 향했다. 나도 사단 참모 몇 명과 함께 강 쪽으로 이동했다. 이포 쪽으로 강을 넘자는 11연대장 최경록 대령의 의견과 행주나루 쪽으로 강을 건너자는 15연대장 최영희 대령의 의견이 나왔다. 결국 일제 때 징병으로 군대에 가서 수색 일대에 근무한 경험이 있던 최영희 대령의 의견을 따라 우리는 저녁 무렵 행주나루에서 강을 건넜다.

당시 내 모습은 말이 아니었다. 전투복 차림이 아니었다. 25일 아침 집을 나서던 때의 정복 차림 그대로였다. 나흘 동안 전선에서 버텼으나 밥을 제대로 먹었는지 기억조차 없다. 그저 배가 고팠고, 갈증도 심했다. 발이 유독 아팠다. 신발을 벗어서 보니 피가 흥건했다. 집을 나서면서 신고 나왔던 단화 밑창으로부터 못이 솟아나와 발에 상처를 냈던 것이다.

행주나루로 우리를 이끌었던 최영희 대령은 굶주린 우리를 위해 닭을 구해왔다. "닭을 삶아왔다. 그동안 끼니를 제대로 때우지 못했으니 드시고 가자"고 했다. 배는 고팠지만 차마 그 닭에 입을 댈 수 없었다. 전선에 아직 많은 병사가 있어 후퇴를 제대로 할지 알 수 없는 상황이었다. 사령관이 그런 상황에서 배가 고프다고 닭을 집어들 수는 없었다. 당시의 내 심정은 그랬다.

눈치가 빨랐던 부관 김판규 대위가 논의 물을 떠왔다. 갈증이라도 풀라는 배려였다. 그 물이 참 달았다. 물조차 제대로 마시지 못했던 모양이었다. 한강의 어느 구간에 가서는 타고 있던 지프도 강물로 밀어 넣었다. 전방에서 쫓아오는 북한군의 눈에 띄지 않기 위해서였다. 그렇게 우리는 밤새 걸었다.

시흥에서 본 미 장군의 행렬

영등포 쪽으로 도착한 우리는 시흥을 향해 계속 걸었다. 아침 동이 틀 무렵에 우리는 시흥역에 닿았다. 거리는 분주했다. 이리저리 군용 지프가 오

가고 있었다. 시흥역에 도착한 나는 피로에 젖어 제대로 운신할 수 없었다. 낯익은 미군 장교가 눈에 띄었다.

로버츠 미 군사고문단장의 부관 메이 중위였다. 그는 나중에 내 곁을 자주 지키는 고문관의 한 명이었지만, 당시로서는 정보국장 시절 잠시 대면했던 인연이 전부였다. 나는 메이 중위와 인사를 몇 마디 건넨 뒤 "미안하지만, 설탕이 있으면 좀 가져다 줄 수 있느냐"고 물었다. 메이는 내 말을 듣더니 잠시 뒤 설탕을 구해왔다.

나는 물에 설탕을 타서 마셨다. 도저히 기력을 차릴 힘이 없어서였다. 설탕물을 타서 먹으니 조금 기력을 되찾을 수 있었다. 내친 김에 나는 메이 중위에게 전황에 대해서 물었다. 그러자 메이는 조그만

북한군의 서울 점령 이후 한강에 남아있던 철로교를 미 공군이 공습해서 끊는 장면

목소리로 "곧 VIP가 전선 시찰을 할 예정"이라고 귀띔을 해줬다. 그 VIP가 누군지에 대해서는 말하지 않았다.

곧이어 그 행렬이 눈에 들어왔다. 미군의 헌병 지프가 대열을 이끌면서 거리를 지나갔다. 그 뒤로 호위 행렬이 이어지면서 먼지가 자욱하게 일었다. 누가 그 차에 타고 있는지를 알 수는 없었다. 나중에 안 일이지만, 더글라스 맥아더 장군이었다. 메이 중위와 나는 그 대열이 먼지 속으로 사라지는 장면을 끝까지 지켜봤다.

메이는 설탕물을 마신 뒤 조금 기력을 찾은 내게 "미군은 한국을 지원할 것이다. 함께 힘을 내자"고 격려했다. 그 말을 듣고 나니 조금 안심을 할 수 있었다. 그러나 당장 피로가 몰려왔다. 기력은 조금 회복했으나 잠이 쏟아졌다. 움직이기조차 힘이 든 상태였다. 나는 시흥역에서 잠에 빠졌다. 두 세 시간을 잤을까. 다시 일어나 보병학교로 향했다. 그곳에는 한강 방어 작전을 주도하는 김홍일 장군의 사령부가 들어서 있었다.

거리에서는 그때서야 비로소 "맥아더 장군이 전선을 시찰하기 위해 영등포 전선을 방문했다"는 말이 들려오고 있었다. 그로써 미군의 개입은 기정사실화하는 듯했다. 그러나 우리는 적이 한강을 넘어서지 못하도록 발을 묶어야 했다. 나는 보병학교에 도착해 옷을 겨우 갈아입을 수 있었다. 신당동 집을 나설 때 입었던 정복과 단화를 벗어버리고 군복과 군화로 갈아입었다.

보병학교에 설치한 지휘부의 이름은 '시흥지구 전투사령부'였다. 한강 이북에서 밀려 내려온 국군 병력을 수습해 부대를 재편성한 뒤 방어 작전에 나서도록 지휘했던 곳이다. 나는 김홍일 장군부터 찾아갔다. 어떤 어투였는지는 모르겠으나 나는 따지듯 그에게 물었던 듯하다.

"사단을 방문했을 때 내가 했던 후퇴 건의를 왜 묵살했느냐"는 내용이었다. 나는 전선시찰을 위해 1사단을 방문했던 그에게 "채병덕 총참모장의 후퇴 명령이 필요하니 꼭 건의해 달라"고 부탁을 했었다. 그러자 김홍일 장군은 "전화기까지 들어 후퇴 명령을 내리라고 다그쳤지만 채 총참모장이 그에 응하지 않았다"고만 설명했다.

북한군에 혼쭐난 미군

김홍일 장군에게 더 따져봐야 헛일이었다. 이미 물은 엎질러진 상태였으니 말이다. 김홍일 장군은 내게 제안 하나를 건넸다. "여기 남아 김포 지구 전선방어를 맡아달라"는 얘기였다. 내가 이끌던 1사단의 경우는 매우 참혹했다. 다른 전선에 섰던 국군 전투사단 역시 북한군에게 밀린 점에서는 마찬가지였다.

지프를 구걸하다

그러나 1사단은 야포와 트럭을 비롯한 중장비와 교통수단, 그리고 기관총 등 중형 무기 등을 제대로 건사하지 못했다. 한강 다리가 끊기는 바람에 개인 화기를 제외한 다른 일체의 무기와 장비를 가져오지 못한 상태였다. 더구나 사단 병력 모두는 뿔뿔이 흩어져 한강을 넘었다. 그런 병력들이 내가 마지막에 지시한 대로 한강을 넘어 시흥에 제대로 집결할지도 알 수 없는 상황이었다.

그런 내 형편을 보고 던진 김홍일 장군의 제안이었을 게다. 전쟁 중에도 지휘관은 제 병력을 잘 거둬야 한다. 부하들을 이끌고 있지 못한 지휘관은 다급하기 짝이 없는 전시 중엔 제 힘을 발휘할 수 없다. 게다가 나는 부하들과 한 약속이 있었다. "시흥에서 집결해 싸우자. 그러다가 밀리면 지리산에라도 들어가 최후의 순간까지 싸우자"고 말하지 않았던가.

그런 점에 생각이 미쳤다. 나는 김홍일 장군의 제안을 들은 뒤 "배려는 고맙지만 나는 1사단과 운명을 함께할 것"이라며 거절했다. 김홍일 장군은 그런 내 말을 들은 뒤 "알겠다"고 한 뒤 나를 대신해 15연대장을 맡고 있던 최영희 대령을 그 자리로 보내겠다고 했다.

오후에 나는 영등포 쪽으로 나가봤다. 아직 강을 넘지 못했던 적과의 교전이 벌어지는 지역이었다. 나는 그곳에 가서 뿔뿔이 흩어져 강을 넘어왔던 부하 장병들을 모집할 생각이었다. 아무것도 지니고 온 게 없어 도보로 영등포를 향해 걸었다. 적은 그곳 일대에 맹렬하게 포격을 가하고 있었다. 노량진 일대 역시 마찬가지 상황이었다.

6.25전쟁 때 지휘관들이 애용했던 군용 지프

사육신묘가 있는 곳을 지날 때 우연스럽게도 그곳을 방어하고 있던 기갑연대장 유흥수 대령을 만날 수 있었다. 그는 노량진 제방 위에서 37㎜포를 한강 북안으로 발사하며 전투를 이끌고 있었다. 나는 염치없게도 그를 만나자마자 이런 말부터 꺼냈다. "흥수야, 지프 한 대 내줄 수 없느냐?" 내게 급했던 것은 이동을 위한 지프였다.

그 차에 올라타 흩어져 강을 넘은 부하 장병들을 한 곳에 모아야 했던 것이다. 유 대령은 줄곧 나를 '형'으로 부르며 친근한 관계를 이어왔던 사람이었다. 그는 "형님, 그러세요. 제 차를 가져가세요"라며 자신이 타고 다니던 지프 한 대를 내줬다.

다시 모여드는 병력

이제 본격적인 수습에 나서야 했다. 나는 지프에 올라탄 뒤 영등포와 노량진, 이어 시흥 일대를 부지런히 돌아다녔다. 지프를 한 지역에 멈추게 한 뒤 "1사단 장병은 시흥 보병학교로 모이자"고 했다. 하나둘씩, 때로는 몇 명이서 함께 내가 있는 지프로 모여들었다. 모두 나와 함께 전선을 지켰던 장병들이었다. 헌병대도 길에서 후퇴 병력 수습에 나섰다. 눈물겨웠던 장면도 있었다.

개인화기가 아닌 박격포와 무거운 기관총을 어깨 등에 메고 한강을 넘어온 병사들이었다. 이들은 적에게 무기가 넘어가는 것이 아까워 촌각을 다투는 후퇴 길에서도 고생을 마다하지 않고 중화기를 가져 왔던 것이다. 어떤 장병들은 군복을 벗고 민간인 복장 차림으로 강을 넘어왔다. 부대에 합류하기 위해 갖은 방법을 동원해 강을 넘었던 것이다. 그런 장면을 지켜보는 사령관의 심정이 어땠을지는 굳이 적지 않겠다.

우리는 그렇게 조금씩, 그리고 줄기차게 모여들었다. 어느덧 모여든 부대원들은 1,000여 명을 넘어섰다. 나는 그들을 이끌고 수원의 임시 육군본부로 향했다. 당시 참모부장이던 김백일 대령이 국군 재편성 계획을 짜고 있었다. 교실 안으로 들어서면서 보니 김 대령은 칠판에다가 무엇인가를 가득 쓰고 있었다. 재편성의 내용이었다.

평소 친분이 있던 김백일 대령은 내가 나타나자 아주 반가워했다. 나는 "병력을 재편성할 때 이왕이면 내가 이전에 이끌었던 5사단을 1사단과 통합해주면 안 되겠냐"고 부탁했다. 김백일 대령은 흔쾌히 내 건의를 받아들였다. 한강 이남으로 흩어져 내려오는 국군 부대를 어떻게 해서든 재편해 전선으로 다시 보내야 하는 상황이었으니, 병력 분산이 심각한 1사단 입장에서는 아주 잘 된 일이었다.

그러나 그렇게 재편을 마쳤어도 실제 병력은 원래의 1개 사단에 훨씬 미치지 못했다. 급조라고 할 수밖에 없을 정도의 수준이었고, 병력은 물론 화기마저 제대로 갖출 수 없던 상황이었다. 그럼에도 우리는 길을 떠나야 했다. 7월 초였다. 경기도 용인 근처의 풍덕천으로 가서 적의 공세를 막으라는 명령을 받았다. 한강을 넘은 뒤 처음 재개하는 적과의 전투였다.

북한군은 서울을 점령한 뒤에 잠시 머뭇거렸다. 앞에서 이미 소개한 내용이다. 도하장비를 제대로 갖추지 못했기 때문이라는 설이 있으나 분명치 않다. 어쨌든 김일성의 군대는 서울에서 3~5일 정도를 지체했다. 채 끊지 못했던 한강철교를 통해 그들은 다시 공격을 벌이려던 참이었다.

춘천으로 공격을 펼쳤던 북한군은 그곳에서 우리 6사단에게 길이 막혔다. 따라서 춘천으로 향했던 공격 부대는 서쪽으로 수원을 향해 접근하는 중이기도 했다. 김홍일 장군의 지휘 아래 시흥전투사령부는 한강 방어 작전을 훌륭히 수행했으나, 무기와 병력 등에서 국군을 압도했던 북한군의 남진은 단지 시간상의 문제에 불과했다.

미군과 북한군의 첫 조우전

1사단과 5사단을 합쳐 새로 재편한 1사단이었으나, 내가 이끌고 있던 부대는 무기와 장비조차도 제대로 갖추지 못한 상태였다. 그럼에도 어떻게 해서든 북한군의 진공을 막아야 했다. 7월 3일 용인 풍덕천에 병력을 V자 형태로 매복시켰다. 적은 병력으로 우세에 있는 적을 상대하려면 그 방법이 가장 좋았다.

　나는 적군이 매복 지점 깊숙한 곳까지 들어섰을 때 일제히 공격을 하라고 지시했다. 풍덕천 초입에서 대열을 드러낸 북한군은 우리가

북한군의 공세가 낙동강 전선으로 집결하고 있던 무렵인 1950년 8월 초 미 해병이 마산에서 북한군 공세에 대응하고 있다.

매복한 사실을 전혀 눈치채지 못하고서 깊이 들어왔다. 마침내 공격 명령이 내려졌고, 1사단 병력은 포위망에 들어선 적에게 일제히 사격을 가했다. 북한군은 제대로 응사를 하지 못한 채 무너졌고, 결국 용인에서 수원으로 향하는 공로攻路를 포기하고 후퇴해야 했다.

대단한 전과를 올렸다고 볼 수는 없으나, 육군본부가 있던 수원으로 북한군이 다가서지 못하게 한 효과를 거뒀다. 그러나 수원에 있던 육군본부도 남행을 결정했다. 북한군 공세를 더 막아내기는 힘들다는 판단 때문이었다. 그를 따라 1사단을 포함한 국군 병력도 남쪽으로 향해야 했다.

나는 그 시절을 '유랑流浪'이라는 말로 표현한다. 1사단은 다른 사단에 비해 초라하기 짝이 없었다. 거의 모든 중장비와 중화기를 한강 이북에 남겨두고 왔기 때문이다. 타고 다닐 트럭은 전혀 없었다. 사단장인 나 혼자 노량진의 유흥수 대령으로부터 빌려 온 지프를 타고 이동했다. 나머지 모든 참모와 장병들은 도보로 걷고 또 걸었다.

정처 없이 떠돌면서 적당한 곳에 머물다가 또 길을 떠나는 유랑극단의 신세와 같았다. 이를테면 '유랑 사단'이었다고 봐도 좋다. 나는 지프에서 잠을 잤다. 장병들은 진창에 그대로 몸을 뉘었다. 당시는 장마철에 들었다. 비가 오는 날이 많았는데, 장병들은 고단한 몸을 그대로 진창에 뉘고 잠을 잤다. 밤에는 모기가 거침없이 달려들었다.

오산을 지날 때 미 24사단의 스미스 부대와 만났다. 그들은 맥아더 장군의 명령으로 급히 부산에 도착해 북상하는 길이었다. 북한군에게 "미군이 왔다"는 사실을 알리는 효과를 거두기 위해 급히 파견한 부대였다. 그로써 북한에게 미군의 참전 사실을 알리면서 전선을 묶어두자는 생각이었다.

105㎜ 야포를 이끌고 북상하던 포병 미군 고참 하사관과 말을 주고받을 기회가 있었다. 그는 매우 자신이 있다는 표정으로 "곧 북한군을 격퇴할 것"이라고 말했다. 나는 전선에 섰던 내 경험을 들려주려고 했다. 그에게 "적의 전차는 반드시 조심해야 한다"고 말했다. 그러나 그는 두려운 기색을 전혀 보이지 않았다. 북한군을 적수로 생각지 않는다는 느낌을 줬다.

이튿날 그 스미스 부대가 낭패를 당한 모습으로 우리 곁을 지나 후퇴했다. 북한군과 처음 조우했던 자리에서 그들은 그만 커다란 패배를 당했던 것이다. 싸움에서 진 뒤 급히 쫓기는 미군의 모습이 마냥 불안해 보였다. 이 후퇴가 어디까지 이어질지 장담할 수 없는 상황에서 등을 보이며 내쫓기는 미군의 모습이 내 불안감을 더 키워버리고 말았다.

미군 장성의 처절한 항전

평택에서는 열차에 잠시 올라탈 수 있었다. 운행 중인 열차가 있었던 것이다. 그러나 고된 행군을 피하는 행운도 잠시였다. 열차는 조치원에서 멈춰야 했다. 힘든 행군에서 잠시 맞았던 편안함이었다. 그래도 우리는 조치원 역에서 경사를 하나 맞았다.

고립과 분투

각자 뿔뿔이 흩어져 내려온 장병들이 조치원역에서 우리와 합류했던 것이다. 함께 열차에 타고 이동했던 병력이었을 게다. 우리가 역 앞으로 나오자 수백 명에 달하는 1사단 병력들이 몰려들었다. 나는 그들에 둘러싸인 채 짤막한 연설을 했다. "이제 이렇게 다시 모였으니 전력을 회복해 적과 다시 싸우자"는 내용이었다.

우리 1사단이 이동하는 동안 미 24사단 윌리엄 딘(William F. Dean, 1899~1981)소장이 대전에서 고전을 벌이고 있었다. 그에 앞서 오산 쪽으로 먼저 진군해 북한군과 첫 조우전을 벌였던 스미스 대대는 이미 인민군의 화력과 기동력에 밀려 뒤로 쫓겼다. 그 뒤를 이어 한국에 도착한 사단장은 금강 유역에 방어선을 설정한 뒤 북한군과 교전했다.

그는 유일하게 전쟁 중 북한군의 포로가 된 미군 장성이었다. 그는 나와 몇 차례의 인연이 있는 인물이다. 전쟁 전에 나는 강릉으로 향하던 수송기 안에서 그를 본 적이 있다. 그는 당시 한국에 주둔하던 군정장관의 신분이었다. 강릉으로 향하는 비행기는 가끔 대관령을 넘을 때 심한 기류에 크게 흔들린다.

당시 내가 타고 있던 비행기도 대관령을 넘으면서 아주 큰 기류에 휘말려 곤두박질치듯이 하강과 상승을 반복했다. 기체는 매우 심하다 싶을 정도로 흔들렸다. 정도가 아주 심각해 비행기 안에 있던 사람들은 모두 겁에 질렸다. 나도 매우 당황했는데, 얼핏 시선을 들어 보니 한 미군 장성이 아주 꼿꼿하면서도 침착하게 앉아 있는 모습이 보였다. 그가 윌리엄 딘 소장이었다.

당시 미군은 일본에 4개 전투사단을 주둔시키고 있었다. 제2차 세계대전을 승리로 이끌었던 미군은 이미 커다란 몸집을 해체한 상태였다. 일본에는 형식적으로 2개 사단을 두고 있었는데, 이미 전쟁을 잊은 군대였다. 평화롭게 일본에 주둔하면서 전쟁에 대비한 훈련은 거의 잊고 지내던 군대였다. 도쿄에 있던 맥아더는 그 중 24사단을 한반도에 급히 상륙시켜 적의 예봉을 꺾어 보려고 했던 것이다.

6월 30일 부산 수영만으로 급히 올라왔던 스미스 대대는 북한군의 상대가 아니었다. 첫 조우전에서 바로 패배해 급히 후방으로 쫓겼다. 딘 소장은 그 뒤를 이어 24사단의 주력을 이끌고 부산에 도착해 금강 유역으로 진출한 뒤 방어선을 펼쳐놓고 분전코자 했다.

미 장군의 포로 생활

그러나 미군의 군대는 벌써 전쟁을 잊은 지 오래였다. 금강 유역의 방
어선도 쉽게 무너졌고, 평택과 오산에 진출은 했으나 북한군의 전력
을 전혀 막아내지 못했다. 그럼에도 딘 소장은 대전을 사수코자했다.
대전에서 적의 기동을 막아 부산으로 추가 상륙하는 미군에게 시간
상의 여유를 보태고자 했던 것이다. 그러나 일본에서 달콤한 휴식을
취했던 미 24사단은 제 실력을 발휘할 수 없었던 듯하다. 대전이 곧

6.25전쟁이 터진 뒤 대전역 광장 모습

흔들리면서 위기에 빠졌다.

24사단은 그래도 분투를 거듭했다. 실력은 퇴색했지만 군기軍紀는 여전했다. 딘 소장이 더구나 앞장을 서서 전투를 이끌었다고 했다. 딘은 아마도 전쟁 발발 전 군정장관으로 있던 시절, 강릉으로 향하던 비행기 안에서 보였던 장군으로서의 꼿꼿함을 잃지 않았던 듯하다. 그는 정말 끝까지 자신의 본분을 다했다.

24사단은 대전을 사수한다는 마음으로 북한군에 맞서 싸우면서 3일 동안 대전을 지켰다. 그러나 워낙 압도적인 병력으로 밀고 내려오는 북한군을 막아내기에는 역부족이었다. 대전 외곽의 터널이 적에게 점령당하면서 24사단은 후퇴로가 없어졌다. 딘 소장은 스스로 3.5인치 바주카포를 들고 대전 시내 한 로터리에서 북한군의 전차에 맞섰다고 했다.

딘 소장은 그 이후로 '실종' 상태였다. 사단장이 바주카포를 손에 들고 직접 적의 전차에 사격을 퍼부어야 할 정도로 미 24사단은 곤경에 몰리면서도 우직하게 싸웠다. 그러나 전세를 뒤집기는 아예 불가능했다. 급히 한국으로 오느라 24사단은 중화기를 제대로 챙겨오지도 못한 상황이었기 때문이다.

급기야 사단장이 일선에 나서 적과 싸우다가 행방이 묘연해졌다. 딘은 바주카포로 마지막 항전을 벌이다가 북한군에 고립됐다. 그는 북한군 포위를 피해 36일 동안 헤맸다고 한다. 결국 7월 20일 대전에서 북한군과 맞서 싸우다가 행방이 묘연해진 딘 소장은 8월 25일 전라북도 무주에서 북한군에게 잡혔다.

그는 36일 동안 적의 눈을 피해 여러 곳을 다녔다. 남의 눈에 띄지 않도록 밤길만을 걸었고, 굶주림에 허덕이면서 산딸기와 감자 등으로 허기진 배를 채웠다. 대전에서 처음 고립될 때는 17명의 미군 병사와 함께 있었다. 그러나 밤길을 걷다 갈증을 풀기 위해 물을 찾다가 낭떠러지로 굴러 떨어지면서 혼자의 상태로 남았다고 했다.

그러면서도 그는 최대한의 노력과 신경을 기울여 아군이 버티고 있는 지역으로 탈출하기 위해 안간힘을 썼다. 그러나 한 차례의 밀고로 북한군에게 잡히기 일보 직전에 탈출했다가, 또 어느 지역에서는 마음씨 착한 농부로부터 삶은 닭 한 마리를 얻어먹는 '행운'을 잠시 누리기도 했다고 한다.

결국 그는 한 농민을 만나 "대구로 데려다주면 1백만 원을 주겠다"고 했다가 그의 밀고로 북한군에게 잡히고 말았다. 당시에는 이미 월튼 워커가 이끄는 미 8군의 주력이 부산으로 올라와 낙동강 전선에 강력한 방어선을 펼치고 있던 무렵이었다.

후퇴 길은 고행의 연속

그렇게 딘 소장은 전쟁 기간 중 유일무이하게 북한군에게 포로로 잡힌 미군 장성이 되고 말았다. 그는 처음에는 전주 형무소에 갇혔다가 나중에는 평양, 압록강 인근의 포로수용소, 심지어는 만주 지역으로 이동해 포로 생활을 했다. 3년이 넘는 시간이었다.

제2차 세계대전 뒤 전력은 크게 허물어진 상태였으나, 미군은 아직 그런 지휘관을 두고 있었다. 맥아더의 과감한 결정으로 부산을 통해 한반도에 올라선 미군이 짧은 기간에 낙동강 전선을 형성하면서 적을 묶어두는 실력을 발휘한 저력底力이라고 해야 옳을까. 아무튼 딘 소장은 미군 장성의 체면에 손상이 가지 않게 적을 맞아 용감하게 싸우면서 버텼다.

그와 전쟁이 끝난 뒤 만난 적이 여러 번 있다. 기억에 남는 장면은 내가 두 번째로 육군참모총장을 할 때인 1958년이었다. 나는 당시 미국을 방문할 기회가 있었다. 샌프란시스코에 들르는 김에 그곳에서 만날 수 있는 미군의 옛 전우戰友를 만나보려는 생각이었다.

샌프란시스코 육군장교회관에서 그와 만나기로 했다. 그는 전쟁 직후 포로생활에서 풀려났다. 당시 아주 수척해진 모습이 미디어를 타고 사람들에게 알려지면서 화제가 되기도 했다. 이미 몸 상태는 많이 회복한 모습이었다. 그는 자신이 압록강 근처 만포진의 포로수용소에 갇혀 있던 때를 회상했다.

포로수용소에서 앞날을 기약키 어려운 불안한 생활을 보내고 있던 무렵 수용소의 한 북한군 장교가 자신을 찾아왔다고 했다. 그는

개전 초 북한에 포로로 잡혔다가 귀환한 미 24사단장 윌리엄 딘 소장(가운데)에게 이승만 대통령이 훈장을 수여하는 모습

딘 소장에게 "남쪽의 백선엽을 아느냐"고 물었다고 한다. 딘 소장은 "잘 안다"고 대답했다고 한다. 그러자 그 장교가 모포와 음식을 남몰래 갖다 줬다는 것이다.

그 북한군 장교는 안흥만이라는 사람이다. 내가 국군 초창기의 부산 5연대장으로 근무할 때 밑에 거느렸던 부하였다. 전쟁 직후 북한군에 가담을 했지만, 나는 5연대에서 그에게 여러 가지 인생사를 상담하면서 충고를 해줬던 기억이 있다. 안흥만은 그런 나를 기억해서 딘 소장에게 친절을 베풀었던 모양이다.

전선에 급히 선 미군은 흔들리고 있었지만 딘 소장이 상징처럼 보여주듯이 싸우려는 뜻이 강한 군대였다. 그 무렵 미군은 지속적으로 부산과 포항을 통해 낙동강 전선 이남으로 속속들이 포진하고 있었다. 딘 소장이 미군 장성으로서는 유일하게 북한에 포로로 잡히는 수모를 겪는 사이 미군은 그렇게 이 땅으로 올라오고 있었다.

그러나 '유랑 사단'의 신세였던 우리는 고전을 면치 못했다. 끼니는 가까스로 때웠다. 우리 땅에서 벌어지는 전쟁이라 쌀은 물론 고추장과 된장, 채소 등을 구하는 일이 어렵지 않았다. 그러나 손에 쥐고 있는 무기가 형편없었다. 김홍일 장군이 이끄는 1군단에 배속을 받아 남행을 계속했다. 분수령인 백마령을 넘어 음성으로 진출했다가 증평과 괴산을 거쳤다.

부대원은 지속적으로 불어났다. 그러나 아직 4,000여 명 정도에 불과했다. 전쟁 전의 규모를 아직 형성하지 못했다. 복색은 남루하기 짝이 없었다. 군복을 입은 장병, 서울 등을 거쳐 빠져나오면서 입었던 민간인 복장 그대로의 부대원들도 있었다. 중화기는 거의 없었고, 소총을 지니지 못한 사병도 눈에 띄었다.

수안보에 내려온 김일성

나름대로 다짐을 했지만 적이 정말 앞에 나타날 경우 우리 1사단이
제대로 공격을 펼칠 수 있을지 자신이 없었다. 군복조차 입지 못한 군
인이 대열에 섞여 있었고, 그런 이는 대개 소총조차 제대로 지니고 있
지 못한 상태였다. 병력은 약 4,000명 정도에 이르렀으나 야포 1대조
차 보유하지 못해 일반 연대 병력에 비해서도 전투력이 훨씬 떨어져
있던 상태였다.

부럽기만 했던 6사단

그럼에도 우리 1사단은 백마령을 넘어 음성에서 6사단 7연대와 그곳
의 방어 임무를 교대해야 했다. 북한군은 수원을 넘은 뒤 역시 파상적
인 공세로 충청도 일원에 진입한 상태였다. 전체적으로 크게 밀리는
형국이었으나, 국군은 나름대로 각 지역별로 북한군의 공세를 늦추기
위해 접전을 벌이고 있었다.

국군 6사단은 전쟁 초반에 상당한 전과를 올림으로써 사기가 매
우 높은 부대였다. 춘천 지역에서 북한군 공세를 좌절시킨 유일한 국
군 사단이었기 때문이다. 아울러 6사단은 다른 국군 사단이 갖추지
못한 '장점'이 있었다. 일제 강점기를 거치면서 영월 일대는 광산개발
이 붐을 이뤘다.

6.25전쟁 개전 초의 암담한 상황에서 분투했던 미 8군 사령관 월튼 워커(왼쪽)와 미 24사단장 윌리엄 딘 소장

    그래서 꽤 많은 광물개발 회사가 그곳에 진출해 있었다. 다양한 광석을 캐내면서 그곳 일대는 당시로선 남한에서 가장 '산업화'의 속도가 빨랐던 지역이다. 따라서 차량이 아주 많았다. 광석을 실어 나르는 중소형 트럭이 전국 어느 지역에 비해 많았다는 얘기다.

    6사단은 전쟁 발발 뒤 그 광물회사의 트럭을 징용할 수 있었다. 그러니 기동력이 아주 탁월했다. 미군 전투사단에 비할 수는 없더라도 국군 사단 중 가장 많은 트럭을 징발해 사용할 수 있었던 것이다. 게다가 김종오 사단장의 탁월한 지휘력과 준비성 때문에 개전 초기에 춘천 지역을 지향했던 북한군의 공격 부대를 잘 막았다. 그러니 여러 모로 부대의 사기가 높을 수밖에 없었다.

    그런 6사단 7연대와 교대를 해 음성 지역 일부에서 북한군과 다시 싸워야 하는 게 당시 내가 이끄는 1사단의 임무였다. 기억에 남는 것은 증평을 지날 때 그곳 농협 창고에 쌀이 가득 들어 있었던 장면이었다. 우리는 오랜만에 농가로부터 돼지와 소를 사들여 증평 창고에 있던 쌀로 밥을 지어 함께 배불리 먹을 수 있었다.

화력을 구걸하다

그럼에도 7연대와 임무교대를 한 뒤 우리가 북한군과 잘 싸울 수 있을지를 두고서는 깊은 고민에 빠졌다. 임부택 대령이 이끄는 7연대는 충주시 인근의 동락리에서 한 초등학교 여교사의 제보를 이용해 북한군의 주둔 지역을 알아낸 뒤 기습을 벌여 큰 성공을 거뒀다. 1개 대대를 보내 북한군 1개 연대 병력을 섬멸했던 것이다.

이는 당시로서 매우 값진 승리였다. 북한군의 파상적인 공세에 맞서 국군이 벌인 작전 중에서 전과戰果로 볼 때 아주 두드러지는 승리였기 때문이다. 그렇게 사기가 높은 7연대와 임무교대를 하기 위해 우리는 백마령을 넘어 음성으로 진출했다. 그러나 아무래도 마음에 걸렸다.

나는 임부택 대령이 인사차 찾아온 자리를 빌려 도움을 요청키로 했다. 1사단의 전투력이 크게 떨어져 있음을 상기시킨 뒤 "임무교대 뒤에 바로 이동하지 말고 우리를 도와달라"고 했다. 7연대가 지닌 포병화력을 조금이라도 이용하면 북한군과 싸워 밀리지 않을 수 있다는 생각에서였다.

임 대령은 흔쾌히 내 부탁을 들어줬다. 7연대는 내 부탁대로 포병화력을 음성 전면의 북한군에게 집중했다. 7연대의 야포 엄호를 받으면서 우리 1사단은 전면의 적과 싸웠다. 결국 북한군의 공세는 7연대와 1사단의 공동작전으로 물리칠 수 있었다. 나는 절박했던 상황에서 내 부탁을 들어줬던 임부택 대령의 배려를 결코 잊지 못한다.

그러나 임 대령은 이 일 때문에 사단장에게 호된 꾸지람을 들었다고 한다. 부대 이동 명령을 어기고 왜 임의대로 싸움을 벌였느냐는 지적이었다. 사단장으로서는 충분히 그럴 수도 있다. 그럼에도 그런 질책의 가능성을 염두에 두지 않고 나를 도왔던 임부택 대령이 고맙지 않을 수 없었다.

상황이 이 정도라면 우리 1사단은 '유랑 사단'임에 분명했다. 빗물이 고인 진창에서 잠을 자야 했고, 모기가 사정없이 물어뜯는 잡풀 속을 헤매야 했으며, 적을 만나서는 화력이 없어 전전긍긍해야 했기 때문이다. 그래도 간혹 증평에서처럼 쌀이 든 창고를 만나 모처럼 배를 불릴 수도 있었으니 그나마 다행이었다.

다시 후퇴명령이 떨어졌다. 음성을 떠나 괴산을 거쳐 속리산 동남쪽 기슭인 경북 상주군 화령장으로 진출하라는 내용이었다. 비가 계속 내리고 있었다. 행군길도 험악하기만 했다. 화령장에 도착하기 전에 우리는 미원을 거쳤다. 현지의 조그만 우체국에 사단 지휘본부를 차리고 하루를 묵어야 했다. 내리던 비가 멈추고 오랜만에 날이 아주 개인 상태였다.

그날 밤은 유독 잠이 잘 오지 않았다. 여러 가지 번민이 머릿속을 채웠기 때문이었으리라. 사단의 운명은 캄캄한 밤에 발을 딛는 것과 같았다. 대한민국의 운명도 어둡다고만 여겨졌다. 이 전쟁을 어떻게 치러야 할까, 우리는 제대로 전쟁을 치를 수 있을까, 당장 어떻게 적과 싸워야 할까라는 생각이 끝없이 갈마들었다.

말없이 떠난 연대장

모처럼 보는 보름달이었다. 나는 미원 우체국 뜰에 나가 담배를 피워 물었다. 여러 가지 상념이 다시 찾아들었다. 특히 당시의 내 마음을 어지럽힌 것은 연대장과 참모의 이탈이었다. 개전 뒤 줄곧 11연대를 이끌었던 최경록 대령과 작전참모 한 명이 사단을 떠나버리고 말았던 것이다.

지금 상황으로서는 이해하기 어렵겠지만, 당시에는 그랬다. 전쟁 중이라 명령계통이 뒤죽박죽이기도 했다. 특히 한 부대장이 자신에게 맞는 부하를 임의로 선택해 끌고 올 수 있는 여지가 있었다. 다른 부

전쟁이 발발하자 포항으로 급히 상륙하는 미군의 모습

대에 가 있는 부하를 불러와 자신의 부대에 앉힌 뒤 육군본부에 "필요해서 데리고 왔다"라고 하면 양해가 이뤄지는 게 관례였다.

최경록 대령 등 두 사람은 전쟁 전에 예편했다가 국군의 후퇴과정에서 군에 다시 복귀한 김석원 장군을 찾아갔다. 김석원 장군은 일본 육사 출신으로 실전 경험이 풍부했던 국군 초기의 거의 유일한 지휘관이었다. 그가 수도사단장으로 다시 복귀하면서 한 때 그 밑에 있었던 최 대령 등 두 사람이 수도사단으로 가버렸던 것이다.

내 마음이 손가락에 걸린 담배처럼 타들어갔던 이유는 두 사람이 아무런 말도 없이 떠났다는 점 때문이었다. 두 사람이 원망스럽지는 않았다. 그저 1사단의 경우가 그토록 비참했던 것이다. 두 사람이야 옛 상관을 모신다는 명분이 있었다. 그러나 1사단이 번듯한 틀을 유지하고 있었다면 그들은 발길을 쉽게 떼지는 않았을 것이다.

담배를 몇 대 피웠는지는 잘 모르겠다. 인기척이 났다. 뒤를 돌아보니 작전 참모 문형태(전 합참의장) 중령이 서 있었다. 내 심사가 그런 분위기에 푹 젖었던 모양이었다. 그래서 무심코 내가 뱉은 말은 "자네도 가려는가?"였다. 그 역시 전쟁 전에 김석원 장군의 부하였다. 그러나 문 중령은 "아닙니다, 저는 남겠습니다"라고 했다.

그는 "이제 미군이 참전한 마당인데, 사령관님처럼 젊은 지휘관이 활동할 때라고 생각합니다"라고 말했다. 그의 말대로 미군은 부산에 상륙해 점차 북상하고 있었다. 그러나 어떤 전력으로 어떻게 나타날지는 미지수였다. 그렇게 미원에서의 밤은 저물었고, 이튿날 우리는 화령장을 향해 떠났다.

당시 김일성은 수안보까지 내려왔던 것으로 알고 있다. 그러면서 "8월 15일까지 부산을 점령해 통일성전을 마무리하자"고 독촉했다고 한다. 김일성은 이어 진공이 계획보다 늦춰지자 "큰 길 말고 소로小路까지 활용해 공세를 벌이라"고 주문했다고 한다. 그런 지시에 따라 북한군 정예인 15사단이 화령장 일대를 향해 공격을 벌이고 있었다. 북한군 13사단도 15사단을 도우려 그쪽을 향해 몰려오는 상황이었다.

화령장은 충청북도와 경상북도를 가르는 경계에 있다. 이곳을 적에게 내주면 상주에 이어 대구까지 큰 위협에 놓인다. 적은 그 요로를 차지하기 위해 몰려오고 있었다. 우리는 빗속을 뚫고 행군을 거듭해 시간에 맞춰 7월 20일 화령장에 간신히 도착했다.

그곳에는 미 25사단의 24연대가 이미 도착해 있었다. 부산을 통해 급히 올라와 쉴 틈도 없이 북상한 부대였다. 24연대는 흑인으로 편성한 부대였다. 그러나 그 부대의 지휘관은 백인이었으며, 성姓도 우연인지는 모르지만 White였다. 나와는 구면인 지휘관이었다.

사상 첫 한미 연합작전

호튼 화이트(Horton V. White) 미 25사단 24연대장은 내가 정보국장을 맡고 있던 1948년 처음 만난 사이였다. 당시 그는 미 군정 하의 24군단 정보국장 신분으로 업무 때문에 나와 자주 만났다. 나는 처음 맡는 정보국장으로서 정보 계통의 업무를 확립하는 데 필요한 사안을 그에게 여러 번 자문했다. 그는 내 도움 요청에 성심껏 응했다. 그로부터 많은 충고를 듣고, 그가 제공하는 여러 자료로 인해 정보국의 업무를 신속하게 튼튼한 토대 위에 올릴 수 있었다.

처음 본 155㎜의 위용

나는 그때 화이트 대령과 자주 만나면서 "우리는 같은 성을 지닌 사람"이라고 우스개를 던진 적이 있다. 그의 성씨인 White는 한자로 적으면 白(백)이어서 나와 동성同姓이라고 할 수 있다는 내용의 조크였다. 그런 여러 가지 사정으로 인해 그는 나와 가까워졌다.

마침 그의 연대가 화령장에 진출해 있었다. 박성철이 이끄는 북한군 정예 15사단, 그를 돕는 조공助攻의 북한군 13사단을 막아야 했기 때문이다. 정보국장 때 만나던 화이트 대령과 전쟁터에서 다시 조우해 몹시 반갑기도 했으나, 사실 내 시선은 다른 곳을 향했다. 그들이 어떤 모습으로 부산을 거쳐 이곳에 왔는지가 궁금했던 것이다.

화령장에 도착한 직후 신임 15연대장으로 1사단에 복귀했던 최영희 대령이 큰 소리를 치며 내게 달려왔다. 그는 "미군이 어마어마하게 커다란 대포를 끌고 왔다"면서 내게 "함께 가보자"고 했다. 나와 몇 사람은 최 대령이 이끄는 방향으로 길을 나섰다. 현장에 도착해 보니 최 대령의 표현처럼 '아주 커다란' 대포가 물이 고인 진창에 바퀴를 묻고 푹 빠져 있는 모습이 보였다.

우리로서는 처음 보는 미군의 155㎜ 야포榴彈砲였다. 그 전까지 우리가 운용했던 대포로는 105㎜가 최대의 크기였다. 우리 눈앞에 처음 모습을 드러낸 155㎜는 정말 우람했다. 국군 1사단 장병 수십 명이 그 주위를 에워싼 채 정신없이 155㎜의 이쪽저쪽을 유심히 살피고 있었다. 그러나 나는 걸음을 옮겨 화이트 대령을 찾았다.

나는 화이트 대령을 보자마자 "당신들이 가지고 있는 지도를 내게 조금이라도 줄 수 있느냐, 지금 지도는 어느 정도 가지고 있는가"라고 물었다. 화이트 대령은 느닷없는 내 요구에도 "지도는 충분하다. 필요하면 주겠다"고 시원하게 대답했다.

그들이 가지고 온 지도는 축척 5만 분의 1 지도였다. 나는 그 지도를 들여다보면서 눈이 어지러워질 정도의 느낌에 빠져버리고 말았다. 지도는 아주 다른 전쟁의 가능성을 설명해주고 있었다. 그곳에는 작전 지역 일대의 산과 하천, 낮은 구릉과 작은 실개천이 모두 그려져 있었다.

숫자로 말하는 전쟁

전쟁이 벌어지고 나서 화령장에 도달하기까지 국군 1사단이 사용했던 지도는 학교 교실에 걸려 있던 전도全圖가 다였다. 작전은 그 전도

부산에 상륙한 뒤 북상하던 미군이 왜관을 통과할 때 찍은 사진

를 보면서 어림잡아 어느 곳을 지정하면 그곳으로 이동하는 수준이었다. 그러니 작전이란 게 주먹구구식으로 펼쳐지게 마련이었다.

그러나 축척 5만 분의 1 지도는 그와 양상이 전혀 달라지는 전쟁을 예시하고 있었다. 아울러 미군의 지도에는 상세한 좌표座標가 종으로 횡으로 그어져 있었다. 5만 분의 1 축척이라 그 좌표는 아주 정밀했다. 그 지도를 사용하면 전쟁의 여러 상황을 숫자로 설명할 수 있었다. 적이 있는 곳, 우리가 머무는 곳의 정확한 위치도 수치로 말할 수 있었던 것이다.

155㎜도 대단하기는 대단했다. 105㎜로는 흉내조차 낼 수 없는 화력을 뿜어내는 거대하고 웅장한 야포였기 때문이다. 그러나 내 관심은 정작 그 야포의 화력을 상대의 머리 위에 정확하게 투사投射할 수 있는 5만 분의 1 지도에 더 쏠렸다. 나는 그때까지 지켜본 미군이 사

실 걱정스러웠다.

　오산에서 마주친 스미스 대대, 그 뒤를 이어 대전에서 분전했던 24사단이 모두 북한군의 T-34 전차와 압도적인 기동에 의해 맥없이 물러나버렸기 때문이었다. 화령장에서 다시 미군과 만날 때 나는 그 우려를 불식할 수 있는 무엇인가를 기대했다. 화이트 대령의 미 24연대는 마침내 포병화력의 주력인 155㎜를 끌고 우리 눈앞에 나타났던 것이다.

　그 점이 우선 든든했다. 그러나 나는 그를 운용해서 정확하게 적을 타격할 수 있는 다른 무엇인가를 갈망했다. 새로 온 미군은 그런 점에서 믿음직했다. 적을 압도할 수 있는 155㎜ 야포에, 그로부터 나오는 엄청난 화력을 적진에 정확하게 투사할 수 있는 5만 분의 1 지도를 가지고 있었기 때문이다.

　그러나 우리에게도 그 지도가 절실했다. 앞으로는 미군과의 연합작전이 불가피했다. 그들과 보조를 맞추기 위해서는 당장 그 지도가 필요했고, 우리 스스로 움직이며 적과 접전을 펼치면서 승리를 이루기 위해서도 그런 상세한 지도가 있어야 했기 때문이다. 나는 화이트 대령으로부터 경북 일원을 그린 상세한 지도를 얻었고, 그는 그에 덧붙여 상황판을 그릴 수 있는 그리스 펜과 아스테이지(표지물) 등을 듬뿍 안겨줬다.

　5만 분의 1 지도는 원래 일본이 한반도를 강점했을 때 우리 땅의 모든 구석을 실측實測해 만들었다. 그로써 만들어진 동판銅版은 일본 패망 뒤 점령군으로 일본에 진주한 도쿄의 맥아더 사령부가 보관했었다. 한국 정부는 그 원판을 인쇄해 지도를 확보했고, 전쟁 전 각 부대에 그 지도를 보급했었다. 그러나 대부분의 부대가 전쟁이 발발하자

지도를 챙기지 못한 채 밀리고 말았다.

일본의 원판으로 만든 지도는 미군이 새로 만든 지도와 달랐다. 미군은 컬러를 입혔고, 일본이 만든 지도에 없던 좌표를 그렸다. 입체감에서 전혀 다른 지도였던 셈이다. 그 좌표로 인해 탄착지점을 설정하는 일이 훨씬 정교해졌다. '감'에 의존하는 포격에서 '수치'로 중심이 옮겨지는 포격이었다.

유랑을 끝내고 얻은 별

미군의 정규 전력이 이 땅에 올라서면서 전쟁의 양상은 크게 달라질 가능성이 우선 그 지도에서 읽혔다. 맥아더의 긴급 명령으로 화력과 장비를 제대로 갖추지 못한 채 서둘러 부산에 올라섰던 스미스 대대와 딘 소장의 24사단과는 다른 미군이 올라온 셈이었다.

화령장은 사실 상 최초의 한미 합동작전이 펼쳐진 무대이기도 했다. 국군 1사단과 17연대, 그리고 미군 24연대가 함께 북한군을 맞아 싸웠기 때문이다. 우리는 갈령을 넘어오는 적 15사단의 주력을 공격해 상당한 전과를 올렸다. 7월 23일부터 이틀 동안 전투가 벌어졌다. 미군의 강력한 화력이 뒷받침된다면 한국군이 보다 효율적으로 적을 맞아 싸울 수 있다는 가능성도 발견했다.

7월 25일에는 다른 명령이 내려왔다. 당시 1사단은 김홍일 장군의 1군단에 속해 있었다. 김홍일 군단장은 우리에게 "전선을 미 24연대에 모두 인계한 뒤 상주의 상주읍에 모였다가 조직을 재편한 뒤 상주의 함창읍으로 진출하라"고 했다.

상주는 우리 국군 1사단이 벌여왔던 '유랑'의 종착지에 해당했다. 우리는 그곳에 도착해 박기병 대령이 이끌고 있던 20연대와 청년방위대를 새로 추가할 수 있었다. 그로써 병력은 7,000명으로 크게 불어났다. 개인화기를 지니지 못했던 병사들에게도 카빈 소총이나 M1 소총을 지급했다.

개전 전에 갖췄던 포병전력과 수송 트럭, 일부 장비는 없었지만 그래도 병력의 숫자나 개인화기 지급 등에서는 얼추 보병사단다운 면모를 갖추게 된 셈이었다. 아주 큰 다행이었다. 후퇴를 거듭했지만 전쟁

부산 등으로 상륙한 미군 중 25사단 일부 병력이
1950년 7월 14일 트럭에 올라타 전선으로 향하고 있다.

지도부는 발 빠르게 미군과 협력해 전투사단 재편, 무기 보급 등을 수행했던 것이다.

미군의 신속한 기동, 무기 등을 비롯한 물자와 장비의 상륙 등도 그런 국군 전투사단 재편에 큰 힘으로 작용했을 것이다. 나는 그곳에서 별을 달았다. 신성모 국방장관과 정일권 참모총장이 상주로 찾아와 내게 준장 계급장을 달아주며 "앞으로 더 잘 싸워달라"고 했다. 좋은 일은 더 이어졌다.

적에게 우리가 쫓겨 오는 동안 후방에서 양성한 포병 1개 대대가 우리 1사단에 배속됐다. 대한민국은 개전 초반의 혼란기를 그렇듯 용케 수습하고 나섰다. 새 포병대대는 105㎜로 무장하고 있었다. 전쟁 전의 화력 수준은 아니더라도 당시 1사단으로서는 매우 기쁜 일이었다.

개성에서 적에게 밀렸다가 고립될 뻔했던 12연대 병력 800여 명도 사단을 찾아 복귀했다. 적에게 후방을 내줬던 상황에서 정말 눈물겨운 고생 끝에 사단을 찾아와 복귀한 병력이었다. 그들은 적에게 밀린 뒤 어선 등에 올라타고 서해 연안을 따라 남하해 군산에 도착한 뒤 묻고 또 물어서 상주까지 1사단 본대를 찾아왔던 것이다.

제9장

낙동강 전선

1950년 7월 부산으로 상륙해 전선으로 향하는
미군 병력이 기차가 잠시 멈춰 있는 동안
휴식을 취하고 있다.

경북고교 2학년생 김윤환

60여 년 전 벌어진 전쟁에서 우리는 몇 차례의 고비에 섰다. 개전 초는 이루 말할 수 없는 고통의 연속으로, 대한민국 전체가 존망存亡의 기로에 서서 하루하루를 힘겹게 보내야 했다. 아주 뚜렷한 고비였음은 말할 필요가 없을 것이다.

옆구리를 노린 북한군 공격

한 달여를 적에게 줄곧 밀렸다. 그러나 중간 일부 지역에서는 나름대로 침착한 반격을 통해 적의 발길을 묶어두기도 했다. 다음 차례의 고비는 낙동강이었다. 이곳을 지키느냐, 아니면 내주느냐에 따라 대한민국의 운명은 크게 갈릴 수 있었다. 만약 이곳을 지키지 못하고 적의 수중에 내준다면 대구의 함락은 시간상의 문제에 불과했다.

　미군은 그에 대비해 대구에서 부산으로 향하는 중간의 길목인 밀양에 방어선을 설정했다. 그러나 이는 대한민국을 지키고자 획정한 방어선이 아니었다. 적이 낙동강 전선을 뚫고 대구를 점령했을 경우 미군에게는 철수를 위한 시간이 필요했다. 밀양은 그런 시간을 벌기 위해 미군이 마지막으로 북한군을 잠시 묶어두고자 했던 '철수용 방어선'이었다.

　그러나 미군은 결연히 전쟁에 임할 태세였다. 8월 1일 월튼 워커

급히 상륙한 미군은 초반에 고전을 면치 못했다. 1950년 7월 25일 낙동강 인근의 미 야전 병원 모습

신임 미 8군 사령관이 부산에 도착해 전선을 정비하고 나섰다. 내가 이끄는 1사단은 상주를 거쳐 낙동강을 넘어야 했다. 그곳에서 방어진지를 구축한 다음에 파상적인 공세를 펼치는 김일성 군대에 맞서야 했다.

워커 장군은 방어부대를 낙동강 이남으로 철수시키는 작전을 펼쳤다. 그곳에서 최후의 저지선을 만들어보자는 계산에서였다. 그러다가 갑자기 변수가 등장했다. 개전 이래 행방을 포착하기 어려웠던 북한군 6사단이 호남을 우회해 경남의 마산과 진주를 향하고 있었기 때문이다.

워커 장군의 미 8군 지도부는 매우 당황했다고 한다. 경부 축선에 주요 저항선을 설정했다가 옆구리를 찔리는 모양새였기 때문이다. 그래서 워커 장군은 상주에 주둔하고 있던 미 25사단을 급히 후방으로 이동시켜 마산으로 향하는 북한군 6사단을 막도록 했다.

그로 인해 1사단도 움직여야 했다. 미 25사단이 방어하고 있던 지역을 맡아야 했기 때문이다. 그에 따라 우리 1사단은 낙동강을 넘어 경북 선산으로 진주했다. 그곳에서 수행해야 했던 임무는 전면 41km에 달하는 전선을 방어하는 일이었다. 8,000여 명의 병력으로 그 넓은 전면을 맡기에는 상당한 무리가 따를 수밖에 없었다.

낙동강이 북에서 남으로 흐르는 구간이었다. 북한군은 이곳을 넘어서기 위해 안간힘을 쓰고 있었다. 그러나 낮에는 잘 움직일 수 없었다. 미군의 공중 폭격이 두려웠기 때문이었다. 그때문에 북한군은 주로 밤을 이용해 공격을 벌였다. 낮에는 당시 그 지역 일대에 발달해 있던 사과밭 등에 몸과 장비, 무기 등을 숨기고 있다가 어두운 밤에 공격을 펼쳐왔다.

김윤환과의 만남

북한군의 공격 최전면에 나섰던 사람들은 대개가 대한민국 지역을 점령한 북한군이 강제로 징병한 남한 사람들이었다. 이를테면 북한군은 남한 지역에서 강제로 징집한 병력을 총알받이로 내세웠던 셈이었다. 아주 안타까운 일이었지만, 우리는 그들을 향해 총을 겨눌 수밖에 없었다. 북한군은 밤의 야음夜陰을 타고 아군 지역 일부를 점령했고, 아군은 이튿날 낮에 그를 다시 회복하는 식으로 공방이 벌어지고 있었다.

그러나 점차 힘에 겨워지고 있었다. 무기와 장비 타령이나 하고 있을 수는 없었지만, 미군의 압도적인 화력에 비해 우리 사단이 지닌 무기와 장비가 보잘 것이 없었다. 게다가 전선의 전면이 너무 넓었다. 모자란 병력, 그리고 탁월하지 못한 무기와 장비로 감당하기에는 너무 긴 전선이었다.

우리는 당시 선산의 오상중학교라는 곳에 사단 지휘소를 차리고 있었다. 그 학교는 4대 국회의원을 역임한 김동석씨가 설립했다. 전쟁 중에 나를 괴롭혔던 게 말라리아였다. 한 번 걸린 뒤 몸이 약해질 때마다 다시 도지는 병이었다. 심한 오한惡寒이 찾아와 한여름에도 벌벌 떨면서 정신이 아득해지곤 했다. 마침 그때 또 말라리아가 내게 머물고 있었다.

오상중학교 설립자인 김동석씨 집안이 내게 사택을 내줬다. 전투 사령관이 말라리아를 앓고 있다는 얘기를 듣고 사택에서 쉴 수 있도록 배려를 했던 것이다. 그 사택에서 나는 죽을 얻어먹을 수 있었다. 전쟁통에는 맛보기 어려운 흰쌀죽에 장조림과 조기를 내주기도 했다. 부디 힘을 내서 전선을 잘 막아달라는 말없는 성원이기도 했다.

말라리아를 앓고 있던 나는 그 집의 한 방을 차지하고 있었다. 죽이 다 쑤어지면 그를 반찬과 함께 쟁반에 올려 내 방으로 오는 젊은이가 있었다. 당시 경북고등학교 2학년에 재학 중이던 김윤환 학생이었다. 그는 오상중학교 설립자 김동석씨의 아들이었다.

나이 어린 고등학생이었으나 당시 김윤환 학생은 제법 의젓했다. 죽을 받친 쟁반을 들고 와서는 내 방 앞에 서서 "죽 좀 쑤어왔습니다"라고 굵은 목소리로 말하곤 했다. 키가 훌쩍 컸고, 이목구비도 수려했다. 행동거지도 신중하게 보였다.

나는 정신없이 말라리아를 앓다가도 "죽을 가져왔습니다"라는 김윤환 학생의 목소리에 정신이 들곤 했다. 그는 대개 아무런 말없이 내

방안으로 들어와 죽이 올려져있던 쟁반을 조심스럽게 놔둔 뒤에는 인사를 꾸벅한 뒤 말없이 사라지기 일쑤였다.

그러던 어느 날이었다. 김윤환 학생은 또 그렇게 죽을 들고 내 방문 앞에 나타났다. 평소 때처럼 죽 쟁반을 상에 올려놓은 뒤 인사를 한 김윤환 학생은 "잠깐 의논을 드릴 게 있습니다"라고 조심스럽게 말을 꺼냈다. 나는 "그래, 앉아보라"고 말을 했다.

그는 내게 입대 문제를 의논하고 싶다고 했다. "어차피 군대에 나가 싸워야 할 상황입니다. 아직 고등학생이지만 저도 군대에 입대해 싸우고 싶은데, 어떤 방법이 있겠습니까"라는 내용으로 물었다. 누구나 싸울 힘이 있으면 전선에 나가야 하는 상황이었다. 이미 많은 수의 학도병이 전선에 몰려들고 있었다. 나는 속으로 그런 상황에서 군에 들어가 싸우겠다는 마음을 낸 그가 기특하다고 생각했다.

대한민국 마지막 방어선

그는 결국 내 제안에 따라 우리 1사단으로 입대했다. 나중에 그가 1사단 포병으로 배속을 받았다는 소식을 들을 수 있었다. 그는 결국 낙동강 전선에서 나와 함께 싸우다가 북진을 하면서 먼저 평양에 입성한 1사단을 따라 '평양 첫 탈환'의 기쁨을 함께 누렸다고 했다.

그는 나중에 유명 정치인으로 성장했다. 한동안 그와는 만날 기회가 없었다. 1985년 무렵 그는 문화공보부 차관을 맡고 있었는데, 느닷없이 내게 전화를 걸어온 적이 있었다. 일본 손님을 맞이했는데, 그 일본 손님이 "백선엽 장군을 함께 만나보고 싶다"고 했던 모양이다. 그래서 나는 소공동 롯데호텔에서 '김윤환 학생'과 재회할 수 있었다.

그는 왕성한 정치활동을 보이다가 그만 2003년 한참을 더 일할

경북 상주에 주둔하던 내게 죽을 끓여다
줬던 당시 경북고 2년 생 김윤환.
나중에 주요 정치인으로 활동했다.

수 있었던 나이임에도 불구하고 세상을
먼저 등졌다. 정치적으로 그가 얼마나 성
공을 했는지는 관심이 없다. 그는 그저
내 방문 앞에 조용히 섰다가 "군에 입대
해 나도 싸우겠다"고 했던 당시의 수많
은 대한민국의 건강한 젊은이의 모습으
로 내 기억에 오래 남아 있었다.

낙동강 전선이 이제 제 모습을 갖춰
갈 참이었다. 호남으로 우회한 북한군은
마산을 위협하고 있었지만, 신속하게 그
곳으로 이동한 미 25사단 병력에 의해 발이 묶여가고 있었다. 워커 장
군이 이끄는 미 8군은 왜관으로부터 포항으로 이어지는 동서 방향의
전선을 국군에게 맡기고, 왜관으로부터 남북 방향으로 흐르는 낙동
강 일대를 미군에게 맡겨 적을 막겠다는 구상을 다지고 있었다.

미군은 동서로 향하는 전선을 Y선, 남북으로 향하는 방어선을
X선으로 명명했다. 이 선이 우리 대한민국의 운명이 걸린 마지막 전
선이었다. 우리는 그에 따라 왜관 동쪽, 대구 북방으로 다시 이동했
다. 국군 1사단은 X선과 Y선이 만나는 곳, 양대 축선의 핵심인 왜관
의 낙동강 건너편 동쪽 지역을 맡기로 했다.

나는 우선 지프에 올라탔다. 부관 등을 태우지 않은 상태였다. 먼
저 그곳 지형을 살펴 어느 곳에 방어선을 설정하는 게 옳을까를 판단
하기 위해서였다. 대구를 향하는 지점에 유학산이 버티고 있는 곳이
눈에 들어왔다. 동쪽으로는 가산, 서쪽으로는 수암산이 늘어서 있어
마치 병풍과 같은 지세를 보이는 곳이었다.

그 입구에 있는 마을이 다부동多富洞이었다. 경부 축선이 지나는 곳으로 다부동에 진입하는 길목을 잘 지키면 적의 병력이 발을 멈출 수밖에 없는 곳이었다. 나는 내심으로 그곳을 우리 방어선으로 설정했다. 그러나 마지막 선이었다. 이곳에서 밀리면 대한민국은 대구에 이어 부산을 적에게 내줘야 할 판이었다.

북한군 정예 3개 사단이 덤벼왔다

어떤 묘한 인연인지는 모르겠다. 존망을 다투는 전쟁의 자리, 그곳에서도 인연이라는 것은 참 묘하다 싶을 정도로 작용한다. 당시의 전쟁을 돌아볼 때, 나는 존재감이 강했던 지휘관이 아니었다. 전쟁 전에는 그저 정보국장으로 숙군肅軍 작업을 펼치면서 잠시 매체에 이름이 오르락내리락하던 정도였다.

전쟁터에서의 우연

그 전에는 더 그랬다. 1946년 창군 멤버로서 군사영어학교에 들어간 뒤 국방경비대 소속의 제5연대장으로 부산에 주둔하면서 2년 2개월 정도를 보냈다. 다른 이들은 부지런히 자리를 옮겼지만, 나는 그 자리에 오래 머물렀다. '창고지기'라고 해야 옳을까. 나는 그곳에서 부산 부두에 도착해 산적해 있던 미군의 물자를 관리하기도 했다.

전쟁이 발발한 뒤의 역정이야 앞에서 소개한 그대로다. 개성 전면과 임진강을 주요 방어지역으로 둔 국군 1사단장을 맡았다가, 김일성의 돌발 남침 직전에는 시흥의 보병학교에서 교육생의 신분으로 서울 신당동 집과 학교를 오가다가 전쟁을 맞았다.

앞서 소개한 대로 전쟁이 터진 뒤 한 달여는 그저 '유랑 사단'의 지휘관으로서 북한군 남침의 거센 물결에 밀려 계속 후퇴만을 했다. 한

1950년 7월 24일 대구역. 전선으로 향하는 미군의 철조망이 화물차에 실려 있다.

강 다리를 일찍 끊는 바람에 병력은 뿔뿔이 흩어져 각자도생各自圖生으로 한강을 넘었고, 중화기와 장비 및 트럭 등은 거의 하나도 챙겨오지 못했다.

뿔뿔이 흩어진 병력은 안간힘을 쓰면서 내 밑으로 다시 모여들었지만, 원래의 건제建制는 그대로 회복하기 어려웠다. 후퇴 중에 급히 병력을 재편할 때 내가 이끈 적이 있던 5사단을 합쳤지만, 낙동강 전선에 도착할 무렵에야 겨우 병력 8,000명 정도를 규합할 수 있었다.

급히 부산으로 올라온 미군과의 교섭으로 인해 소총과 기관총 등 중화기를 보급받을 수 있었으나, 어엿한 국군 전투사단으로 이르기에는 아직 여러 가지가 부족한 상황이었다. 이런 국군 1사단의 속내가 전투 지휘부에게 알려지지 않을 까닭이 없었다. 당시의 국군 전투 사단 중 우리 1사단은 한 달여의 유랑을 막 끝낸, 형편이 가장 좋지 않은 사단으로 알려지기에 충분했다.

그런 처지를 고려했던 까닭일까. 경북 선산으로 들어서기 직전 우리 1사단에게 내려진 전투 명령은 낙동강 전선이 아닌, 안동 북쪽의 경북 춘양면으로 병력을 이동시키라는 내용이었다. 그러나 당초의 그 전투명령이 갑자기 바뀌고 말았다. 앞에서 소개한 대로 북한군 6사단의 호남 우회에 이은 마산 방면으로의 진출 때문이었다.

미 8군 사령관은 허리를 찌르고 들어온 북한군의 출현에 당황해 경북 선산 일대에 진출해 있던 미 25사단을 급히 이동시켜 북한군 6사단을 봉쇄하려 했다. 미 25사단을 대체할 병력으로는 우리 1사단이 가장 가까이에 있었다. 무기와 장비, 병력 등에서 고루 부족했던 1사단은 그렇게 아주 우연히 낙동강 전선에 설 수 있었다.

한반도 전쟁 축선에 서다

북한군 6사단의 느닷없는 출현이 아니었더라면 내가 이끌던 국군 1사단은 안동 북쪽으로 진출해 적의 주력 앞에 설 수 없었을 것이다. 전장에도 주主전장이 있고, 보조적인 위치에 머무는 전장이 있다. 보조적인 전장에서는 전쟁의 흐름을 되돌릴 만한 역할을 할 수 없는 법이다.

거느린 병력과 화력은 다른 전투사단에 비해 결코 낫다고 할 수 없었던 1사단이었으나, 그럼에도 최선을 다 해 적의 발길을 막아야 했다. 아주 커다란 중압감이 내 어깨를 짓누를 수밖에 없던 상황이었다. 나는 다급한 마음에 홀로 지프에 올라타 새로운 방어선을 둘러봐야 했던 것이다.

한반도의 전쟁은 대개가 압록강 신의주에서 평양, 이어 서울~대전 ~대구~부산의 축을 따라 움직이게 마련이다. 이를테면 '한반도 전쟁의 축선'에 해당한다. 이곳은 한반도 교통의 축선이기도 하며, 인구가 가장 밀집해 있고, 그에 따르는 물자가 가장 활발하게 집산하는 곳이다.

따라서 이 축선을 점령하면 한반도에서 벌어진 전쟁에서 승리를 선언할 수 있는 것이다. 60여 년 전의 전쟁에서도 마찬가지였다. 김일성의 군대는 서울을 점령한 뒤 대전, 이어 대구를 점령해 종국에는 부산을 수중에 넣고 한반도 전쟁에서의 승리를 이루고자 혈안이었다.

김일성 군대는 일부 호남으로 우회한 병력이 마산과 진주 방면으로 진출하는 것 외에는 대다수의 주력을 남쪽의 경부 축선에 몰아넣고 막바지 공세를 벌이고 있었다. 이제는 대구 차례였다. 적의 주공主攻 병력은 따라서 대구 북방을 향해 기세 좋게 다가서고 있었다. 그 길목에 서는 사단이 바로 내가 이끄는 1사단이었다. 힘은 부족했지만, 장비와 병력의 부족만을 탓하고 있을 수는 없었다. 발 빠르게 병력

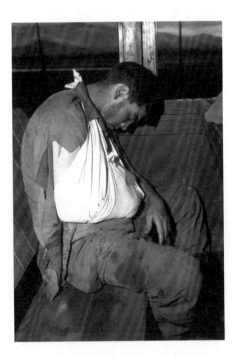

1950년 7월 29일 미 25사단 27연대 사병이 전선에서 부상당한 뒤 휴식을 취하고 있다.

을 이동시켜 적을 가장 효율적으로 막아낼 수 있는 곳에 서야 했던 것이다.

대구 북방 약 20km 지점에 있는 다부동은 작은 골목을 연상해도 좋을 만한 곳이다. 선산에서 대구를 향할 때 서쪽으로 유학산(839고지)과 수암산(519고지)이 버티고 섰으며, 동쪽으로는 902고지의 가산이 늘어서 있다. 천연의 요새에 해당한다고 봐도 좋을 지형이었다.

나는 방어선을 설정할 때 반드시 참모들의 의견을 묻는다. 그러나 이번에는 그럴 경황이 없었다. 마음속으로 '이곳이 마지막 방어선이다'라는 생각이 굳어졌다. 그러나 참모들에게 의견을 묻는 절차는 필요했다. 그럼에도 역시 머릿속으로는 '참모들이 반대해도 내 의견을 관철할 것'이라고 다짐했다.

다부동에 펼친 최후 저지선

참모들은 대개 내 생각에 동의했다. 그러나 참모장인 석주암 대령은 "그래도 한 번 정찰을 한 뒤 의견을 말하겠다"고 했다. 신중을 기하려는 자세는 좋았다. 그러나 적은 벌써 다부동 인근으로 모여들고 있던 상황이었다. 다행이었다. 석주암 대령은 유학산 일대를 둘러본 뒤 돌아와 "아주 좋은 지역"이라며 찬성했다.

아무래도 대한민국 마지막 보루를 지키고자 하는 비장한 결전이었다. 급한 형편이라도 참모들과 함께 뜻을 나눠야만 좋을 상황이기도 했다. 싸우고자 하는 뜻을 한 데 모으기 위해서는 더욱 그랬다. 그렇게 1사단의 최후 방어선은 정해졌다. 그러나 문제는 심각했다. 유학산은 북쪽이 완만한 경사를 보이는 지형이었다. 우리가 올라야 할 남쪽 사면斜面은 그 반대로 지형이 매우 가팔랐다.

게다가 북한군 선발대는 이미 유학산을 북쪽에서 남쪽으로 오르고 있는 상황이었다. 공격을 하는 북한군이 훨씬 유리한 입장이었다. 우리가 그들을 막기 위해서는 가파른 사면을 타고 올라가 싸워야 했다. 그럼에도 유학산을 담당한 김점곤 12연대장은 아무런 불평을 하지 않았다. 그런 불만을 표출하기에는 우리가 맞은 상황이 너무 심각했던 것이다.

나는 참모와 각 연대장이 모인 자리에서 다시 한 번 당부했다. "이곳이 우리가 나라를 지키기 위한 마지막 방어선이다. 이곳에서 적을 막지 못하면 대구는 금세 떨어진다. 그렇다면 부산도 결국 내줘야 할 수밖에 없다. 모든 것을 내가 책임질 테니 각자 최선을 다 해 싸워주기 바란다"고 했다.

우리는 8월 12일 밤에 부대를 선산에서 새로 설정한 방어선으로 이동시켰다. 낙동강을 넘어선 적들과의 모든 접촉을 끊은 뒤였다. 포남동과 수암산, 다시 유학산과 다부동 북방을 잇는 전면 20km의 방어지역이었다. 사단 지휘소는 다부동 남쪽의 동명초등학교에 정했다. 말라리아가 계속 엄습했지만 아픈 기색을 드러내지 않으려고 애를 썼다. 모든 신경이 전선의 동향에 모아지고 있었다.

김일성은 당초 8월 15일 부산 점령을 목표로 내걸고 독전을 벌였다. 그러나 미군 24사단 선발대인 스미스 대대의 출현, 24사단 본대의 대전 저항, 곳곳에서 벌어진 국군의 분전 등으로 공격 전선에서 여러 가지의 차질을 빚고 말았다. 따라서 김일성의 남침 전 계획은 수정이 불가피했다.

김일성을 비롯한 북한 수뇌부는 그에 따라 8월 15일까지 부산이 아닌, 대구의 점령을 목표로 움직였다. 이는 전선에서 붙잡힌 북한군 포로를 심문하는 과정에서 뚜렷하게 드러났다. 일제로부터 해방을 맞은 8월 15일의 상징성을 살려 대구만이라도 수중에 넣고자 했던 것이다. 따라서 대구를 향한 북한군의 공세는 아주 뜨겁게 불이 붙었다.

다부동의 전면을 압박하는 전선의 북한군은 이영호가 이끌었던 3사단이었다. 거기다가 화령장을 향해 내닫던 박성철의 15사단, 그의 조공助攻 역할을 담당했던 최용진 휘하의 13사단이 가세했다. 적 3개 사단에 맞서 싸워야 할 상황이었다.

북한군 총공세 시작에 대구 '흔들'

낙동강을 중심으로 동서로 늘어서 북한군의 공세에 서야 했던 국군
은 모두 2개 군단 5개 사단이었다. 서쪽 끝에는 내가 이끌고 있던 1사
단이 섰고, 그 동쪽으로는 3사단, 6사단, 8사단, 수도사단이 섰다. 대
구 북방에서 포항까지였다. 남북으로 낙동강을 따라 포진한 미군 사
단은 제1 기병사단, 2사단, 24사단, 25사단이었다. 왜관에서 마산까지
가 방어지역이었다.

다부동 진지

월튼 워커 미 8군 사령관이 구상한 대한민국 최후의 전선이었다. 앞서
소개한 대로 동서의 축선은 Y, 남북의 낙동강 연안 전선은 X로 분류
했다. 당시의 북한군 공세도 아주 치열했다. 이곳을 뚫지 못한다면 전
쟁은 쉽게 역전의 흐름으로 바뀔 수 있었다. 제가 도발한 전쟁에서 상
대의 마지막 보루를 허물지 못한다면 그동안 소진했던 전력의 공백으
로 북한은 우리의 역공에 휘말릴 가능성이 높았기 때문이다.

북한군의 공세는 크게 두 흐름을 타고 펼쳐졌다. 당시 다부동을
지키면서 모든 전황을 파악할 수는 없었으나, 나중에 우리 국방부
가 자세하게 정리한 『6.25전쟁사』를 보면서 그런 느낌이 확실하게
와 닿았다. 8월 초반에서 중순까지 벌어진 북한군 공세와 그 뒤 인

천상륙작전 직전까지 벌이는 북한군의 공격이 양상을 달리하고 있다는 점이다.

8월 초반의 공세에서 북한군은 먼저 두 곳을 노리고 공격을 펼쳤다. 대구와 마산이었다. 그 뒤의 공세에서 북한군은 전선의 모든 구석을 노렸다. 이곳저곳을 열심히 두들기다가 한 군데가 뚫리면 그곳의 돌파구를 넓히고 들어와 대구를 점령하겠다는 의도였다.

1950년 8월 초 내가 맞이한 다부동의 전투는 그와 같은 북한군 초기 공세에 놓여 있었다. 김일성의 부대는 먼저 마산을 기습적으로 노렸다. 은밀하게 호남으로 우회했던 6사단 등 2개 사단을 앞세우고서다. 그러나 앞서의 소개대로 월튼 워커 미 8군 사령관은 경북 상주에 진출해 있던 미 25사단을 급히 이동시켜 그 앞길을 막았다.

그럼으로써 미군 주력이 빠진 자리를 대신 메우고 들어간 국군 1사단의 방어지역이 문제로 떠오를 수밖에 없었다. 한강의 다리가 일찍 끊겨 인원과 장비, 무기 등에서 다른 국군 전투사단에 비해 열세에 있던 1사단으로서는 그곳 방어가 사실은 매우 벅찬 임무였다.

낙동강은 적군의 입장에서 건너기 쉬운 강은 아니었다. 강의 양안兩岸 지형이 물을 건너는 사람의 입장에서는 수월하다고 할 수 없을 만큼 가파른 곳이 많다. 수심도 평균 1.5m 이상이고, 강폭 또한 400~800m에 달했다. 지키는 사람, 즉 방자防者의 입장에서는 천혜의 방어선이라고 봐도 좋았다.

정일권 총장의 추천

그 전에 대한민국과 미군이 북한군 공세에 밀리면서 상정한 방어선은 여럿이다. 우선은 개전 초 임진강 방어선이 있었고, 서울을 내준 다음에는 한강 방어선이 있었다. 한강 방어선이 허물어진 다음에도 국군 지휘부와 미군은 동서東西의 폭이 급히 좁아지는 평택~삼척 방어선에도 착안했다.

그러나 그 역시 밀렸다. 전력의 차이가 너무 두드러졌기 때문이다. 이어 소백산이 동서로 지나가는 방어선도 구상했다고 한다. 그러나 기세 좋게 닥치는 김일성 군대를 막기에는 그 또한 역부족이었다. 따라서 한강 방어선 뒤에 설정한 라인은 큰 의미를 담고 있지 않았다. 그러나 다음으로 설정한 낙동강은 여러 가지 면에서 가장 적합한 방어선이었다.

급히 참전한 미군은 경부 축선의 복판에 있는 대전이라도 지켜보

다부동 전투의 최대 위기를 막 넘겼던 1950년 8월 중순의 한국군 1사단 사령부.
얼굴을 마주보는 쪽의 앞줄 왼쪽 셋째가 나, 그 오른쪽이 신성모 국방장관

려 했으나 역시 도로徒勞에 그치고 말았다. 절체절명絶體絶命의 위기를 맞이한 대한민국, 그리고 그를 지원하는 미군의 눈에는 자연스레 낙동강 전선이 최후의 보루일 수밖에 없었다. 그럼에도 나는 낙동강 방어선에서 더 뒤로 물러나 다부동에 진을 치지 않을 수 없었다.

41㎞에 달하는 방어 전면이 너무 넓었고, 그를 지키기 위해 따라야 하는 병력과 화력이 턱없이 부족하다는 판단 때문이었다. 그래서 아주 고심 끝에 설정한 방어선이 대구 북방의 길목에 해당하는 다부동이었다. 이곳은 왜관에서 진입해 대구로 뻗는 도로, 상주와 안동 등으로부터 대구로 이어지는 도로가 나 있는 곳이었다. 아울러 경부京釜 축선의 도로와 철로도 함께 지난다.

북쪽에서 남쪽으로 향하는 길고 좁은 도로를 막고, 옆으로 병풍처럼 늘어서 있는 유학산과 수암산을 제대로 지켜낸다면 대구를 노리고 들어오는 적의 발길을 묶을 수 있는 곳이다. 왜관 북방으로는 미제1 기병사단이 막아서서 동서로 난 Y선의 제일 서쪽인 우리 1사단과 접점을 형성했다.

그럼에도 당초 춘양면으로 진출할 예정이었던 1사단이 왜 대구 북방의 전선에 설 수 있었던가에 관해서는 이유를 잘 모르겠다. 『6.25전쟁사』에는 그 해 8월 초 낙동강 전선의 윤곽을 확정할 때 워커와 정일권 당시 육군참모총장의 대화가 나온다. 정일권 장군의 회고록에 등장하는 내용인 듯하다.

당시 워커 장군은 대구 북방의 방어선을 어느 국군 전투사단에 맡길 것인가를 두고 정일권 총장의 의견을 물었던 모양이다. 그때 정일권 총장이 1사단장인 나를 추천했다고 한다. 그 자리에서 워커는 흔쾌히 정 총장의 제안을 받아들였다는 것이다.

북한군이 드러낸 보급의 문제

그런 인연 때문인지는 모르겠으나 아무튼 나는 다부동에서 적을 맞아야 했다. 우리 앞에는 북한군 13사단과 15사단이 몰려들고 있었다. 아울러 왜관 북쪽의 미군 제1 기병사단을 공략하던 3사단도 경우에 따라 다부동쪽으로 공로攻路를 조정할 조짐이 높았다. 강한 미군을 피하고, 상대적으로 허약한 국군 방어지역을 노리기 위해서였다.

상황에 따라서는 개전 초반 우리 1사단과 임진강에서 맞붙었던 북한군 1사단 일부 병력도 이곳을 지향할 가능성이 있었다. 8월 15일 이전에 대구만이라도 수중에 넣겠다는 김일성의 조바심이 북한군 주력의 상당수를 이곳으로 몰리도록 할 수 있었던 것이다.

그나마 북한군의 보급이 여의치 않아졌다는 점이 위안이었다. 북한은 공세를 가속화하면서 보급선이 매우 길어진 상태였다. 게다가 참전한 미군의 공습 능력은 절대적 우위를 보이고 있었다. 길어진 보급선을 맹폭하는 미군의 공습 능력 때문에 무기와 식량, 피복 등을 전선으로 보급하는 북한의 능력이 아주 떨어져 있었다.

북한은 당시의 전시 물자를 두 방향으로 옮기고 있었다. 우선은 중국 만주에서 평양, 다시 서울을 거쳐 낙동강 전선으로 보내는 길이 있었다. 다른 하나는 소련 블라디보스토크에서 청진을 거쳐 원산과 서울 등을 경유해 전선에 당도하는 물자 보급로였다. 그러나 둘 다 쉽지 않았다.

미군은 탁월한 공습력으로 원산과 평양, 서울을 거치는 북한군의 보급로를 줄기차게 폭격했다. 후방의 보급기지에 해당하는 평양의 병기창兵器廠, 진남포의 알루미늄 공장, 흥남의 합성화학공장, 원산의 정유소, 성진의 제철소 등이 모두 미군의 폭격에 기능을 완전히 상실한 상태였다.

개전 초에 국군을 유린했던 소련제 T-34 전차를 추가로 보급하는 일도 따라서 어려웠다. 또한 박격포 등의 중화기 전력은 개전 초에 비해 크게 줄어들었다. 식량을 보내는 일도 보급로 사정 때문에 여의치 않았다. 따라서 북한군의 사기는 크게 꺾인 상태였다. 그럼에도 김일성의 빗발치는 독촉으로 북한군 일선 사단 병력들은 모든 힘을 짜내면서 대구를 향해 다가오고 있었다.

그럼에도 1사단은 적어도 2개 사단, 많게는 북한 105 전차사단을 포함한 더 이상의 북한군 공격 앞에 서야 했다. 적의 압도적인 우세였

1950년 8월 중순 낙동강 전선의 위기가 한껏 높아지던 무렵 한국군의 이동 모습

다. 게다가 낙동강 연안에서 다부동으로 철수했던 우리 1사단의 후퇴 조짐을 읽어 뒤를 따라온 적군은 우리보다 먼저 다부동 초입에 있는 유학산의 완만한 경사면을 오르고 있었다.

당시 임시 수도는 대구였다. 이승만 대통령을 비롯해 국회 등이 모두 대구에 머물렀고, 미 8군 사령부와 국방부, 그리고 육군본부 등이 모두 대구에 자리를 잡고 있었다. 그러나 북한군 공세가 대구로 모아지면서 임시 수도를 부산으로 옮겨야 한다는 의견이 나오고 있었다.

정부와 국회, 일반 국민들까지 나서서 총력전을 펼칠 분위기는 만들어지고 있었으나, 북한군 공세는 아주 강력했다. 이승만 대통령은 "결코 임시 수도를 부산으로 옮기지 않겠다"고 공언하고 있었으나, 전선의 분위기는 그와는 달리 깊은 위기감에 빠져들고 있었다. 나는 유학산 전면을 맡은 12연대 지휘소로 나갔고, 12연대장은 휘하 1대대 관측소로 나가 적을 맞았다. 8월 14일 오후 2시 경이었다.

화랑담배 연기처럼 사라져간 무명용사

국군 1사단에는 3개의 연대가 있었다. 11연대와 12연대, 그리고 15연대였다. 11연대는 다부동 초입이 있는 356고지와 297고지에서 석우동까지 이어지는 7.5㎞, 12연대는 수암산과 유학산 및 674고지를 잇는 9.5㎞, 15연대는 328고지를 중심으로 하는 3㎞ 길이의 전선을 맡았다. 동쪽에서 서쪽으로 11연대, 12연대, 15연대가 늘어선 형국이었다.

아군 1개 연대 vs 적 1개 사단

개전 초기 서울을 먼저 점령함으로써 김일성으로부터 '서울 사단'이라는 명예를 얻었던 북한군 3사단은 우려했던 대로 왜관 북쪽에서 진격하다가 화력이 국군에 비해 훨씬 강력했던 미 제1 기병사단 방어지역을 우회해 15연대 지역으로 공격을 펼치고 있었다.

따라서 처음부터 대구 북방을 향해 직접 치고 내려오던 북한군 2개 사단과 미군 방어지역을 우회한 북한군 3사단이 모두 국군 1사단 방어지역인 다부동을 향해 밀려오는 상황이었다. 유학산 일대를 담당한 12연대 앞에는 북한군 15사단, 그 동쪽으로 서 있던 11연대 지역에는 북한군 13사단이 공격을 벌여왔다.

우리는 따라서 다부동 전투가 막 벌어지던 무렵에는 각 연대가 북한군 1개 사단 병력에 맞서 싸워야 하는 상황에 놓이고 말았다. 특히

거대한 전쟁 속에 버려진 소년

어머니
제가 오늘 죽을지도 모릅니다...

71명 학도병의 감동실화

포화 속으로

T.O.P(최승현) | 학도병 중대장 오장범 |

2010년 6월 16일 대개봉!

6.25전쟁 때 참전해 희생을 무릅쓰며 활약했던
학도병의 이야기를 담은 영화 〈포화 속으로〉의 포스터

북한군 3사단이 밀고 들어오는 15연대 방어지역에서는 험한 지형 때문에 격전이 불가피했고, 12연대는 유학산 북사면을 먼저 점령한 북한군과 혈전을 벌여야 하는 형국이었다.

매일 사단 지휘소로 날아 들어오는 보고는 그 격전과 혈전의 상황을 시시각각으로 알려주고 있었다. 8월 14일 이후의 모든 상황은 아주 절박할 정도로 돌아갔다. 15연대는 고지를 두고 적과 그를 뺏고 빼앗기는 접전에 들어갔다. 15연대 방어지역은 돌산이 많아 흙을 깊이 파낼 수가 없었다. 따라서 개인 참호를 제대로 파지 못해 인명 피해가 많았다.

유학산의 12연대 상황도 마찬가지였다. 대구 북방으로 800m 이상의 능선이 4km 길이로 펼쳐져 있는 유학산은 방어를 하는 쪽인 우리가 정상을 향할 때 문제가 심했다. 700m 지점에 이르러서는 높이 70~80m의 아주 가파른 바위가 나타나기 때문이었다. 북사면의 완만한 경사를 올라 고지를 선점하고 있던 북한군은 우리의 공격을 쉽게 허용하지 않았다.

아군이 700m 지점에 이르렀을 때 수류탄을 던지면 더 이상 오를 수 없도록 할 수 있었기 때문이다. 따라서 정상에 있는 적을 공격하기 위해 다가가다 죽거나 사망하는 병력이 급격히 늘어났다. 그럼에도

12연대는 야간 공격을 지속적으로 감행했다. 그러나 적의 반격이 거세 피해는 계속 증가했다.

담뱃갑에 적은 신병 이름

내가 있던 다부동 동명초등학교의 사단 지휘소에는 적의 고지를 공격하다가 사망하는 장병들의 시신이 나날이 쌓였다. 매일 전황 브리핑에서 보고받는 사망자 숫자가 자꾸 늘어나더니 2~3일이 경과하면서는 하루 700여 명의 손실 상황에까지 이르고 있었다. 충격적인 숫자가 아닐 수 없었다.

나는 사단 사령부를 나와 연대 전방 지휘소 등을 둘러보러 길을 떠날 때는 일부러 시신이 쌓여 있는 곳에 눈길을 두지 않으려고 애를 썼다. 참담한 그 광경을 보면서 괜히 투지鬪志가 꺾일 수도 있다는 생각 때문이었다. 이미 그곳 일대는 무더운 8월의 날씨로 인해 주검이 부패하면서 번지는 냄새로 가득 차고 말았다.

전쟁은 여러 가지의 책략과 전기戰技를 필요로 한다. 싸움의 얼개를 다루면서 전체 흐름을 조정하며 적에 앞서 유리한 지형과 시간을 선점하는 전략적 안목, 병력과 화력을 제 때 동원해 공격과 방어에 가장 적합한 곳으로 보내는 전술적 시야 등이 다 필요하다.

그러나 그때 낙동강 전선 서쪽, 대구 북방에서 벌어진 다부동 전투는 그런 여러 가지 요소를 따질 계제가 아니었다. 가장 중요했던 것은 적을 맞아 끝까지 싸우려는 굵고 강하며 꺾이지 않는 투지였다. 적도 사력死力을 다해 전선을 허물고자 덤벼들었고, 우리 또한 그에 맞서 젖 먹던 힘까지 자아내 적을 막아야 했다. 당시의 전장에서 승패를 결정짓는 가장 큰 요소는 죽음을 무릅쓰고 적과 싸우겠다는 강인한 투

지었다.

병력 보충은 후방의 육군본부, 전시 행정 채비를 갖춘 정부의 노력으로 비교적 원활하게 이뤄졌다. 그러나 다급한 전시의 상황이라서 새로 모병한 장병들에게 충분한 훈련을 시킬 수가 없었던 점이 문제였다. 이들은 각 연대의 임시 훈련장에서 한두 시간 소총 작동법 등을 배운 뒤 전선으로 갔다.

각 고지에서 대원을 이끌고 있던 소대장들은 이렇게 올라온 신병들과 대화를 나눌 시간적인 여유가 없었다. 유학산 전선에서는 주로 밤을 틈탄 공격이 이뤄지고 있어 소대장은 신병이 올라오면 손전등으로 자신의 얼굴을 비춘 뒤 "내가 소대장"이라고 소개한 뒤 공격을 이끌었다. 소대장은 또 신병들의 이름을 화랑 담뱃갑 쪽지에 적었다. 그렇게라도 해야 나중에 전사자를 확인할 때 이름이나마 알 수 있었기 때문이었다.

돌아오지 않았던 병사들

15연대의 상황도 아주 처절했다. 참호를 깊이 팔 수 없었던 까닭에 아군은 적의 공격에 자주 몸을 노출할 수밖에 없었다. 사상자는 자꾸 늘어만 가는 상황이었다. 15연대 장병들은 이미 쓰러진 동료들의 시신 뒤에 숨어서 적과 교전을 벌이는 경우가 많았다.

신병들은 한 번 올라간 뒤 내려오는 경우가 많지 않았다. 열에 여덟아홉은 그렇게 산에 올라가 싸우다가 세상을 등졌다. 전사자 확인은 쉽지 않았다. 그들의 이름을 적었던 소대장 또한 전사하는 경우가 많았기 때문이다. 설령 소대장이 살았더라도 신병들의 이름을 적었던 화랑 담뱃갑은 땀과 피에 젖어 적어 놓은 이름에 심한 얼룩이 번져 알아보기 힘들었다. 다부동 전투에서 희생당한 무명용사는 그런 이유로 해서 아주 많았다.

6.25전쟁 당시
한국군에게 지급했던 담배 화랑

11연대의 싸움도 크게 다를 바 없었다. 그곳 정면을 공격하던 북한군 13사단은 다부동 일대를 향해 다가서던 북한군 중에 병력이 가장 많아 전투력이 강했다. 역시 고지를 뺏고 빼앗기는 과정에서 전사자와 부상자가 속출했다. 나는 피가 마르는 듯한 느낌에 빠졌다.

쉴 새 없이 전선을 들여다보면서 급한 상황이 생기면 일선을 지휘하는 연대 지휘소로 달려갔다. 현황파악을 위해 그 밑의 대대급 부대도 방문했다. 일선에서 마주치는 전쟁터의 피해는 참담했지만, 나는 전황을 파악한 뒤 가혹할 정도로 "고지를 탈환하라"는 명령을 내렸다.

우리가 위기에 마주치면 잘 싸우는 민족이라는 점은 그때 알았다. 휘하의 장병들은 군말 없이 내 명령을 받고 전선으로 향했다. 묵묵히 싸움터로 향하는 지휘관들이었고, 겁에 질려 전선에 당도했지만 명령을 내리면 어김없이 고지를 향해 달린 신병들이었다.

일보日報라는 게 있다. 매일의 작전 상황을 육군본부에 보고하는 문서였다. 다부동 전투 중에 우리 1사단은 감찰을 받은 적이 있다. 작전 상황을 보고하는 일보를 육군본부에 제출하지 않았기 때문이었다. 육군본부 감찰팀이 사단을 방문했을 때 그들을 직접 현장에 보냈다. 15연대가 공방을 벌이고 있던 지역이었다.

그들은 15연대의 방어지역인 270고지에 다녀왔다. 일보를 올리지 않은 일은 문책 사유에 해당했다. 그러나 육군본부 감찰팀은 고지를 다녀온 뒤 아무런 말을 할 수가 없었다. 현지의 전황이 아주 처참하다는 점을 알 수 있었기 때문이었다고 한다. 시체가 쌓여 번지는 냄새로 그들은 현장을 제대로 살필 엄두도 내지 못했다는 것이다.

북한군은 제파諸波식 공격을 벌이고 있었다. 물결처럼 끊임없이 다가서는 방식이었다. 소련군이 세계대전을 치르면서 선보였던 전술이었다. 돌파구를 설정해 그곳에 여러 차례의 공격 진영을 짜놓고는 계속 투입하는 방식이다. 소련의 작전계획을 따랐고, 그들의 전법까지 그대로 보고 배웠던 북한군은 최후의 돌파를 위해 인명의 손상에는 전혀 관심이 없는 그런 전술을 들고 나왔던 것이다.

15연대 전면에서는 계속 공방이 벌어졌고, 유학산은 아군이 쉽게 정상에 오르기가 쉽지 않아 보였다. 11연대 또한 북한군 13사단과 치열한 공방을 전개하면서 희생이 나날이 커졌다. 8월 16일에는 유엔군의 대대적인 공습이 벌어졌다. 아무래도 다부동 전선의 불안한 상황이 마음에 걸렸던 것일지도 모른다.

미 8군으로부터 지시가 왔다. "8월 16일 오전 11시 58분경에 대규모 공습이 있을 예정이니 전 병력으로 하여금 진지에 그대로 남아 있게 하라"는 내용이었다. 정확하게 미 공군이 어느 곳을 폭격하는지는 알 수 없었다. 나는 그런 지시에 따라 당일의 그 시간에 맞춰 전 병력에게 진지에서 나오지 말도록 명령했다.

전선의 또 다른 주역, 노무자

하늘에서 그저 "웅~ 웅~"거리는 소리만 들렸다. 미 8군이 폭격에 대비해 참호 속에 들어가 나오지 말라고 했던 시간이었다. 하늘에는 그저 굉음만이 들렸다. 미군 폭격기들이 대구 북방, 왜관 쪽을 향해 새카맣게 몰려가고 있었다.

거대한 공습, 융단폭격

이어 예정한 시간에 이르자 폭발음이 들리기 시작했다. 아주 맹렬한 폭격이었다. 이번에는 땅이 흔들리는 느낌이었다. 곧이어 폭발음과 함께 땅이 울렁거렸다. 이른바 '융단폭격'이었다. 지정한 지역을 융단 깔듯이 폭탄으로 덮어버리는 작전이었다. 일본 오키나와와 가네다 기지에서 출발한 미군 B-29 전략 폭격기 98대가 넘어왔던 것이다.

이들 폭격기들은 이날 오전 11시 58분에 폭격을 시작해 12시 24분까지 26분에 걸쳐 400~900kg에 달하는 폭탄 960t을 쏟아 부었다. 제2차 세계대전 종전 이래 최대 규모의 폭격이었다. 미군으로서는 매우 중요한 폭격이었다. 그만큼 다부동에서 벌어지던 당시의 전쟁 양상이 심각했다는 점을 말해주고 있기도 하다.

이날의 폭격은 왜관 북방인 구미 일대의 가로 5.6km, 세로 12km 지역에 집중했다. 우리로서는 적이 버티고 있는 곳이라서 폭격의 효과가 얼마나 대단했는지를 알 길이 없었다. 하늘이 울리고, 땅이 흔들렸다는 점에서 폭격의 규모가 우리가 상상하는 것보다 훨씬 대단했으리라는 생각만 들었다.

나중에 드러난 결과는 이랬다. 낙동강 일대에서 대구를 지향하던 북한군 주요 병력은 사실 대부분 이미 강을 넘어 우리와 접전 중이었다. 미군 폭격기가 폭격을 감행하기는 어려운 지역이었다. 이곳의 북한군을 폭격하면 그들과 전선을 형성하고 있던 아군의 피해가 막심해지기 때문이었다.

따라서 북한군 병력을 향한 폭격 효과는 크지 않았다. 그러나 전선에 있는 북한군을 지원하기 위한 후방 물자의 보급 기지는 막심한 피해를 입었던 것으로 보인다. 우리 국방부가 펴낸 『6.25 전쟁사』에는 나중에 포로로 잡혔던 북한군의 증언이 나온다.

그에 따르면 왜관 인근 약목 일대 북한군 3사단과 15사단 예비대는 상당한 충격을 입었다고 한다. 지원 포병과 공병, 전차와 탄약, 보급품 등이 미군의 융단폭격을 피해가지 못했다는 얘기

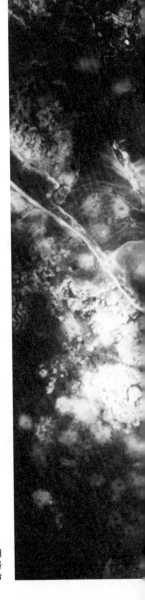

다부동 전투의 위기 국면에서 북한군 후방 기지를 파괴하기 위해 구미와 왜관 일대를 대상으로 벌였던 미 공군의 융단폭격 흔적을 공중에서 내려다 본 모습

다. 북한군 내부를 잇는 통신선 등도 모두 폭격으로 끊겼다고 한다. 북한군은 이를 '비밀'로 분류해 대외적으로 새나가는 것을 막았다는 설명이다.

그러나 적은 코앞에 있었다. 다부동 일대 모든 고지에서는 전선을 돌파하려는 적과 그를 막아 세우려는 아군의 끊임없는 살육전이 벌어지고 있었다. 신병은 대구와 부산 등지에서 모아 역시 끊임없이 전선으로 보내졌다. 앞에서 적은대로 그들의 희생은 아주 컸다. 당시 전선에서 사병들은 새로 모집해 전선에 당도한 신병들을 '고문관'으로 불렀다.

노무자들의 막심한 희생

총도 제대로 다룰 줄 몰랐고, 전선의 모든 상황을 알지도 못했다. 행동이 굼뜰 수밖에 없었고, 숙지하고 있는 사항이 많지 않으니 자연스레 겁도 많이 집어 먹었다. 그런 신병들을 '고문관'이라고 부르면서 비하했지만, 사실은 안타까움이 묻어 있는 호칭이기도 했다. 그들은 두려움을 품고서도 결국 전선으로 올라가 목숨을 바쳤다.

그들 못지않게 많은 희생을 감수해야 했던 사람들이 노무자였다. 이들은 대개 전선에 나가 직접 총을 잡고 싸울 나이를 넘긴 사람들이었다. 보통은 40대, 좀 나이가 더 들었던 사람들은 50대였다. 후방에서 전선으로 탄약과 식량 등을 날라야 하는, 이른바 '짐꾼'이었다.

그러나 이들이 당시에 나서지 않았다면 다부동은 지키기 어려웠다. 지게에다 짐을 잔뜩 짊어진 노무자들은 밤낮을 가리지 않고 전선의 장병들에게 짐을 부지런히 날라줬다. 그러나 이들의 희생은 나날이 커져갔다. 전선 사령관으로서 노무자들의 희생보다는 전선 상황에 매달려 있어야 했기 때문에 당시로서는 얼마나 많은 그들의 희생이 있었는지를 잘 알 수 없었다.

그러나 나중에 실시한 피해조사 등을 보면 노무자들은 신병을 포함한 일반 전선의 장병 못지않은 희생을 감수해야 했다. 주먹밥과 탄약을 실어 날랐던 이들은 밤중에 고지를 향하다가 적의 사격에 무수하게 당하고 말았다. 눈물겨운 항전이었다. 전선의 장병과 더불어 나라를 지키기 위해 나섰던 일반인들의 참담한 희생이었다.

전략적인 의도에서 벌인 폭격에도 불구하고 북한군의 공세는 집요하게 펼쳐졌다. 전선은 그래서 총성이 멈추지 않았다. 전선을 모두 이끌고 있던 미 8군 사령부는 다부동 일대의 상황을 계속 심각하게 지켜보는 중이었던 모양이다. 융단폭격에 이어 8군 사령부는 별도의 조치를 취했다.

다부동 일대에서 분전하는 국군 1사단의 뒤를 받쳐줘야 한다는 판단을 했던 듯하다. 사실, 당시 국군 1사단 전력으로서는 전선을 지탱하기가 쉽지 않았다. 아군 1개 연대가 적 1개 사단의 병력과 싸워야 했던 수적인 열세 때문이었다. 아울러 우리가 적을 압도할 만한 화력을 갖추지도 못한 상황이었다.

미 8군 사령관 워커 중장은 마산으로 급히 이동해 북한군 6사단 등 2개 사단의 공로를 좌절시켰던 미 25사단의 1개 연대를 빼서 우리 1사단의 우전방을 막도록 했다. 27연대장은 존 마이켈리스(John H. Michaelis, 1912~1985) 대령이었다. 원래 그가 다부동에 올 당시에는 계급이 중령이었다가, 도착과 동시에 대령으로 진급한 상태였다.

미남 연대장 마이켈리스

그는 매우 잘생긴 미군이었다. 키는 크지 않았으나 얼굴 생김새가 웬만한 미국 영화배우 못지않은 미남자였다. 나는 미 8군 사령부로부터 "27연대가 다부동 방어를 위해 그곳으로 이동한다"는 통보를 받았다. 당시로서는 알 수 있는 사항은 아니었으나, 그는 나중에 제임스 밴 플리트 장군에 이어 제4대 미 8군 사령관으로 부임했던 맥스웰 테일러 장군의 참모장을 지낸 경력의 소유자였다.

막강한 전투력으로 노르망디 상륙작전에 참전했던 미 101공수사단에서였다. 당시 공수사단장은 맥스웰 테일러, 그의 참모장으로 당시 전쟁에 참여했던 사람이 존 마이켈리스 대령이었다. 미군의 노르망

다부동 전투에서 나와 함께 적을 막았던 미 25사단 27연대장 마이켈리스 대령은 나중에 4성 장군에 올랐다. 1953년 내가 육군참모총장으로 미 웨스트포인트를 방문했을 때 생도대장이었던 마이켈리스와 다시 만나 악수를 나누는 장면

디 상륙작전 당시 가장 막강한 전투력을 보였던 공수사단이었으니, 마이켈리스 또한 전쟁을 충분히 숙지한 인물이기도 했다.

그는 동명초등학교의 사령부로 나를 찾아왔고, 이어 나는 그와 함께 상주로부터 다부동에 이르는 국도의 북쪽 길목인 천평동 초입으로 갔다. 27연대가 방어를 맡은 지역이었다. 그는 내가 보는 가운데 작전 배치에 들어갔다. 아주 분주한 모습이었다. 천평동은 작은 협곡의 지형이었다. 약 1㎞ 남짓의 폭을 형성하고 있었으며, 좌우 양쪽으로는 유학산 등의 산이 펼쳐져 있었다.

그의 부대 27연대는 협곡 가운데에 해당하는 천평동의 계곡을 지키는 임무를 맡았다. 북한군은 당시 국군이 지니지 못했던 전차를 보유하고 있었다. 고지를 두고 벌이는 전투와는 다른 양상의 싸움이 벌어질 수 있는 곳이 바로 천평동이었다. 북한군이 전차를 앞세우고 몰려올 경우에 대비하기 위해 미 8군이 27연대를 보냈던 것이다.

그는 경험 많은 미군 장교답게 천평동 계곡을 둘로 나눠 좌우 양쪽에 1개 대대씩을 배치했다. 맨 앞에는 지뢰를 매설했고, 중간에는 전차를 배치했다. 각 대대장에게는 간단하면서도 분명한 지침만을 전달했다. 부대의 방어선을 정확하게 그었으며, 각 장교에게는 임무와 위치를 거듭 확인했다.

나는 그 뒤를 줄곧 따라다녔다. 그가 하는 행동을 유심히 지켜보기 위해서였다. 약 두 시간 걸렸다. 그 짧은 시간에 연대급 전투 병력을 모두 배치했다. 말이 연대였지, 사실 그가 이끌고 온 부대는 여단 규모였다. 다부동 방어에 총력으로 나선 미 8군 사령관이 그에게 증강된 여단 병력을 이끌도록 했던 것이다.

나는 당시 그가 끌고 왔던 병력이 우선 궁금했다. 마이켈리스는 내 의중을 알겠다는 듯이 "전차 1개 중대, 155㎜ 곡사포 6문, 105㎜ 18문에 공지^{空地} 연락장교도 데리고 왔다"고 시원스레 대답해줬다. 그는 아울러 "포탄 사용량에도 제한이 없으니 그리 알고 있으라"면서 씩 웃어 보였다.

경북 화령장에서 개전 이래 처음 한미 합동작전이 벌어졌었다. 그보다 절박한 상황에서 다시 국군과 미군의 합동작전이 벌어질 태세였다. 마이켈리스는 빈틈이 없어 보였다. 그래서 한편으로는 든든했다. 그러나 한국군과의 합동작전은 그로서는 처음이었다. 그로부터는 세계 최강 미군의 자존심과 함께 국군에 대한 일종의 불신감이 언뜻 보이기도 했다.

밤중에 사령부 덮친 북한군

하수구에 CP 차린 미 연대장

마이켈리스는 내게 많은 것을 가르쳤다. 스승과 제자로서가 아니라, 전선에서 경험이 많은 지휘관이 어떻게 행동해야 하는가를 그가 내게 많이 보여줬다는 얘기다. 그는 부대 배치를 끝낸 뒤 연대 지휘소를 의외의 곳에 마련했다. 하수구였다. 양쪽으로는 포대를 두텁게 쌓은, 물이 흘러지나가도록 만든 하수구였다.

아울러 그는 전선에서 병력을 배치할 때도 직접 통신병 한 사람만 대동한 채 총탄이 날아다니는 곳을 정찰했다. 그와 함께 작전을 펼치고 있던 1사단 11연대 병력은 연대장이 통신병 하나만을 대동한 채 총알이 날아다니는 전선을 시찰하는 모습을 보면서 감탄했다고 한다.

이틀 뒤에는 폴 프리먼 대령이 이끄는 미 2사단 23연대가 전선에 왔다. 역시 다부동을 튼튼하게 막아두려는 미 8군 사령관 워커 중장의 결단이었다. 프리먼 대령은 이듬해 중공군 참전으로 벌어지는 1.4후퇴 직후 경기도 가평 인근 지평리라는 곳에서 프랑스 대대와 함께 중공군 5개 사단 병력을 물리쳤던 전투로 이름을 크게 높인 인물이다.

23연대는 마이켈리스 대령의 27연대 후방을 받쳐주면서 서쪽으로 우회할 수 있는 북한군 병력을 대구로 진입하는 길목에서 막아 세우기 위해 보낸 병력이었다. 어쨌든 북한군의 발악적인 공세에 대응코자 미 8군은 여러 후속 조치를 취하고 나섰던 것이다. 이어 국군 8사단 1개 연대도 1사단 방어지역으로 보낸다는 통보가 왔다.

다부동에서 동쪽으로 나있는 가산架山산성 쪽에 적군 병력이 모여들고 있다는 정보 때문이었다. 다부동을 통해 대구로 진입하는 공로가 막히자 북한군 일부 병력이 동쪽으로 나있는 가산산성을 노렸던 것이다. 그에 따라 우리 1사단은 미 25사단 27연대, 미 2사단 23연대, 국군 8사단 10연대의 병력을 증원받은 형국이었다.

8월 18일이었던 것으로 기억한다. 국군 8사단 10연대의 선발대가 곧 도착한다는 얘기를 듣고 나는 사단 사령부가 있던 동명초등학교 정문 앞에 나가 있었다. 전쟁을 치를 때 원군援軍의 의미는 각별하다. 사지死地와 다름이 없었던 당시의 다부동 전투에서 우리를 지원하기 위해 원군이 온다는 일은 가뭄에 만나는 단비 그 이상의 달콤함이었다.

가산산성은 전략적으로 매우 큰 의미가 있는 곳이었다. 다부동을 뚫기 어려워 북한군이 그곳을 향하고 있다는 정보는 매우 위협적이었

다부동에서 마이켈리스 27연대장이 지휘소를 차렸던 다리 밑의 모습

다. 그곳은 적이 박격포 등으로 대구를 직접 공격할 수 있는 지역이었다. 따라서 증원군이 필요했다. 1사단 병력으로서는 가산산성을 방어하기가 불가능했기 때문이다.

선발대가 저 멀리서 보였다. 오후 5시 무렵이었다. 흙먼지가 풀풀 일어나는 도로를 따라 걷는 선발대의 선두가 나타났다. 앞에는 대대장 한 사람이 대열을 이끌고 있었다. 내가 아는 얼굴이었다. 1948년 정보국장 시절 데리고 있던 김순기 소령이었다.

'밥부터 먹여야 잘 싸운다'

나는 그 얼굴을 보자마자 반가움에 "순기야, 밥은 먹었냐"고 소리를 쳤다. 멀리서 내 얼굴을 알아본 김순기 소령이 단걸음에 내 앞에 달려와 섰다. "사단장님, 아이고…, 먼 길 오느라 아직까지 밥도 먹지 못했습니다"라고 말했다. 영천에서 하루 종일 시간에 쫓기며 행군하느라 굶으면서 행군을 했던 모양이다. 이어 도착하는 장병들도 피곤과 갈증, 배고픔에 지친 모습이 역력했다.

이들은 사실 바로 전선을 향해 더 행군해야 했던 상황이었다. 가산산성의 상황이 제법 심각했기 때문이다. 그렇지만 나는 배고픈 군인은 전쟁을 잘 수행할 수 없다는 점을 먼저 헤아렸다. 이들을 사단 사령부 운동장에 숙영시키기로 결심했다. 그러자 참모 한 사람이 "그래도 가산산성으로 먼저 보내야 한다"는 의견을 냈다.

그럼에도 나는 이들을 우선 쉬도록 했다. 이 상태에서 전선에 올려보낸다고 하더라도 전투력을 제대로 발휘할 수 없으리라 봤기 때문이다. 나는 내친 김에 인근 마을에서 돼지 3마리를 사오도록 했다. 그리고 문형태 작전참모에게 "우선 배불리 먹고 쉬게 한 다음에 내일 아침 일찍 전선으로 보내라"고 지시했다.

사단 사령부가 있던 동명초등학교 운동장은 갑자기 시끌벅적한 분위기로 변했다. 고달픈 행군에 지쳤던 증원군 부대원들이 오랜만에 먹는 돼지고기와 식사로 들떠있었다. 나는 그런 모습을 지켜본 뒤 사령부 안 집무실로 들어갔다. 밤이 늦어서야 나는 초등학교 운동장 뒤편에 있는 교사 숙직실로 가서 잠이 들었다.

꿈결에서 들었던 것일까. 요란한 총소리가 마구 울렸다. 이어 무엇인가 깨져서 땅에 흩뿌려지는 소리도 들렸다. 잠결에서 듣는 소리여서 나는 그저 꿈으로 알았다. 그때 갑자기 숙직실 문을 박차고 누가 들어와 나를 깨웠다. 부관인 김판규 대위였다. 그 목소리가 다급하기 짝이 없었다.

"사단장님, 사단장님, 큰일 났습니다… 적이 기습했습니다. 어서 일어나십시오…" 나는 도대체 무슨 소린지를 알 수 없었다. '적의 기습이라니?'라는 생각만 앞섰다. 사단 사령부에 적이 당도한다는 얘기는 상상조차 하기 힘든 일이었다. 그러나 나는 곧 상황을 짐작했다. 저들이 소규모 부대로 기습을 벌였다는 얘기였다.

숙직실에서 운동장으로 나가려면 교사校舍가 있는 건물을 거쳐야 했다. 중간에 복도가 길게 난 교실 앞을 지나는데, 사단 참모들 여럿이 바닥에 엎드려 있었다. 유리창이 거의 모두 깨진 상태였다. 기관총 탄알이 벽에 부딪치고 있었다. 수류탄도 함께 날아오는 상황이었다.

나는 군화 끈을 맨 상태에서 자는 버릇이 있다. 교범의 규정대로다. 그에 따르면 전시 중의 지휘관은 취침 시간에도 군화 끈을 매고 자야 했다. 나는 깨진 유리를 밟으면서 곧장 운동장으로 뛰어나갔다. 연병장에 숙영하고 있던 증원군 부대를 향해 소리쳤다. "순기야, 어서 나가라. 빨리 부대를 출동시켜라. 적들이 앞에 있다…" 그런 내용이었다.

다부동 전투를 벌일 때 우리 1사단 사령부가 들어섰던 동명초등학교. 이곳으로 북한군은 기습을 벌여왔다.

대구에 날아든 적의 포탄

김순기 소령은 다행히도 아주 기민하게 부대를 통솔했다. 일부는 곧장 개인 화기를 지니고 나와 적이 노리고 있는 오른편 담장을 향했고, 일부는 정문을 빠져나가 적이 있는 곳으로 우회하면서 공격을 펼쳤다. 적은 곧 쫓겨 갔다. 김순기 소령의 일사불란한 지휘가 빛을 발했다.

적은 사단을 직접 노리기로 했던 것으로 보인다. 다부동은 북한군 최고 사령관 김일성의 지시대로 뚫리지 않았다. 발악적인 공세를 펼쳤지만 다부동을 지키던 국군 1사단이 쉽게 물러서지 않자 사단 지휘부의 전멸을 노리고 들어온 기습이었다.

현상금까지 걸려 있었다고 했다. 아주 많은 현상금을 걸고 국군 1사단장인 나와 사단 지휘부의 목숨을 노렸던 것이다. 사단 사령부는 평소 1개 헌병 소대 병력이 지켰다. 적의 기습을 막아내기에는 화력이 여러모로 떨어지는 병력이었다. 북한은 그 점을 노리고 야밤에 직접 사단 사령부를 공격하고 들어왔다.

전쟁 중이라도 사람은 먹어야 한다. 먹지 못하면 싸우지를 못한다. 배가 불러야만 적을 제대로 보면서 싸울 수 있다. 평소 내가 믿고 있는 바다. 그에 따라 하룻밤을 먹이고 재운 김순기 소령 대대 병력이 결국 사단의 전멸을 막을 수 있었다. 당장 그들을 전선으로 올려 보내자는 참모의 제안을 따랐다면 국군 1사단은 적의 기습에 당했을 수도 있었다.

더 급했던 상황이었다면 모를까, 어쨌든 하룻밤을 사단 사령부에서 숙영시킨 증원부대의 병력은 사단 사령부를 절박한 위기로부터 구했다. 그 사건으로 인해 사단 사령부의 자체 경계 능력을 높이기로 했다. 사단에서 2개 소대를 끌어와 사령부 경계를 맡도록 했다.

경계는 그만큼 중요하다. 적이 다가서는 동향을 모를 바에는 경계라도 철저하게 해야 한다. 그에 빈틈이 생기면 모든 것을 잃을 수 있는 위험에 놓이기 십상이다. 그날 밤에 있었던 적의 기습은 경계의 중요함을 새삼 일깨웠다. 그렇게 또 한 위기를 벗었다.

그럼에도 첩첩산중에 놓인 심정이었다. 유학산에서는 아직 고지를 점령하지 못한 아군의 희생이 늘어만 갔다. 15연대 방면의 전선도 적과 고지를 뺏고 빼앗기는 혈전을 치르면서 상황이 크게 나아지지는 않고 있었다. 가산산성을 차지하려는 적의 움직임도 부쩍 활발해지고 있는 상황이었다. 더 큰 문제는 가산산성에 이미 적이 들어섰다는 점이었다.

그곳은 대구를 직접 포격할 위치였다. 아니나 다를까. 적의 포탄이 대구역에 떨어지고 말았다. 대구에서는 임시수도를 부산으로 옮겨야 한다는 여론이 비등하고 있었다. 그런 와중에 대구역으로 떨어진 북한군의 포탄은 심각한 파문을 일으켰다. 대구는 금세 혼란에 빠져들고 말았다.

밀항 희망자 모여든 부산

대구는 당시까지 대한민국 정부의 임시 수도 역할을 했다. 전략이라
는 측면에서 볼 때 대구는 결코 적에게 빼앗겨서는 안 될 곳이었다. 임
시 수도를 부산으로 옮긴다고 하더라도 이곳은 반드시 지켜야 했다.
대구를 빼앗긴다면 적에게 대한민국의 명운을 넘겨줬다고 해도 좋을
만큼 중요했다.

피난민으로 북적였던 대구

적은 낙동강을 넘어 대구로 진입하기 위해 모든 힘을 쏟아 붓고 있었
다. 개전 이래 낙동강까지 진출하면서 소모한 자신의 병력과 물자, 화
력 등을 대구를 점령한 뒤 모두 보충할 수 있었기 때문이었다. 따라서
대구는 우리 대한민국이 사느냐 죽느냐를 결정하는 곳이기도 했다.

그러나 전쟁을 지휘하는 미 8군 사령관의 입장에서는 적에게 이
대구를 내줄 수도 있다는 점을 고려해야 했다. 따라서 그와 도쿄에 머
물고 있던 더글러스 맥아더 사령관은 1950년 8월에 접어들면서 임시
수도를 부산으로 옮기는 게 좋겠다는 뜻을 이승만 대통령에게 전했
다고 한다.

이승만 대통령은 그를 귀 기울여 듣지 않았다고 한다. 그는 대구 사
수死守의 의지를 내비치면서 끝까지 그곳에 남아 김일성 군대를 막겠다

고 했다는 것이다. 워커 장군 또한 낙동강 전선을 지휘하는 주요 기간 병력은 대구에 남긴 채 나머지 주요 인원들을 부산으로 옮기도록 했다.

아울러 그들은 밀양과 울산을 잇는 마지막 방어선도 설정했다. 미 8군 공병참모였던 사람의 이름을 따서 만든 '데이비드슨(Davidson) 라인'이었다. 적이 대구를 차지하면 워커는 이 방어라인을 한동안 유지하면서 대한민국의 임시 정부를 제주도로 옮기도록 하고, 한반도에 전개했던 미군을 일본 등으로 철수시킬 계획까지 짜놓았던 상태였다.

피난민들은 계속 대구와 부산으로 몰려드는 상황이기도 했다. 낙동강 전선에서는 북한군 치하治下의 고난을 피해 강을 넘으려는 피난민이 대거 몰리면서 이들을 통제하려는 미군이 골머리를 앓고 있었다. 자유를 찾아 움직이려는 피난민은 강을 넘어와도 얼마든지 좋았다. 그러나 피난민의 통행이 아군의 작전을 저해하는 경우가 적지 않았다. 그러나 가장 큰 고민은 '오열五列'의 문제였다. 유럽의 전쟁에서 적과 내통하는 사람들을 지칭하면서 자리를 잡았던 이 단어의 주인공들은 당시 낙동강 전선에서도 아군을 심각하게

낙동강 전선으로 북한군이 다가올 무렵인 1950년 7월 30일 대구역 광장. 이승만 대통령의 연설을 듣기 위해 인파가 몰려 있다.

위협했다.

피난민의 틈에 끼어들어 강을 건너는 위장僞裝 북한군, 또는 그를 추종하는 빨치산, 그들로부터 사주를 받은 민간인 등이 많았다. 변장한 채 아군 지역으로 넘어와 불시에 기습을 벌이는 상황이 생겼고, 미군 등은 그에 따라 커다란 피해를 입거나 작전에 큰 차질을 빚는 경우가 많았다. 이들을 통제하는 일이 아주 큰 문제였다.

어느 날 날아든 적의 포탄

자칫 잘못 상황이 벌어져 대한민국이 임시 수도를 다시 부산으로 옮길 가능성이 높았고, 피난민들이 자꾸 몰려들면서 대구의 분위기는 아주 긴장감이 높아지고 있었다. 전쟁 전에 인구 30만 명이었던 대구에는 1950년 8월 낙동강 전선에서 전투가 불붙고 있던 무렵에는 70만 명의 인구로 북적이고 있었다.

그런 분위기에서 8월 18일 대구 북방의 가산산성을 점령했던 북한군이 박격포를 쐈다. 대구를 직접 노린 포격이었다. 기록에 따르면 18일 새벽에 북한군이 가산산성에서 쏜 포탄 일곱 발이 대구역에 떨어지고 말았다. 대구는 금세 요동쳤다. 우선은 역무원 1명이 사망하고 민간인 7명이 부상했다.

인명 피해는 크지 않았으나, 적의 포탄은 기름을 가득 머금은 볏짚에 그어댄 성냥불과 같았다. 대구 전역은 걷잡을 수 없는 혼란으로 빠져들고 말았다. 이로써 임시 수도는 부산으로 옮겨가는 게 정해졌고, 피난령이 발동했다. 시민들 일부는 대구에 북한군이 진입한 것으로 착각까지 했다고 한다. 삽시간에 불어난 피난 대열로 인해 군부대 이동도 불가능할 정도로 대구는 혼돈의 도가니로 깊이 빠져들었다.

당시 내무장관은 조병옥趙炳玉
(1894~1960) 박사였다. 그는 한 때
이승만 대통령이 한민당과 결별
하면서 이 대통령과 협력 관계를
끊었다가 전쟁이 터진 뒤인 7월
15일 다시 정부의 최고 요직인
내무장관을 맡고 있었다.

조병옥 박사는 많이 알려진
사람이다. 그는 당시 이승만 대통

북진한 아군이 평양을 점령한 뒤 연설을 하고 있는
조병옥 당시 내무장관

령 등 몇 손가락으로 꼽을 수 있는 해외 유학파 경력을 지닌 최고의
지식인 중 한 사람이었다. 연희전문을 다니다가 미국으로 유학해 명
문 컬럼비아 대학에서 박사학위까지 받은 인물이었다. 최고의 지식수
준을 갖췄던 데다가 선이 굵어 대한민국을 대표하는 유력한 리더 중
한 사람이었다.

대구역 앞에 적의 포탄이 떨어져 모든 거리가 피난 대열로 엉망이
돼가고 있을 무렵에 그는 소식을 듣고 현장으로 달려갔다고 한다. 지
프에 올라탄 채 이곳저곳을 다니면서 "우리는 절대 대구를 적에게 넘
기지 않을 것"이라며 정부의 대구 사수 의지를 전파하고 다녔다.

급기야 피난민이 죄다 몰려 있던 대구역에 나타나 카랑카랑한 음
성으로 정부의 대구 사수 의지를 연설하면서 분위기를 안정시켰다.
대구가 적의 포탄이 날아들어 금세 혼란의 와중으로 빠져들었음에도
비교적 빠른 시간 내에 안정을 되찾을 수 있었던 데에는 조병옥 박사
의 공이 매우 크다고 알려져 있다.

조병옥 내무 수습에 안간힘

실제 조 박사는 7월 15일 내무장관에 취임한 뒤 많은 일을 수행했다. 조 박사가 내무장관에 올라 먼저 살핀 점은 경찰병력이었다. 전선에서 작전을 수행하는 군대를 도와 후방에서 상황을 관리해줘야 했던 경찰병력이 북한군 남침과 국군의 급한 후퇴로 많이 줄어있었다.

약 2만 5,000여 명의 경찰 병력은 조 박사가 내무장관으로 취임할 때는 1만 3,000명 정도로 감소한 상태였다. 지닌 무기도 칼빈 소총 6,000정 정도가 고작이었다. 후방의 치안을 책임져야 할 내무장관으로서 조 박사는 당장에 경찰병력 증원과 무기 확보에 나섰다고 했다.

고급 수준의 지식인이었고, 아울러 미국에서 박사학위까지 받아 영어에도 능통한 조 박사였다. 그는 자신의 그와 같은 개인적인 장점을 충분히 살렸다. 경찰병력을 6만 5,000명으로 늘릴 계획을 잡은 뒤 대구와 부산에 경찰관 훈련소를 만들어 집중적으로 경찰요원들을 길러냈고, 미군과 탁월한 교섭을 벌여 무기를 크게 늘렸다.

나중에 알려진 기록에 따르면 조 박사의 활약에 힘입어 경찰 병력은 1950년 말 4만 8,000여 명으로 늘었고, 미 8군 참모장 앨렌(Leven C. Allen) 소장과 협의해 미군으로부터 칼빈 소총과 기관총, 박격포 등을 지원받아 무기를 7만 여 점으로까지 증강했다.

아울러 조 박사는 미 8군 사령관 워커 중장에게 요청해 한국의 경찰을 미군부대에 배속토록 했다. 이는 워싱턴 미 행정부의 승인을 얻어 곧 현실화했다. 한국 경찰이 미군을 따라 함께 작전을 수행할 수 있도록 한 계기였다. 이들 경찰은 미군 부대의 전선에 진출해 낙동강을 넘어서는 피난민 중에 섞여 들어온 '오열五列'을 색출하는 일에 종사하면서 한국 경찰의 성가를 높일 수 있었다.

전선에서는 처참한 아군의 희생이 매일 벌어졌다. 솜털이 얼굴에 나있는 신병과 학도병도 기꺼이 고지에 올라 적과 싸우다가 세상을 등졌다. 이름을 알 수 없는 아주 많은 노무자들도 전선의 병사들에게 밥과 탄약을 날라주다 목숨을 잃었다. 후방에서도 조병옥 박사처럼 분투를 보이는 대한민국 사람은 아주 많았다. 그렇게 대한민국은 위기의 깊은 그늘에서 조금씩 벗어나고 있었다.

그러나 전쟁을 수행하면서 들은 풍문으로는 믿고 싶지 않은 내용도 적지 않았다. 일부 군인들의 탈선도 있었음은 물론이다. 그보다는 부산에서 밀항을 준비하는 사람들에 관한 내용이 자극적이었다. 대한민국의 패망을 미리 짐작해 제주도와 일본으로 먼저 건너가는 사람들이 많았다고 한다.

연세대학교 박명림 교수의 소개에 따르면 부산을 빠져나가 일본으로 가는 밀항은 당시에 '돼지몰이'로 불렸다고 한다. 밀항 주선비용은 1인당 50만 원에서 시작했다가 100만~150만 원에까지 이르렀다고 한다. 선박을 빌리려면 500만 원에서 1,000만 원까지 '호가'했다는 것이다.

자신을 지켜주지 못하는 정부에 대한 불신에서 비롯했을 것이다. 그러나 우선 정부의 역량이 부족했다는 점은 인정하더라도, 위기에서 먼저 제 목숨만 건지려고 들었던 사람이 적지 않았다는 정황은 이로써 충분히 알 수 있다.

"당신들 뭐 하는 군대냐", 미 8군의 질책

앞서 소개한 존 마이켈리스 미 25사단 27연대장에 이어 그 후방을 받쳐주는 미군 부대로 2사단 23연대가 추가로 다부동 전선에 도착했다. 23연대의 연대장 폴 프리먼(Paul L. Freeman, 1907~1988) 대령은 이듬해 1.4후퇴로 한강 이남으로 아군이 밀렸을 무렵 지평리라는 곳에서 중공군 5개 사단 6개 연대와 맞서 싸워 기적적인 승리를 이끌었던 이른바 '지평리 전투'의 영웅이었다.

중국말 하는 미 연대장

마이켈리스의 27연대에 이어 23연대가 도착하던 무렵이었다. 프리먼 대령이 우리 1사단 사령부로 나를 찾아왔다. 인상이 좋아 보였던 그는 나를 만나자마자 중국어로 "당신 중국말 할 줄 아느냐"고 물었다. 만주군관학교를 나온 내 이력을 그가 알아본 뒤 건넨 중국말이었다.

나도 중국어를 사용해 "할 줄 안다"고 대답했다. 그러자 프리먼은 "그렇다면 우리 중국어로 이야기를 해보자"고 제안했다. 상황이 조금 우스워지고 말았다. 그래서 나는 "영어도 할 줄 안다"고 했다. 그러자 프리먼은 활짝 웃으면서 "왜 진작 영어를 한다고 말하지 않았느냐"고 화답했다.

자라온 문화적 배경이 전혀 다른 군대가 전우로서 함께 전선에 나서는 상황이었다. 본격적인 한국과 미국의 연합작전을 알리는 장면이기도 했다. 나는 그들의 화력과 전투 경험, 물자 보급 능력 등이 모두 부러웠다. 당시의 국군 수준은 여러 가지 측면에서 미군에 이르지 못했다. 그런 미군과 국군의 연합작전은 그저 함께 서서 싸운다는 마음만으로는 해결하지 못하는 무엇인가가 있어 보였다.

아무튼 프리먼은 중국에 유학했던 경험의 소유자였다. 1931년부터 4년 동안 중국 베이징北京에 머물면서 익힌 중국어가 아주 돋보였다. 그는 함께 싸울 한국군 지휘관과의 소통을 먼저 걱정했던 것이다. 그래서 내 이력을 살펴 만주군관 출신이라는 점을 알고서는 중국어를 써서라도 소통해야겠다는 생각을 했던 모양이다. 당시 한국군 지휘관 중 영어를 구사하는 사람이 많지 않았던 까닭이다.

다부동의 전선은 그렇게 큰 모습으로 자리를 잡았다. 다부동 초입의 천평동 계곡에 마이켈리스 대령이 이끄는 미 27연대가 전차와 포병으로 무장한 채 늘어섰고, 그 남쪽으로 프리먼 연대장의 23연대가 역시 막강한 화력으로 부대를 전개했다. 남북으로 향하는 간선도로에 미군이 중첩적으로 늘어서 적의 공격에 대비했다.

다른 나라, 다른 부대

우리 1사단은 서쪽에서 동쪽 방향으로 15연대, 유학산 일대의 12연대, 다부동 초입에서 다시 가산산성 방향으로 11연대가 진을 펼친 채 북한의 막바지 공세에 분투를 거듭하고 있는 상황이었다. 남북은 미군, 동서는 국군이 막아서면서 대구를 어떻게 해서든 지켜내야 하는 형국이었다.

낙동강 전선 위기가 한 고비를 넘긴 뒤 진격 채비를 서두르고 있는 미군 전차와 보병의 모습

　　27연대의 마이켈리스 대령은 아주 노련한 야전 지휘관이었다. 철저하게 현장을 살피면서 냉철하게 부대를 이끌었다. 내가 전쟁 중에 만났던 전형적인 앵글로색슨 계통의 지휘관이기도 했다. 상견례를 할 때는 부드러웠지만 현장을 돌아보면서 부대를 배치할 때는 매우 냉정했다.

　　모든 전선은 견부肩部가 중요하다. 어깨와 어깨가 서로 잘 맞물려야 한다. 군사용어로는 전투 지경선地境線의 문제다. 함께 적을 맞아 싸우는 군대가 서로 경계를 형성하는 이 지경선은 뚫리기가 가장 쉬운 부분이다. 제대로 어깨를 잇지 않으면 적은 그 틈새를 비집고 들어와 아군의 후방을 노릴 수 있다.

　　따라서 지경선 옆에 선 아군 부대가 제대로 싸우지 못하고 뒤로 물러나면 그 옆의 부대는 곧장 커다란 위기를 맞는다. 적은 제방의 균

열을 비집고 들어와 사나운 기세로 돌진하는 물길처럼 변해 아군의 측면과 후방은 금세 요동을 친다. 공황에 빠진 군대는 곧 무너지면서 참혹한 결과를 빚고 만다.

미군은 그런 점에서 당시의 국군을 잘 믿지 못했다. 국군의 전투력이 우선 크게 떨어지는 상태였고, 전투 경험을 풍부하게 지닌 지휘관이 눈에 띄지 않았기 때문이다. 마이켈리스 대령과 프리먼 연대장 둘 모두는 나와 부드럽게 상견례를 했으나 그런 염려를 불식하지는 못했을 것이다.

마이켈리스는 앞에서 언급한 대로 전차와 포병 등 막강한 화력을 지닌 제 부대 병력을 배치하면서 철저하게 무엇인가를 따지는 눈치였다. 그 뒤를 따라다니면서 미군이 어떻게 부대를 배치하는지 관찰하던 내게 아무런 말도 건네지 않았다.

프리먼 대령도 마찬가지였을 게다. 오죽하면 내 이력을 먼저 살핀 뒤 영어로 소통하는 일이 어렵다고 판단해 먼저 중국어로 말을 건넸을까. 함께 싸워야 하는 한국군의 지휘관과 그렇게라도 소통을 해야 한다는 생각이 앞섰던 것이다. 전선에 나서는 군대에게는 함께 어깨를 댄 채 싸워야 하는 옆 부대의 역량이 매우 중요했다.

적군의 공세는 아주 집요하게 벌어졌다. 처참한 인명의 희생이 날로 늘어갔다. 그럼에도 우리 국군은 고지에서 적을 맞아 용감하게 싸우고 있었다. 8월 21일 무렵이었던 것으로 기억한다. 천평동에서 다부동, 대구로 이어지는 축선의 간선 도로는 앞에서 소개한 대로 미 27연대와 23연대가 지켰다. 동서로는 우리 11연대가 천평동 계곡 북쪽 초입의 양쪽 산에 포진해 있었다.

"우리도 철수한다"

북한군은 전차를 앞세워 천평동 계곡 초입 지역 돌파에 안간힘을 기울였으나 마이켈리스의 27연대에 의해 번번이 꺾이고 말았다. 계곡 양쪽에 포진한 1사단 11연대도 분전을 거듭하며 고지를 확보하는 등 나름대로 선전을 벌이고 있었다.

그런데 돌연 내가 있던 1사단 사령부에 전화가 걸려왔다. 대구의 미 8군 사령부로부터 온 전화였다. 부관에게서 건네받은 전화통 안에서는 대뜸 호통이 튀어 나왔다. "사령관, 지금 당신들 뭐 하고 있는 거냐. 한국군이 정말 이래도 되는 것이냐!"였다. 거의 고함에 가까웠다.

당시 미 8군의 작전 참모 중 한 명이었을 그 미군은 "당신들이 이러면 우리는 철수한다. 계곡에 적이 들어오고 있는데 이렇게 한국군이 물러난다면 미군 또한 그냥 물러날 수밖에 없다"고 했다. 그는 이어 "천평동 계곡 좌측방 고지가 뚫렸다. 한국군이 물러나고 말았다. 한국군에 실망했다. 27연대가 '이런 상황이라면 우리는 철수한다'고 통보했다"고 말했다.

전투의 지경선, 가장 우려했던 어깨 부분이 무너지고 있었던 것이다. 한국군의 맥없는 후퇴라는, 신경질 가득 섞인 지적이었다. 상황이 아주 급했다. 그곳에서 한국군이 물러나고 북한군이 계곡 좌측을 뚫고 진입하면 미군은 바로 고립을 면치 못한다. 계곡 위의 고지에서 공격을 퍼붓는다면 미군은 병력 전부의 절멸絶滅에까지 몰릴 수 있었던 것이다.

나는 지프에 올라타고 곧장 천평동 계곡 초입으로 달렸다. 11연대 1대대가 방어하는 곳이 문제가 생겼는데, 그리로 가기 위해서는 산길을 올라가야 했다. 산자락 근처에 도달했을 때였다. 어디선가 날아온 포탄 파편이 운전병의 팔을 뚫었던 모양이다. 지프를 몰던 운전병이 갑자기 "억~!"하는 소리를 지르면서 운전을 멈췄다.

운전병은 제 팔뚝을 감싸 쥐고 있었다. 선혈이 멈추지 않고 흘러내렸다. 나는 그를 살필 겨를도 없이 차에서 뛰어내렸다. 그리고는 1대대 방어지역을 향해 달려갔다. 몇백 미터의 평지를 달렸고, 이어 나타난 산길을 타고 올랐다. 마음속으로는 이제 닥친 가장 큰 위기를 어떻게 해결해야 하느냐라는 생각만 들었다.

좀체 뭔가에 잘 기대지 않는 게 내 성정(性情)이다. 따라서 종교적인 심성도 내겐 그리 발달하지 않았다. 그러나 그때는 어딘가에 기대고 싶은 마음이 생겨났다. 산길을 뛰어오르다 잠시 숨을 고르던 순간에 먼저 어머니가 떠올랐다. 아버지는 내가 7살 때 세상을 떠났다. 그 뒤로 어린 삼남매를 꿋꿋하게 돌본 어머니였다. 마음은 어느새 어머니

낙동강 전선에서 북한군 공격에 맞서 미군이 반격을 준비 중이다.

의 그런 굳건함을 찾고 있었다.

이어 그 전까지는 제대로 다니지 않던 교회도 떠올렸다. 그리고는 하느님께 기도를 올렸다. '이번의 위기를 구해주신다면 앞으로 교회에 열심히 다니겠습니다'는 내용의 마음속 기도였다. 그때는 그런 생각만이 들었고, 그저 그런 기도만이 떠올랐다. 저 멀리에 11연대 1대대가 보였다. 고지에서 밑으로 무질서하게 밀려 내려오는 부하들이 눈에 들어왔다.

나는 계속 그쪽으로 달려 올라갔다. 점점 다가서면서 부하들의 얼굴이 보이기 시작했다. 지친 모습이 아주 역력했다. 이어 후퇴의 선두에 선 1대대장 김재명 소령의 얼굴이 보였다. 나는 그를 불렀다. 그들은 눈앞에 나타난 사령관의 얼굴을 보고 깜짝 놀라는 기색이었다.

"내가 물러나면 나를 쏴라"

지휘관이 갖춰야 할 자질은 사실 여럿이다. 적의 의중을 미리 읽어낼 수 있는 지혜, 부하를 잘 대할 줄 아는 덕성德性, 적의 기세에 굽히지 않는 용기, 차분하게 싸움을 이끌어갈 수 있는 치밀함 등이다. 그러나 위기에 닥쳤을 때 내 몸 하나 던져서라도 적을 막아야 한다는 의지는 다른 무엇보다 아주 확고해야 한다.

더 밀릴 곳이 없었다

커다란 위기에 봉착했을 때 지휘관이 등을 보이면 전열戰列은 아주 급속하게 무너지고 만다. 다부동의 당시 상황이 그랬다. 나는 평소에 남 앞에 나서기를 좋아하는 성격은 아니다. 그러나 그때는 내가 앞으로 먼저 나서지 않으면 무너지는 후퇴 병력을 도저히 되돌려 세울 방법이 없다고 생각했다.

우리 11연대 1대대가 다부동 좌측방의 고지를 적에게 내주고 물러난다면 천평동 계곡의 미군은 아주 심각한 상황에 놓일 수밖에 없었다. 아주 다급한 마음에 우선은 산에서 밀려 내려오다 나와 마주친 1대대장을 붙잡아 세웠다. 그리고 마구 후퇴하는 병력을 우선 땅바닥에 앉도록 했다.

일단 땅바닥에 앉히면 마음을 조금이라도 진정시킬 수 있다고 생각했기 때문이다. 후퇴 대열의 선두가 땅에 앉자 뒤를 따라오던 부대원들도 모여들면서 바닥에 앉고 있었다. 나는 즉석에서 이런 내용으로 연설을 했다.

"지금 우리는 대구와 부산만을 남긴 상태다. 이곳을 지키지 못해 대구를 내준다면 우리는 더 이상 갈 곳이 없다. 바다에 들어가는 일만 남았다. 여러분 모두 그동안 잘 싸워줘서 정말 고맙다. 그러나 한 번 더 힘을 내자. 저 밑 계곡에서 미군은 우리를 믿고 싸우는 중이다. 우리가 먼저 물러나면 저들은 곧장 철수할 것이다. 그러면 우리 대한민국은 망한다. 내가 먼저 앞장을 설 테니 나를 따라와라. 그러다가 내가 물러서면 나를 쏴라."

말을 마치고서 나는 대열을 가르면서 걸어 나가 앞장을 섰다. 권총을 빼들고 선두에 서서 물러났던 고지를 향해 뛰어나갔다. 얼마를 뛰다가 나는 뒤를 따라오던 부하들의 제지로 더 이상 앞장을 설 수 없었다. 누군가가 내 어깨와 허리를 잡더니 "이제 우리가 나아가겠습니다"라고 했다.

내가 가끔 다부동 전투를 회상할 때 소개하는 대목이다. 무용담이라고 여길 이도 있을 것이다. 그러나 우리의 사정은 아주 절박했다. 그렇게라도 하지 않으면 안 될 상황이었다. 사단을 이끌고 있는 사단장으로서 전선에 서서 직접 돌격을 감행한 일이 퍽 인상적이라고 하는 사람도 있으나 아주 절박한 상황, 그만큼 곤혹스러웠던 마음에서 우러나온 자연스러운 일일 것이다.

미 연대장과의 설전

내 성격이 특히 용감하다고는 이야기할 수 없다. 그러나 전선이 무너질 수도 있는 상황에서는 최고 지휘관이 제 몸 하나를 던져서라도 막

겠다는 생각을 해야 한다. 이는
특별한 용기도 아니다. 전선 지
휘관이 갖춰야 할 최소한의 자
세일 것이다.

다부동 전투가 벌어지던 무렵 1사단 사령부에서 미군 고문관과
함께 지도를 바라보며 작전을 구상중인 나(왼쪽)

무너져 쫓겨 내려왔던 1대대
병력들은 사실 격전과 배고픔,
갈증으로 많이 지쳐있던 상황
이었다. 그럼에도 그들은 사령
관인 나를 앞서면서 왕성한 기
세로 다시 고지를 향해 올라갔
다. 공세를 벌이던 북한군은 후
퇴 병력이 다시 고지에 오르자
증원 병력이 왔다고 착각했다고
한다. 결국 1대대는 다시 힘을
내 고지에 올라서고 있던 북한군을 꺾고 다시 원상태를 회복했다.

산에서 내려오자 미군들이 몰려들었다. 마이켈리스 미 27연대장도
있었다. 그들은 후퇴를 서두르려다가 한국군이 다시 산을 오르는 장
면을 계곡 아래에서 지켜봤던 모양이다. 한국군이 다시 고지에 오르
자 환호성까지 올렸던 모양이다. 그들의 철수는 멈췄고, 천평동 계곡
은 결국 정상을 되찾았다. 마이켈리스 대령은 "한국군은 신병神兵"이라
면서 찬사를 아끼지 않았다.

나는 마이켈리스 대령과 그곳으로부터 조금 후방에 자리를 잡고
있던 27연대 포병 진지에 도착했다. 그러나 내 마음속에는 노여움이라
고 할까, 아무튼 그런 앙금이 남아 있었다. 그때문에 나는 따지듯이 마

다부동 전투의 큰 위기를 넘겼을 때 사령부를 방문한 신성모 당시 국방장관(앞 왼쪽)을 내가 수행하고 있다.

이켈리스에게 물었다. "왜 1사단에 먼저 상의하지 않고 8군 사령부에 '한국군이 후퇴하니 우리도 철수한다'고 말을 했느냐"는 내용이었다.

그러면서 나는 마이켈리스와 다소간 언쟁을 벌였다. 어깨를 잇고 함께 싸우는 부대의 상황을 정확하게 알고자 했다면 27연대는 우리 1사단 사령부와 먼저 소통을 해야 했던 것이다. 그러나 마이켈리스는 한국군의 전투 자세를 두고 비판적인 견해도 드러냈다.

11연대 1대대의 후퇴는 그저 북한군이 두려워 벌어진 일이 아니었다. 상황으로 볼 때 몇 가지 오해가 생기면서 일부 병력이 뒤로 물러서자 뒤의 병력들이 후퇴상황으로 알고 무질서하게 산을 내려왔던 듯하다. 그렇다면 미 8군 사령부에 보고하기 전 1사단에 전화를 걸어 상황을 좀 더 침착하게 알아본 뒤 행동에 들어가야 했다는 게 내 지적이었다.

나와 마이켈리스는 그런 문제를 두고 다소 감정적인 발언까지 했던 것으로 기억한다. 논쟁 끝에 나는 "미군들이 고맙기는 하지만, 정 그렇다면 서로 위치를 바꿔보자. 당신들이 저 험악한 산에 올라갈 수 있겠느냐. 처절한 싸움이 벌어지는 곳이다. 평지를 맡긴다면 우리도 당신들 못지않게 싸울 수 있을 것"이라는 내용이었다.

한국군에 대한 불신

사실, 그 말대로 일이 벌어질 수는 없었다. 내 장담대로 평지의 수비를 맡더라도 우리 1사단이 강력한 화력을 갖춘 미군의 수준을 따라갈 수는 없는 상황이었다. 그저 속에 담긴 감정적인 앙금 때문에 불쑥 입에서 튀어나온 발언이었을 것이다. 마이켈리스와의 언쟁은 더 이상 번지지 않았다. 어쨌든 상황을 회복했으니 다행이었다.

마이켈리스라는 지휘관은 이력이 독특했다. 그는 사병 출신으로 군대생활을 하다가 뜻한 바 있어 동년배의 장교들에 비해서는 훨씬 늦게 미 웨스트포인트에 입학했다. 그는 제2차 세계대전 막바지인 1944년 노르망디 상륙작전에 참가했다. 미 101 공정사단 맥스웰 테일러 사령관의 참모장 신분이었다.

미국 전쟁 드라마 '밴드 오브 브라더스'에 주역으로 등장하는 그 101 공정사단이다. 그는 그곳에서 바스토뉴 전투에 참가했다가 복부 관통상을 입었다. 사병에서 출발해 웨스트포인트를 거쳐, 다시 제2차 세계대전에서 크게 활약했던 그는 아주 뛰어난 야전 군인이었다.

전쟁 자체를 깊이 이해해 야전에서 어떻게 하면 적을 물리칠 수 있는지를 두고 고심에 고심을 거듭하는 스타일이기도 했다. 그런 철저한 장교로서 마이켈리스는 천평동 계곡에서 좌측 견부로부터 우리 11연대 1대대가 후퇴하는 모습을 보면서 경악을 금치 못했고, 사태를 재빨리 판단해 자신의 부대를 즉각 철수시키는 조치를 취했던 것이다.

그러나 따지고 보면 마이켈리스의 그런 행동에는 당시 대한민국 국군에 대한 강한 불신이 숨어 있기도 했다. 그는 한국의 전쟁에 참여하기 전에 국군의 형편을 이리 저리 들어서 알고 있었을 것이다. 장비나 화력 등에서 크게 떨어지는 수준의 국군, 투지는 온통 미지수였던 국군을 아주 우려 섞인 시선으로 보고 있었다는 얘기다.

그러나 위기를 함께 극복하면서 마이켈리스는 우리 1사단을 전폭적으로 신뢰하는 사람으로 변했다. 나와 말싸움까지 했으나 그건 어디까지나 전쟁터에서 적을 마주한 아군의 같은 입장에서 벌인 논쟁에 불과했다. 그는 당시의 '사건'으로 나와 매우 친숙한 사이로 발전했다.

그는 바스토뉴 전투 때 복부 관통상을 당하면서 신장을 다쳤다. 그래서 늘 30분 또는, 적어도 1시간 간격으로 소변을 보기 위해 화장실을 다녀야 했다. 전쟁이 끝나고 한참 지난 뒤에 그는 별 넷의 대장 계급을 달고 한국 주둔 미 8군 사령관으로 부임했다.

당시 골프장에서도 그는 늘 화장실을 빈번하게 다녔다. 그러면서도 늘 왕성한 원기를 잃지 않았다. 다부동 전선에서도 마찬가지였다. 치밀한 현장 연구, 빈틈없는 부대 운용으로 그는 아주 튼튼한 방어막을 펼쳤다. 하수구에 차린 지휘소에 머물면서 그는 전투에 적극적으로 대비했다.

그가 이끄는 27연대는 다부동 입구 천평동 계곡에서 6.25전쟁 중 최초의 전차전을 북한군과 벌인다. '위기'의 순간을 함께 넘긴 직후였다. 김일성은 원산에서 신형 T-34 전차 15대를 급히 옮겨와 다부동에 배치했다. 적이 다시 미 27연대 전면에 분주하게 몰려들고 있었다.

북한군과의 첫 전차전

천평동 계곡의 위기를 넘기자 적은 기만전술을 펼쳤다. 1950년 8월 21일 오후 접어들 무렵에 마이켈리스 연대장이 이끄는 27연대의 정면에는 곳곳에 백기白旗가 올라갔다. 항복을 알리는 깃발이었다. 그에 따라 주민들의 신고도 여기저기서 들어왔다.

김일성이 보낸 신형 T-34

'벌써 적의 기세가 꺾인 것일까.' 대부분은 그런 예감도 들었을 것이다. 그러나 확인해본 결과 아무것도 없었다. 마이켈리스 연대장은 전차 3대와 보병 2개 소대를 정면으로 보내 현장을 확인했으나 적이 투항하는 조짐은 전혀 없었다. 마이켈리스는 그런 적의 동향을 두고 '상대가 곧 야간 공격을 벌일 수도 있다'는 판단을 했던 모양이다.

27연대는 그런 상황 판단에 따라 연대 정면의 가장 앞에 설정해 둔 지뢰지대를 보강했다. 이어 그 앞쪽으로도 많은 지뢰를 더 뿌렸다. 전방의 2개 대대, 후방의 전차부대, 다시 그 뒤쪽의 포병부대도 더욱 긴장을 하며 적의 공격에 대비했다.

날이 어두워지자 적의 포격이 먼저 벌어졌다. 이어 북한군이 몰려들기 시작했다. 북한군은 미 27연대를 향해 주공主攻으로 나섰고, 그 좌우에 늘어서 있는 국군 1사단 11연대 쪽으로는 조공助攻을 집중했다. 이미 어두워진 천평동 계곡은 적의 공세가 벌어지면서 미군이 발사한 조명탄으로 삽시간에 대낮처럼 밝아졌다.

적은 전차 7대를 앞세웠다. 아울러 자주포 3문이 가세하면서 아군을 향해 사격을 벌이며 몰려들었다. 19대에 달하는 차량 종대, 그 양옆으로는 보병이 산개散開하면서 따랐다. 특히 압도적인 미 공군 화력에 밀려 보급선이 곳곳에서 끊겼음에도 북한군은 김일성의 강력한 지시에 따라 새로 도착한 신형 T-34 전차를 앞세웠다는 점이 특기할 만했다.

그럼으로써 벌어진 게 6.25전쟁의 첫 전차전戰車戰이었다. 그 이후로 여러 장면에서 미군의 전차와 북한의 전차가 싸움을 벌이지만 천평동 계곡에서 벌어진 이날 밤 전투는 양측 전차의 본격적인 첫 조우전遭遇戰이라고 해도 좋았다.

적의 전차는 6.25 개전 초반 북한군의 압도적인 우세優勢를 가능케 했던 동력이기도 했다. 한국군은 처음 보는 전차 앞에서 전투력을 상실하는 경우가 많았다. 생전 처음 마주치는 전차에 대한 두려움이 아주 컸기 때문이다. 그래서 북한군은 대부분의 38선 남침 과정에서 T-34라는 소련제 전차의 덕을 톡톡히 봤다.

북한군의 전차를 두고 품었던 국군의 두려움이 많이 가셔진 곳도 낙동강 전선이었다. 미군이 T-34를 파괴할 수 있는 3.5인치 로켓포를 급히 가져와 일선의 국군 부대에게 일부를 지급했기 때문이었다. 실제 일선의 국군은 3.5인치 로켓포를 사용해 북한군 전차 여럿을 이미 파괴해 본 경험이 있었다.

마이켈리스의 27연대는 차분하면서도 치밀하게 대응했다. 우선 적의 머리 위에 조명탄을 쏘아 올린 뒤 모든 사격을 퍼부어 적의 전차와 보병 사이를 떨어뜨렸다. 천평동 계곡에 늘어선 미군의 전차는 먼저 사격을 시작하지 않고 적의 전차가 사정권에 들어올 때까지 기다렸다.

볼링 앨리(Bowling Alley)

미군 전차부대는 적이 약 200m 앞에 접근하자 일제히 전차포 사격을 벌였다. 곧바로 선두에 있던 북한군 전차 1대가 파괴됐다. 전면에 포진했던 미군이 발사한 3.5인치 로켓포는 우리 쪽으로 다가서던 북한군 자주포 1문을 주저앉혔다. 앞쪽에서 전진하던 전차와 자주포가 아군의 사격으로 공격을 멈추자 뒤에 따르던 북한군 전차와 자주포는 더 이상 앞으로 다가오지 못했다. 선두의 북한군 전차 1대는 진지 전

북한군의 최후 저항을 뚫고 북진할 무렵 민가에 들어선 1사단 사령부의 모습

방에 파놓았던 전차호戰車壕에 빠졌다.

　이 장면이 아주 가관이었던 모양이다. 당시의 상황은 외신을 통해
서도 아주 잘 알려졌다. 전투에 참가했던 미군 병사들은 27연대의 포
병부대와 전차부대로부터 적을 향해 날아가는 각종 철갑탄과 북한군
이 발사하는 포탄이 좁은 천평동 계곡의 남북 양쪽으로 교차하는 장
면을 지켜봤다. 그 장면을 두고 미 장병들은 볼링장에서 공이 시끄러
운 소리를 내며 구르는 나무 통로, 즉 '볼링 앨리(Bowling Alley)'를
떠올렸던 듯하다.

　어쨌든 당시 치열하게 불붙었던 미군과 북한군의 포격 모습을 표
현했던 미군 병사들의 이런 발언은 종군기자를 한국 전선에 보냈던
미국 언론을 통해 해외에 인상 깊게 알려졌다. 강렬했던 전차전과 포격
때문이었다. 거의 5시간 정도 이
어졌던 이 전투는 다음날 날이
밝으면서 곧 결과가 드러났다.

　북한군은 27연대의 강력한
화막火幕에 가로막혀 전진하지
못했다. 연대의 방어 전면은 아
무런 손상이 없었다. 북한군은
다음날 후방으로 물러나고 말
았다. 전차 7대와 자주포 4문이
파괴된 상태로 주저앉아 있었
고, 1,300여 명의 전사자가 발생
했다.

　천평동 계곡 좌우를 지키고

1950년 9월 4일 전선에서 붙잡힌 북한군 포로가
미군 지프 본닛에 올라 이동하는 사진

있던 우리 1사단 11연대에도 적은 대대 병력을 보내 공격을 시도했으나 아무런 성과를 내지 못하고 물러났다. 결국 안간힘을 써서 다부동을 돌파하려고 벌였던 북한군의 막바지 8월 공세는 그렇게 아무런 진전을 보지 못한 채 막을 내렸다.

이 전투는 매우 상징적이었다. 적은 서쪽의 국군 1사단 15연대, 중간의 수암산과 유학산 일대에 포진했던 12연대, 다부동 초입을 지키고 있던 11연대를 모두 넘지 못했다. 산악지대의 고지를 점령해 다부동에 이어 대구를 지향하려 했던 당초의 계획을 모두 이루지 못했던 것이다. 이어 최후로 뚫고자 했던 게 신형 T-34 전차의 지원을 받아 펼친 '볼링 앨리'의 천평동 계곡 공격이었다.

적 연대장도 귀순

그러나 북한의 힘으로 뚫기에는 미군의 견고하고 두터운 힘이 이미 부산에서 대구, 낙동강 전선에 고루 스며든 상태였다. 미군은 개전 초반에 어떻게 해서든지 북한군 공세를 지연시키면서 부산을 통해 자신의 막강한 역량을 부지런히 상륙시킨 상태였다. 모든 전시 물자, 강력한 전투력을 지닌 병력, 뛰어난 무기체계를 차례차례 한반도 남단의 뭍으로 올렸던 것이다.

미군의 그런 역량이 이미 아주 높은 수준으로 축적됐다는 점을 보여준 지상의 전투가 바로 천평동 계곡에서 벌어진 '볼링 앨리'의 싸움이었다. 북한군은 5시간 정도 벌어졌던 그 전투에서 막바지 힘을 토해냈지만 그대로 꺾이고 말았다.

격렬했던 미 27연대와 북한군의 전투가 끝난 뒤인 8월 22일에는 북한군 중좌(중령)가 귀순했다. 그는 북한군 13사단 포병연대장 정봉욱 중좌였다. 그는 국군 1사단 11연대 지역으로 병사 1명과 함께 백기를 들고 넘어왔다. 귀순 동기는 자신이 속했던 13사단의 사단장과 불화를 빚었기 때문이었다고 한다. 포진지 문제로 시비를 벌이다가 공산주의에 대한 평소의 회의가 덧붙여져 귀순을 결심했다는 것이다. 그는 북한군 작전지도를 많이 지니고 왔다.

그를 통해 아군은 북한군이 과수원에 교묘하게 위장해 둔 포진지를 알아낼 수 있었다. 적 122㎜ 곡사포 7문, 76㎜ 곡사포 13문이 있는 곳이었다. 미군은 155㎜를 야포를 동원해 정봉욱 중좌가 지정해 준 곳을 겨냥하며 강렬한 포격을 퍼부었다. 그로써 이후 북한군 포격이 크게 줄어들었다고 『6.25전쟁사』는 적고 있다.

사단의 포병 연대장이 귀순을 결심할 정도로 북한군의 기세는 크게 꺾이고 있었다는 얘기였다. 적의 역량이 이제는 개전 초반의 기세를 더 이상 이어가지 못하리라는 점을 곳곳에서 드러내고 있었다. '볼링 앨리'의 전투가 끝난 뒤 국군 1사단의 전면에는 적이 간혹 출몰하면서 공격을 벌이는 경우가 있었다.

그러나 대세大勢가 이미 기운 뒤의 맥없는 공격이라는 점이 느껴졌다. 공세攻勢를 줄곧 이어가지 못했을 뿐 아니라, 반격을 시도하는 아군에게 아주 쉽게 밀렸다. 수암산과 유학산의 경우에도 그랬다. 적은 뒤로 물러나는 기세가 역력했다. 그런 와중에 적군의 연대장이 귀순함으로써 그런 정황을 더욱 깊게 짐작할 수 있었다.

며칠 뒤에는 12연대 수색대 1소대장 대리 배성섭 특무상사가 부하 11명을 이끌고 적정 수색에 나섰다가 급기야 북한군 13사단 사령부를 기습하는 '사건'도 벌어진다. 적의 사령부에 우리 수색대가 진입하는 놀라운 일이기도 했다. 배성섭 특무상사와 부대원 11명은 적의 사단 사령부에 진입해 적군을 살상하면서 포로 3명을 붙잡았다. 부대원 모두 1계급 특진과 함께 상금을 받았던 것으로 기억한다.

그렇게 적은 서서히 물러나고 있었다. 아주 뜨거웠던 여름이 지나고 있었다. 그러나 당시의 그곳을 떠올리면 마음이 어두워진다. 아주 많은 희생이 따랐기 때문이다. 수많은 장병, 역시 수많은 학도병, 그리고 이름 없는 노무자들…. 우리는 그들의 희생으로 무덥고 잔혹했던 그 해 여름을 견뎠다.

남몰래 흘린 눈물들

'볼링 앨리'의 천평동 계곡 격전이 끝난 뒤였다. 1950년 8월 23일이었던 것으로 기억한다. 신성모 국방장관이 미 육군참모총장 로튼 콜린스 대장, 월튼 워커 미 8군 사령관, 정일권 한국 육군참모총장 등과 함께 우리 1사단을 방문한다는 연락을 받았다.

미 육참총장의 방문

이들 일행은 23일 낮에 사령부를 방문했다. 격전을 치른 뒤라 이들을 맞이할 행사는 엄두조차 낼 수 없었다. 그저 격전을 치른 뒤의 분위기 그대로 방문하는 귀빈들을 맞이할 수밖에 없었다. 로튼 콜린스 미 육군참모총장은 처음 대면했다.

나는 사단 사령부가 있던 동명초등학교 교실 하나를 비워 마련했던 사령부 회의실에서 콜린스 총장과 워커 8군 사령관 등을 대상으로 전황 브리핑을 했다. 딱히 이렇다 할 내용은 없었다. 우리가 다부동에 진주하면서 벌어졌던 여러 가지 상황을 순차적으로 설명했던 기억이 있다.

돌이켜 보면 일일이 헤아리기 어려운 많은 인명의 희생을 치르고 지켜낸 전선이었다. 1950년 8월 14일부터 본격적으로 벌어져 약 10일 동안 숨 돌릴 틈도 없이 이어진 격전 또 격전의 과정이었다. 나는 사령부를 방문한 일행 앞에서 그 전 과정을 담담하게 설명했다.

별다른 기억은 없었다. 로튼 콜린스 총장과 워커 사령관으로부터 "잘 싸웠다"는 격려를 들은 듯하다. 신성모 장관은 그 동안에도 여러 차례 사령부를 방문해 내게 격려를 했던 차였다. 정일권 총장 또한 다른 발언은 없었다. 콜린스 미 육군참모총장이 한국의 전선을 시찰하는 차원의 방문이었기에 그에게 초점이 맞춰져 있었던 듯하다.

그들은 사단 사령부 관계자들에게 두루 인사를 건넨 뒤 곧 돌아갔다. 나는 그들이 왜 갑자기 1사단 사령부를 방문하는지 잘 헤아릴 수 없었다. 그러나 한반도 전선을 이끄는 미군의 입장에서 볼 때 다부동의 전선 방어는 매우 큰 의미가 있었을 것이다. 그러나 이는 나중에 찾아든 생각이었을 뿐 당시에는 별다른 감회가 없었다.

당시의 나는 아무런 생각을 하지 않았다. 오로지 다부동 전선에 대한민국의 존망이 걸렸다는 생각, 그래서 이 전선만큼은 사수해야 한다는 생각만 있었다. 전체 전선에서 이 다부동이 차지하는 의미는 별로 따져본 적이 없다. 그러나 나중에 드러난 여러 정황을 보면 이 다부동 전투는 개전 이래 줄곧 이어져 온 적의 공세가 크게 꺾이는 분기점에 해당했다.

우리 국방부가 펴낸 『6.25전쟁사』에 따르면 다부동 전선을 뚫기 위해 전면에 모여들었던 북한군은 모두 5개 사단이었다. 부분적으로 미 1기병사단이 방어했던 서쪽의 왜관, 국군 6사단의 방어지역과 다소 겹치는 동쪽의 가산 일대를 모두 포함할 때 그렇다는 얘기다.

적은 1950년 8월의 공세에서 이곳을 집중적인 타깃으로 설정했다. 전면에 포진했던 북한군 사단은 국방부 공간사公刊史가 적은대로 모두 5개 사단이었다. 게다가 김일성은 이곳에 소련제 T-34 20여 대로 구성한 105 전차사단을 투입해 전력을 크게 증강한 상태였다.

남몰래 흘린 눈물

미군은 집요하면서도 가혹한 북한군의 공세가 거듭 이어지자 예비대로 있던 미 25사단 27연대와 미 2사단 23연대를 증강해 다부동에서 대구로 이어지는 길목에 급히 배치했고, 인근 국군 8사단으로부터 1개 연대를 차출해 이곳을 보강했다. 그럼에도 병력이나 화력에 있어서 북한군은 여전한 우위를 점하고 있었다.

우리는 그럼에도 모든 힘을 기울여 이곳을 지켰다. 처절한 고지전을 수행하면서 아주 많은 부하들이 목숨을 잃었다. 앞서 소개한 대로 후방에서 초모했던 신병들은 이름도 제대로 남기지 못한 채 고지에 올라 허망하게 적의 총구 앞에서 스러져 갔다. 그들에게 밥을 먹이고 탄약을 날라주기 위해 나섰던 노무자들의 희생도 가혹했다.

좀체 감정에 짓눌리지 않는 나였지만, 그런 희생 앞에서 의연한 태

다부동 전투가 아군의 승리로 막을 내렸을 때 우리 1사단 사령부를 찾아온 로튼 콜린스 미 육군참모총장(지프 조수석)과 워커 미 8군 사령관(지프 뒷좌석에 선 사람) 일행 모습

도를 유지하기가 참 어려웠다. 처음 꺼내는 이야기지만, 나는 당시의 다부동에서 남몰래 많이 울었다. 예전의 회고록에서는 "그저 주저앉고 싶을 정도였다"고 표현했지만, 실제 나는 그때 적잖은 눈물을 흘리고 말았다.

격전이 벌어지던 1950년 8월 중순부터 10여 일 동안 나는 전황을 정리하는 브리핑 때마다 "700" 또는 "800"의 숫자를 들어야 했다. 국군 1사단을 포함해 가산산성 쪽에 증강 배치한 8사단 병력, 그리고 미군까지 포함한 희생자 숫자였다. 나는 그런 숫자를 귀로 들을 때마다 마음속 깊은 곳으로부터 올라오는 신음소리를 삼켜야 했다.

그러다가 사령부를 나가는 일이 있을 때면 여러 고지에서 숨져 그곳으로 옮겨져 온 부하 장병들의 시신을 봐야 했다. 그럴 때마다 나는 지프 앞자리에서 일부러 고개를 돌렸다. 그 처참한 광경에 감정을 섞으면 적을 반드시 꺾어야 한다는 투지가 사라질지 모른다는 생각에서였다.

그러면서 나는 지프에서 자주 울었다. 참으려고 해도 자꾸 솟아나는 눈물이었다. 그럼에도 나는 "고지를 뺏어라" "당장 병력을 보내 싸우라"면서 줄곧 재촉해야 했다. 아주 가혹한 싸움이었다. 김일성도 아주 모질게 병력을 몰아붙였고, 우리 또한 그를 막기 위해 전선의 참담한 희생을 무릅쓰고 부하들을 고지에 올려 보냈다.

그렇게 1950년 8월이 지나고 있었다. '볼링 앨리'에 몰려들었던 북한군의 공세가 좌절하자 저들은 주력의 일부를 동쪽으로 옮겼다. 15사단을 영천으로 이동시키는 등 공세에 변화가 일고 있다는 조짐을 보였다. 전차사단으로 증강한 5개 사단의 정예 병력으로 다부동을 뚫지 못하자 다른 곳을 택해 공세를 이어가겠다는 심산이었다.

천평동 격전이 끝난 뒤 적의 공세는 완연히 꺾이는 모습이었다. 23일 밤에는 많은 희생을 안겼던 유학산 고지가 우리 품에 들어왔다. 15연대가 분전했던 328고지 인근도 아군의 수중에 들어왔다. 천평동은 미 27연대의 견고한 화력으로 일찌감치 적을 물리치면서 지속적으로 안정 상태를 유지했다.

바닥을 드러낸 북한군

마지막 전선은 가산산성이었다. 적은 그곳을 먼저 치고 들어와 박격포를 몇 차례 쏘면서 대구를 일대 혼란으로 몰아넣기도 했다. 그러나 8사단으로부터 지원을 받은 아군 1개 연대와 그를 뒷받침했던 마이켈리스의 미 27연대, 폴 프리먼의 미 23연대가 원활한 합동작전을 펼쳐 그곳의 북한군도 얼마 지나지 않아 쫓겨나고 말았다.

그럼에도 적은 대구를 향한 공격을 지속할 작정으로 보였다. 전선을 이끄는 북한군 2군단은 공세를 우선 가산~팔공산 일대로 모았다. 그곳에서 험준한 산악지대를 뚫고 남하해 대구를 손아귀에 넣겠다는 계획이었다. 8월 말의 상황이었다. 그에 따라 미 8군 워커 사령관은 우리 1사단을 그곳으로 옮기도록 했다.

그동안 우리가 지켰던 다부동 일대 전선을 좌측의 미 1기병사단에게 인계한 뒤 부대를 옮겨 가산~팔공산으로 진출하려는 적을 막으라는 취지였다. 8월 30일 육군본부의 작전명령이 내려왔다. 부대를 하양과 신녕 일대로 옮겨 2개 연대를 전개해 동쪽으로 인접한 국군 6사단의 7연대와 기갑연대 원래 방어지역을 맡으라는 내용이었다.

그에 따라 우리는 곧 이동해야 했다. 격전을 치른 다부동을 떠나야 하는 순간이었다. 나는 제대로 기억하지 못하는 사실이지만, 우리 방어지역을 인계받는 미군이 심각하게 이의를 제기했던 모양이었다. 그들은 우리가 지켰던 328고지 일대, 수암산과 유학산 고지를 돌아본 뒤 "시체를 치우고 떠나라"고 했다는 것이다.

낙동강 전선의 신작로에서 생각에 잠긴 내 모습을 미군이 카메라에 담았다.

아직 수습하지 못한 아군과 적군의 시체가 손을 댈 수 없을 정도로 부패해 쌓여 있었기 때문이었다. 그런 처참한 모습을 본 미군이 현장을 정리해줘야만 진지를 인수하겠다고 나온 것이었다. 그러기에는 우리 1사단의 상황도 여유롭지 못했다. 1사단은 미군의 요청에도 불구하고 얼른 부대를 이동해야 했다.

하양을 거쳐 신단동이라는 곳에 설치키로 한 사령부로 향하던 때였다. 북한군 T-34 전차 1대가 길가에 파괴된 채 멈춰있었다. 나는 가던 길을 멈추고 북한군 전차를 살폈다. 나는 기름통을 우선 열어봤다. 유류가 전혀 없었다. 다음은 전차 안에 들어가 포탄과 탄약을 살폈다.

역시 전차 기름통 안처럼 깨끗했다. 나는 적군이 당면하고 있던 상황을 그로써 조금이나마 짐작할 수 있었다. 기름도 제대로 공급받지 못했고, 포탄과 탄약 또한 필요한 만큼 보급 받지 못했다는 판단이 들었다. 적의 공세는 그렇게 기울어가고 있다는 생각이 강하게 들었다.

제10장

전우야 잘 자거라

낙동강 전선에서 한국군 1사단과 합동작전을 벌여
북한군 예봉을 꺾은 미 25사단 27연대의 작전 모습이다.
수많은 희생을 치른 뒤 유엔군은 북한군 공세를 꺾고
북진 길에 올랐다.

다부동 전투 뒤의 내 '성적표'

우리 1사단이 다부동 전선을 인계한 미 1기병사단(1st Cavalry Division)은 호버트 게이(Hobart R. Gay, 1894~1983) 소장이 이끌고 있었다. 그가 지휘하는 1기병사단은 전통이 강한 군대였다. 제2차 세계대전 당시 맥아더의 지휘 아래에 일본군이 점령했던 필리핀 마닐라를 되찾는 데 선두에 섰고, 그 뒤 일본 도쿄 점령 때에도 점령지에 선착한 부대였다.

다부동 못 지킨 미 사단

미군 중에서도 탁월한 전투력을 인정받고 있는 부대였고, 아울러 여느 미군의 전투사단처럼 강력한 화력을 보유하고 있었다. 그러나 전투는 그런 명예, 외형적인 조건으로만 펼쳐지지는 않는다. 전쟁은 수많은 변수가 등장한다. 각기 다른 위기의 상황도 벌어진다. 잠시라도 자만에 빠진다면 그런 변수와 위기는 날카로운 비수로 변해 내 심장을 향해 날아든다.

앞 회에서 소개한 대로 우리 1사단은 미 8군 사령부, 국군 2군단 사령부의 명령에 따라 다부동 작전지역을 모두 미 1기병사단에게 인계했다. 우리는 이어 동쪽으로 이동해 가산 일대와 팔공산을 방어하는 임무에 들어갔다. 그 이동은 8월 31일 시작했고, 우리 1사단은 신속하게 새 임무지역에 자리를 잡았다.

그러자 곧 사달이 벌어지고 말
았다. 미 1기병사단이 우리로부터
물려받았던 다부동 전선을 지키지
못하는 상황에 직면했던 것이다. 국
군보다는 압도적인 화력을 지녔고,
제2차 세계대전을 거치면서 수많은
전투 경험을 쌓았던 미 1기병사단이
다부동에서 적에게 뚫리고 말았던
것이다.

호버트 게이
6.25전쟁 당시 미 1기병사단 사령관

9월 2일 밤이었다. 국군 1사단
이 인계하고 떠난 다부동 초입의 계곡 서측 고지가 우선 북한군의 공
세로 흔들렸다. 이곳을 국군 1사단으로부터 물려받은 방어부대는 미
1기병사단 8기병연대였다. 이어 우측의 진지도 북한군에게 빼앗기고
말았다.

가산은 902고지로 대구 북방 16㎞에 자리를 잡고 있어 대구를 방
어하는 데 있어서는 전략적으로 아주 중요한 지역이다. 이곳 일대에서
가장 높은 고지를 형성하고 있는 까닭에 상대를 감제瞰制하기에는 더
할 나위 없는 전략 요충이기도 했다.

미 8기병연대장은 우리로부터 방어지역을 인수받는 과정에서 중
대한 실책을 저질렀던 모양이다. 그는 우리가 그곳을 비우고 떠난 뒤
바로 병력을 배치하지 않았다고 한다. "병력 부족"을 이유로 댔다고
한다. 이곳을 북한군이 치고 들어왔다는 것이다.

결국 대구를 감제할 수 있는 전략적인 고지를 적에게 선점당하고
말았으니 아주 심각한 결과로 이어질 가능성이 있었다. 그로부터 다

부동은 적의 차지로 변했다. 북한군은 원래의 방어선을 뚫고 10㎞ 정도를 밀고 들어왔다. 다부동이 대구로부터 약 22㎞ 떨어져 있으니 적과 대구의 거리는 10㎞ 조금 더 남겨둔 상태에 불과했다.

다시 요동치는 전선

뚜렷한 위기의 상황이었다. 북한군은 아울러 전선 전면에서 고루 공세를 이어갔다. 1950년 8월의 상황과는 달랐다. 8월 한 달 동안 북한군은 다부동 전면을 뚫으려고 공세를 거의 한 곳에만 모았다. 그러나 9월 들어서는 다부동과 영천, 포항 등 지역 전선에서 모두 공세를 벌였다.

광범위한 전선을 두들기다가 한 곳을 뚫을 경우 그곳에 여세를 모두 몰아 파고들겠다는 전략이었다. 우선 뚫린 곳이 다부동이었고, 그 다음 위기에 처한 곳이 영천이었다. 다부동이 뚫려 벌어진 위기 상황은 10일 정도 이어졌다. 미군은 탄약이 부족한 상황을 해결하기 위해 탄약선 두 척을 띄웠고, 대구와 부산 등 지역에서 새로 모병한 한국군 신병 부대를 급조해 대구를 지향하는 북한군 공세에 맞서려고 했다.

영천이 뚫리면서 국군 2군단 상황도 다급해졌다. 당시 2군단장인 유재흥 장군은 휘하 1사단장인 나와 6사단장 김종오 장군을 불러 각 1개 연대를 차출하는 데 협조할 것을 지시했다. 우리 1사단과 6사단의 상황도 1개 연대를 빼 영천 방어에 나서기에는 상황이 좋지 않았으나 어쩔 수 없는 일이었다. 우리 1사단은 11연대를 돌려 영천을 지원했다.

그해 6월 25일 북한군 남침이 벌어지면서 우리 1사단이 지키고 있던 개성과 임진강 전선에서 맞붙었던 북한군 1사단이 다시 팔공산과 가산 일대에서 우리와 전투를 벌였다. 11연대를 뺀 상황에서 우리는 북한군 1사단의 공격을 차분하게 잘 막았다. 다부동 전선에서 격렬한 전투를 치렀던 우리 1사단의 전의戰意와 전기戰技는 이미 상당한 수준에 도달한 상황이었다.

적은 다부동과 영천 등을 뚫었으나 공세를 이어가는 데에는 이미 바닥을 드러내기 시작했다. 위기의 상황이 닥쳤으나 워커 장군의 미 8군 사령부는 혼신의 힘을 다 하면서 적의 공세를 받아쳤다. 영천 시내도 그곳을 치고 들어온 북한군에게 하루 정도 점령당한 뒤에는 다시 국군 2군단의 반격작전으로 되찾을 수 있었다.

9월 10일이 지나면서 전선의 움직임은 차츰 잦아들었다. 12일로 기억한다. 미 8군 사령부로부터 전화가 왔다. "밀양에 가서 VIP를 만나보라"는 전갈이었다. 나는 그에 따라 지프에 올라 밀양으로 향했다. 그러나 8군 사령부가 말해준 장소에는 내가 만나야 했던 VIP가 없었다.

그 다음 날에 8군 사령부로부터 다시 전화가 걸려왔다. "대구의 모 사과 과수원에 가서 VIP를 만나보라"는 내용이었다. 전선의 지휘관이 자리를 뜨는 일은 중요하다. 함부로 이리 저리 오갈 수 있는 일이 아니다. 전투가 벌어지는 당시의 상황에서는 더욱 그랬다. 한 번 허탕을 쳤으니 속으로는 불만도 없지 않았다.

내 군사 스승 밀번

그러나 작전을 지휘하는 사령부의 지시였다. 그들이 말해준 장소를 또 찾아갔다. 대구 교외에 있던 조그만 과수원이었다. 안으로 들어서니 야전용 텐트가 들어선 곳에 인상이 부드러워 보이는 미국인이 강

인천상륙작전 뒤 북진을 위해 급히 독일에서 한국 전선으로 이동한 미1군단장 프랭크 밀번 장군.
한국 부임 직전 독일에서 촬영한 사진

아지를 데리고 시간을 보내는 중이었다. 전투복 차림에 허리에는 권
총을 차고 있었다. 그러나 장군인지는 확실치 않았다.

미국 시골의 한가로운 농가 뜰에 앉아 있는 듯했던 인상의 그 사
내는 내가 인기척을 내자, 고개를 들어 나를 바라보더니 "당신이 제너
럴(General) 백이냐?"고 물었다. 내 신분을 확인한 그는 밝게 웃으면
서 "당신이 이끄는 한국군 1사단이 전투를 퍽 잘했다고 들어서 알고
있다"며 일단 자리에 앉도록 권했다.

그는 프랭크 밀번(Frank W. Milburn, 1892~1962) 소장이었다. 한
국 전선의 신임 미 1군단장으로 독일에서 막 부임한 상태였다. 그는
제2차 세계대전 때 미 21군단장으로 프랑스 마르세이유에 상륙한 뒤
독일과 프랑스의 국경인 알사스 로렌 지방을 공격하면서 이름을 떨

쳤던 미군 장성이다.

작달만한 키에 목이 짧아 강인하다는 인상을 줬지만, 얼굴 표정은 시골 노인네처럼 편했다. 그는 이어 "전쟁의 흐름이 곧 바뀔 것이다. 머지않아 우리는 공세로 전환할 수 있다. 이제 곧 귀관의 한국군 1사단은 미군 1기병사단, 미 24사단과 함께 내가 지휘하는 미 1군단 휘하로 들어올 것"이라고 말했다.

3년 여의 6.25전쟁 기간에 나는 많은 일을 배우고 익혔다. 특히 군사軍事에 관한 모든 지식과 기술, 싸움을 보는 안목, 전략과 전술의 틀을 구성하는 일 등 아주 다양하면서 많다. 그런 군사 일반에서 내게 배움의 큰 토대를 닦아준 사람이 바로 프랭크 밀번이다. 그는 이를테면 나의 '군사 스승'인 셈이다.

그와는 그렇게 조우했다. 나는 그가 언급한 공세 전환이 무엇을 의미하는지 궁금했다. 아무튼 미군은 낙동강 전선에서 반격을 시도해 전쟁의 흐름을 뒤바꿀 작정이었던 것이다. 당시에는 상륙작전에 관한 이야기가 전해지는 상황이기도 했다. 그와 관련이 있으리라는 생각이 얼핏 들었다.

9월 13일 내가 이끌고 있던 국군 1사단은 정식으로 프랭크 밀번 장군이 지휘하는 미 1군단에 정식 편입됐다. 그는 곧 내게 많은 '선물'을 안겨줬다. 우선 미 10고사포여단을 우리 1사단에 배속해줬다. 90㎜ 야포 18문, 155㎜ 18문, 4.2인치 박격포 36문을 거느린 부대였다.

한국군 사단이 미군 전투사단에 필적할 만한 화력을 갖추는 셈이었다. 의미를 부여하자면 나름대로 큰 방점을 찍을 수 있는 대목이기도 했다. 그들은 나를 '테스트'라는 시선으로 바라봤던 셈이다. 다부동은 그 시험장이었다. 다부동 전투를 성공적으로 이끌었던 국군 1사단의 능력을 그들이 인정한 셈이기도 했다.

　나는 밀번으로부터 그런 설명을 들은 뒤 떠나기 전 "5만 분의 1 지도를 줄 수 있느냐"고 부탁했다. 밀번은 활짝 웃으면서 "얼마든지 가져가라"고 했다. 그는 지프 가득 지도를 싣고 가도록 배려했다. 지도에 상황판을 작성할 때 필요한 그리스 펜, 아스테이지 등도 잔뜩 안겼다.

미군이 한국군을 철저히 체크한 이유

한국 전선에 뛰어들어 우리와 함께 어깨를 잇고 공산주의 군대를 맞아 싸운 미군에게는 좀체 없애기 힘든 큰 상처의 기억이 하나 있다. 중국 대륙에서 국민당 장제스蔣介石 군대를 지원했으나, 종국에는 그들이 마오쩌둥毛澤東의 공산군에게 중국 전역의 지배권을 넘겨주도록 했던 기억이다.

한국에 온 미군의 우려

당시 미국은 국민당 장제스 정부의 군대에 막대한 예산을 지원했다. 무기와 장비는 물론이고, 천문학적인 예산을 지원하면서 중국 대륙의 공산화를 막고자 했다. 그러나 주지하다시피 국민당 장제스의 군대는 하루 아침에 30개 사단이 공산군에게 투항하면서 중국 전역의 지배권을 내주고 말았다.

'무능과 부패'는 당시 국민당 장제스 군대를 바라보는 미군의 솔직한 시선이었다. 엄청난 돈과 무기를 지원하고서도 허망하게 무너지는 중국인의 군대, 나아가 동양인이 구성하는 군대에 대한 미군 수뇌부의 시선은 싸늘하다 못해 아주 차가웠다. 특히 중국 국민당 군대에 대한 지원을 주도했던 미군의 사실상 최고 전략가 조지 마셜의 태도가 더욱 그랬다.

중국 국민당 군대가 남긴 암울한 그림자는 아직 없어지지 않은 상태였다. 중국 대륙이 공산화한 1949년으로부터 1년도 채 지나지 않아 한반도에서 전쟁이 발발했던 당시의 상황이 그랬다. 미군은 아주 많은 조바심과 우려를 지닌 채 한반도에 올라섰던 것이다.

그들은 우선 김일성의 공산주의 군대를 맞아 싸움을 벌이면서도 한편으로는 늘 눈을 들어 주변의 한국군 지휘관을 살폈다. '어느 지휘관이 우리가 믿고 함께 싸울 수 있는 사람인가'라는 문제 때문이다. 그때문에 미군은 아주 교묘하다 싶을 정도로 한국군 지휘관을 검증하는 데 힘을 쏟았다.

한국군의 작전을 지원하기 위해 미군은 군사고문단을 각 한국군 부대의 지휘관에게 보냈다. 그들의 가장 중요한 업무는 물론 한국군에 대한 지원이다. 그러나 그 말고도 중요한 임무가 있었다. 지원하는

미국으로부터 압도적인 화력과 장비, 예산을 지원받았으나 끝내 공산당 군대에 패해 중국을 내줬던 장제스(걸어오는 사람 중 앞)와 그의 군대

한국군 지휘관이 어떻게 싸우는가를 지켜보는 일이었다. 전략과 전술 분야의 능력, 보급 등 행정체계의 구성과 운용, 사생활을 비롯한 개인적 면모 등이 모두 관찰 대상이었다.

1970년대 초반 미 8군 사령관으로 부임한 사람 중 하나가 존 마이켈리스다. 그는 당시 다부동에서 우리 1사단과 함께 적을 맞아 싸운 미 25사단 27연대장이었다. 그는 미 8군 사령관으로 한국에 부임한 뒤 내게 이런 말을 했다. "전쟁 중에 한국에 올라온 미군 지휘관의 가장 큰 관심사는 한국군 지휘관 중 나와 함께 싸울 수 있는 사람이 누구냐를 알아내는 일이었다"는 내용이다.

워커가 부른 장군 밀번

미군의 역사적 전통은 여럿이지만 가장 뚜렷한 특징 하나가 끊임없는 관측과 개척의 부대라는 점이다. 이는 미국 대륙 동부에서 서부를 개척하는 과정, 그 이후로 벌어진 독립전쟁 등을 통해 쌓은 미군의 전통이다. 그래서 그들은 늘 엄격한 검증을 통해 힘을 축적하고 전개하는 버릇이 있다.

게다가 그들이 접한 중국 국민당에 관한 기억도 머릿속에서 채 가시지 않은 상태였다. 중국의 공산화 후 1년도 지나지 않아 펼쳐진 한반도의 전선에 올라서는 미군이 어떤 마음으로 한국군을 보고 있었는지 충분히 짐작할 수 있는 대목이다.

그들의 그런 시선에 내가 들었던 셈이다. 아주 우연한 기회였다. 다부동이라는 곳에서 우리 1사단은 국가의 존망이 걸린 위기라는 의식 속에서 뭉치고 또 뭉치면서 싸웠다. 그런 모든 과정은 1사단 사령부와 각급 부대에 파견된 미 군사고문을 통해 자세히 알려졌던 듯하다.

그런 우리 1사단 모든 이의 분투를 미군은 아주 높이 샀던 것이다. 그로써 신임 미 1군단장으로 부임한 프랭크 밀번은 '공세 전환'을 위해 선뜻 국군 1사단을 자신의 예하에 편입시킨 뒤 막강한 미 제10고사포여단을 우리에게 배속했던 것이다.

밀번은 독일에 주둔 중이었다가 그때 막 한국전선에 부임한 상황이었다. 그는 자신이 주둔하던 독일에서 참모진을 대거 몰고 왔다. 혼자만의 부임이 아니었다. 그는 당시 한국 전선을 모두 이끌고 있던 월튼 워커 미 8군 사령관의 호출을 받았다고 한다.

원래 워커는 자신이 이끌고 있던 미 8군의 콜터(John B. Coulter, 1891~1983) 부사령관을 미 1군단장으로 임명하려고 했다. 그러나 결국 워커는 독일에 주둔 중이던 밀번을 불렀다. 워커와 밀번은 제2차 세계대전 막바지에 유럽 전선에서 군단장으로 함께 전쟁을 치른 사이다. 서로 속했던 군은 달랐다. 워커는 패튼 장군의 지휘 아래에 있어 밀번과는 소속이 달랐다.

그러나 인접한 유럽의 전선을 누비면서 워커는 밀번의 공격력을 잘 알고 있었다. 미 육사인 웨스트포인트 졸업 연도는 워커가 두 해 앞섰다. 웨스트포인트로 따지면 워커가 선배인 셈이었다. 그러나 그런 학연學緣보다는 같은 전선에서 상대가 어떤 싸움의 자세를 보였는지가 중요했던 모양이다.

밀번은 별명이 '새우'다. 그래서 사람들은 늘 밀번을 '쉬림프 밀번 (Shrimp Milburn)'으로 불렀다. 미식축구 때문에 붙은 별명이다. 그의 키는 미국인 치고는 작은 편에 속했다. 게다가 목이 길지 않았다. 그러면서도 웨스트포인트 재학 시절 미식축구를 할 때는 밀번이 크게 돋보였다고 한다.

작전을 논의 중인 미군 수뇌부. 앞줄 왼쪽이 밴 플리트 장군, 오른쪽 끝이 프랭크 밀번 미 1군단장

작은 키에 다부진 몸집을 한 밀번이 축구 볼을 가슴에 끌어안고 맹렬하게 달려갈 때의 폼이 꼭 '새우'의 모습을 닮았던 모양이다. 그래서 사람들은 애칭 비슷하게 그를 항상 '쉬림프 밀번'이라고 불렀다.

독일 주둔지에서 느닷없는 미 8군 워커 사령관의 부름을 받고 한국전선에 도착한 밀번은 특별한 임무를 받았다. 바로 도쿄에 있는 유엔군 총사령관 더글라스 맥아더의 인천상륙작전을 위해 낙동강 전선에서 전투의 흐름을 바꿔 공세를 벌여야 하는 내용이었다.

인천상륙을 위한 준비

당시 맥아더가 구상했던 인천상륙작전은 몇 가지 조건이 달려 있는 상태였다. 인천 앞바다의 심한 조수간만차를 극복해야 했고, 대량의 병력과 화력을 일거에 뭍으로 올려야 하는 등의 난관이 있었다. 그 점들이 중요했지만, 다른 하나 반드시 선결先決해야 하는 문제가 있었다.

낙동강 전선에서 머무는 아군의 보병 전력이 북상해 인천으로 상륙하는 미 해병대의 뒤를 받쳐줘야 한다는 점이었다. 이를테면 후방에서 인천을 통해 상륙한 해병대 병력의 뒤를 보호해주는 '링크 업 (link-up)' 작전이 펼쳐져야 했다. 그러기 위해서는 개전 이래 줄곧 방어에만 주력해 오던 아군의 흐름을 공세로 전환해야 했다.

워커 미 8군 사령관은 그 적임자로 밀번 장군을 선택했던 것이다. 콜터 미 8군 부사령관도 의중에 있었지만, 기존의 흐름을 과감한 공세로 전환하는 데에는 제2차 세계대전 막바지의 유럽 전선에서 탁월한 공격력을 선보였던 밀번 장군이 적격이라고 봤던 것이다.

미 8군은 공세로 전환하는 길목에서 국군의 조력助力을 필요로 했다. 현지 지형과 모든 상황을 잘 아는 한국군 전투사단이 필요하다는 판단을 했고, 그에 따라 미 8군은 다부동에서 위기를 이겨내는 데 나름대로의 공로를 쌓았던 우리 1사단을 선택했던 셈이다.

대구의 과수원에서 내가 밀번을 만나는 장면은 사실 일종의 '면접'과도 같았다. 그는 한국에 도착한 뒤 우리 1사단의 전적戰績과 그를 이끌고 있는 내 관련 정보를 모두 숙지했던 듯하다.

그는 곧 미 제10고사포여단을 내게 보냈다. 고사포여단을 이끌고 있던 지휘관은 헤닉(William H. Hennig, 1906~1981) 대령이었다. 밀번을 만난 뒤 하루 지나자 그가 먼저 우리 1사단 사령부를 찾아왔다. 당시 한국군으로서는 언감생심의 막강한 화력을 이끌고 내 눈앞에 나타난 헤닉은 표정이 아주 침착해 보였다.

이후 그는 나와 줄곧 전선에서 생사를 함께 하는 동지로 변했다.

당시 그는 내게 아주 기쁜 소식을 건넸다. "포탄 운반 차량도 아주 많이 끌고 왔으니 지원이 필요할 경우에는 서슴없이 요청해라. 가능한 한 모든 것을 지원하겠다"고 했다.

부산을 방어하던 미 10고사포 군단이었다. 막강한 화력으로 우리의 뒤를 받쳐주겠다는 발언이었으니, 적을 앞에 두고서도 화력이 변변치 않아 늘 고전해야 했던 우리 1사단에게는 반갑기 짝이 없는 말이었다. 마침 밀번 장군을 만난 뒤 그로부터 잔뜩 얻어온 미군의 5만 분의 1 지도가 곁에 있었다. 정밀한 좌표가 있는 지도였고, 그 좌표에 따라 정밀한 포격을 가할 수 있는 미군 포병 여단도 우리 1사단에게 왔다. 이제 앞으로 적을 뚫고 나가는 일만 남았다. 9월 15일이었다. 인천으로 미 해병이 상륙작전을 벌여 성공을 했다는 낭보가 낙동강 전선에 날아들었다.

북진의 혈로를 뚫다

마침내 9월 15일이 왔다. 그 날 맥아더는 인천상륙작전을 감행했다. 인천상륙작전의 전개 과정은 너무 잘 알려져 있다. 북한군의 허리를 과감하게 자르고 들어가는, 적으로서는 예상은 했을 수 있으나 그럼에도 전격적으로 벌어져 의표意表를 찔린 거대한 작전이었다.

인천상륙작전의 날

그러나 후방의 낙동강 전선에 머물고 있던 아군이 문제였다. 당시의 낙동강 전선 모두를 지휘하고 있던 미 8군에서는 노심초사勞心焦思가 깊어질 수밖에 없던 상황이었다. 하루 빨리 낙동강 전선에서 북상해 인천으로 상륙한 미 해병대의 뒤를 받쳐줘야 했기 때문이었다.

낙동강 전선에서 아군이 북상하지 못한다면 인천으로 올라온 미 해병대 등 상륙 부대는 적의 공세에 포위될 수밖에 없었다. 따라서 부산과 대구를 지키고 있던 낙동강 전선의 대규모 아군 육상 병력이 북상해 적군의 포위 가능성을 없애야 했던 것이다. 이는 매우 중요한 군사작전에 해당했다.

밀번 장군이 이끄는 미 1군단에 배속한 우리 1사단도 상황은 마찬가지였다. 하루 빨리 낙동강 인근에 포진하고 있던 북한군의 수비망을 뚫고 북진北進에 나서야 했다. 그러나 적이 이미 기진맥진했다는 사실을 알고 있었음에도 전선의 상황은 그리 만만치 않았다.

인천상륙작전이 벌어지고 하루가 흘렀다. 그러니까 9월 16일이었다. 프랭크 밀번 미 1군단장으로부터 명령이 떨어졌다. "한국군 1사단은 팔공산에서 가산 쪽으로 공격해 전면의 북한군 1사단을 격파한 뒤 미 1기병사단과 협조하면서 낙동강을 건너 상주로 진격하라"는 내용이었다.

9월 16일이 D-데이, 시간은 오전 9시였다. 미 1기병사단은 적에게 잠시 내줬던 다부동을 향해 진격했다. 나는 좌측에 15연대, 우측에 11연대를 전개한 뒤 중간에는 12연대를 배치했다. 그러나 장마철이었다. 장대비가 쏟아지고 있었다. 하늘의 때, 천시天時는 당시 우리가 품었던 조급한 마음을 헤아리지 않는 듯했다.

압도적인 공습력을 지닌 미군의 역량을 제대로 활용할 수 없었다. 미군 폭격기와 전투기 등이 억수같이 쏟아지는 비 때문에 나설 수 없다는 점이 큰 문제였다. 게다가 가산 쪽으로 진출하려던 15연대와는 통신이 끊겨 상황을 파악할 수 없었다. 착잡한 마음이 접어들었다.

그러나 미 8군의 초조감은 우리보다 더 했던 듯하다. 이튿날인 9월 17일에 이르러서도 전선은 뚫리지 않았다. 12연대는 공격에 나섰으나 전선을 돌파하지 못했다. 11연대의 전선 역시 뚜렷한 성과를 올리지 못하고 있었다. 15연대는 통신이 끊긴 채 어떤 상황에 놓였는지조차 짐작할 수가 없을 정도였다.

작고 통통한 몸집, 사나운 불독을 연상시켰던 월튼 워커 장군이 우리 1사단 사령부를 찾아왔다. 그는 인천상륙작전의 뒤를 받치기 위한 링크 업(link-up) 작전의 최고 책임자였다. 그가 상륙작전에 일단 성공했으나 시급하게 후방을 받쳐주는 부대가 필요했던 도쿄의 유엔

인천상륙작전 뒤 현장을 살피는 맥아더 장군(앞줄 왼쪽서 다섯째)

군 사령관 맥아더 장군으로부터 어떤 압박을 받았을지는 충분히 짐작할 수 있는 대목이다.

워커 사령관의 훈수

당시 우리 1사단 사령부는 동촌 비행장 근처의 양조장 건물 하나를 차지하고 있었다.

워커는 사단 사령부에 들어선 뒤 나를 바라보면서 "제너럴 백, 당신 포트 레븐워스(미 참모대학)에서 공부했던 적이 있는가?"라고 물었다. 그 역시 한국의 실정을 잘 모르고 있었다. 당시 한국군은 미국과의 군사교류 차원에서 학생을 유학시킨 적이 없었다. 나는 "유학을

가 본 일이 없다"고 말했다.

그러자 워커는 "이런 상황에서는 바이패스(bypass) 전술을 써야 한다. 이해하겠느냐? 적을 공격하다가 완강한 저항에 부딪치면 돌아가라는 얘기다. 어느 쪽으로 우회를 할 것인지는 귀관이 잘 알아서 판단해라. 뚫리지 않는 한 곳에만 너무 집중하고 있으면 곤란하다"고 했다.

전쟁은 상대를 이기기 위해 모든 방법을 동원하는 게 상식이다. 적을 꺾을 수 있는 모든 방도를 다 강구해야 한다. 워커는 그 점을 말하고 있었다. 공격을 퍼부어도 좀체 뚫리지 않는 곳에 집착하느니 적이 허점을 드러내는 곳을 찾아 공세를 펼쳐보라는 다그침이었다.

12연대를 맡고 있던 김점곤 중령을 불렀다. 그에게 워커의 말을 전하면서 지금까지 노렸던 공격 지점을 다른 곳으로 옮겨보라고 지시했다. 그는 매우 민첩한 사람이었다. 사고의 유연성이 아주 높았던 연대장이었다. 그는 내 말을 들은 뒤 곧장 우회 공격로를 찾아 나섰다.

이튿날에는 연대의 공로攻路를 모두 조정했다. 좌측 15연대는 가산 북쪽의 산자락을 따라가며 공격을 펼친 뒤 다부동으로 진격토록 했다. 11연대는 25번 국도를 따라 상장동으로 진격하고, 12연대는 신녕과 효령 방향으로 나아가면서 5번 국도를 차단한다는 계획을 마련했다.

18일에는 날씨가 말끔하게 개었다. 그에 따라 미 공군의 공격력을 활용할 수 있었다. 아울러 마음속으로 가장 든든했던 대상은 우리가 미 1군단에 배속하면서 새로 증강한 미 10고사포여단의 화력이었다. 우리 1사단은 미군의 탁월한 공습력, 새로 증강한 고사포여단의 화력 지원을 받으면서 활발하게 공격을 펼쳐나갔다.

15연대와 11연대는 나름대로 성과를 거뒀다. 각자 우리가 변경한

새 공로상에 있던 고지를 차지하면서 적을 감제瞰制할 수 있는 상황을 만들었던 것이다. 그런 두 연대의 공로가 작용했을 것이다. 마침내 김점곤 연대장으로부터 "전선을 돌파했다"는 소식이 날아들었다.

김점곤 중령의 12연대는 전화를 걸어와 "현재 적의 방어선을 뚫고 다부동 북쪽 12㎞ 지점인 거매동까지 진출했다"고 알려왔다. 믿기 힘든 소식이어서 나는 거듭 "정말 거매동까지 진출했느냐"고 물었다. 그러나 사실이었다. 전선 자체를 뚫기 어려워 교착상태에 빠져 있던 터였다. 일거에 12㎞를 북상했다니 놀라지 않을 수 없는 내용이었다.

혈로를 뚫고 북상하다

전날 밤 김점곤 중령의 12연대는 효령면으로 진출하기 위해 야간에 16㎞를 이동한 뒤 적 후방진지 깊숙한 곳에 수색대를 투입했다고 한다. 이어 그곳에 적의 병력이 보이지 않는다는 사실을 확인했다는 것이다. 그 뒤 김점곤 중령은 미 10고사포여단에 탄막 사격을 부탁했다.

쉬워 보이기는 하지만 당시의 국군 작전 능력으로서는 결코 쉽지 않은 일이었다. 정확하게 거리를 측산測算해 전방에 미 포병화력의 탄막을 형성하는 일, 그러면서 아군의 희생을 최대한 줄이는 일 등이 치밀하게 맞물려 돌아가야 가능한 작전이었다. 그럼에도 김점곤 중령은 거뜬히 그 작전을 펼쳤던 것이다.

나는 그 사실을 직접 확인하기 위해 거매동에 진출한 12연대의 지휘소를 직접 찾아갔다. 김점곤 연대장은 내게 작전이 어떻게 펼쳐졌는지를 자세히 설명했고, 나는 그런 김점곤 중령이 자랑스러워 치하를 아끼지 않았다.

워커 장군은 두 번이나 전화를 걸어왔다. "믿기지 않는다, 도대체 어떻게 뚫었느냐?"고 물었다. 그로서는 우리 1사단을 찾아와 우회작전의 필요성을 잠시 언급했을 뿐인데, 바로 전선이 뚫렸다는 사실이 믿기지 않았던 모양이다. 워커는 아주 격앙된 어조로 "정말 훌륭하다, 아주 잘 했다"라며 칭찬을 아끼지 않았다.

후속 작전도 중요했다. 적을 궁지로 몰기 위해서는 즉각 후속 조치를 취해야 했다. 15연대와 11연대를 호출해 동원 가능한 병력을 좌우로 이동시키면서 전방의 적을 몰아가도록 했다. 12연대가 저 멀리 12㎞를 북상하면서 적의 퇴로는 일단 크게 영향을 받을 수 있는 상황이었다.

그에 따라 적을 좌우로 협격挾擊하면 퇴로가 막힌 적은 급격히 무너질 가능성이 있다고 보였다. 15연대와 11연대가 움직이면서 적은 당

낙동강 전선에서 북진할 때의 1사단 사령부. 왼쪽이 나, 오른쪽 끝이 윌리엄 헤닉 미 10고사포단 단장

황하는 기색이 역력했다. 우왕좌왕하면서 적은 이리저리 흩어지고 있었다. 그에 따라 다부동에서 북상하기 위해 안간힘을 기울이던 미 1기병사단도 기동을 할 수 있었다.

점點이 뚫리면서 적의 전면이 무너지기 시작했던 것이다. 큰 방죽을 뚫은 조그맣지만 거센 물줄기가 방죽 전체를 허물고 있었던 셈이다. 그것은 뚜렷한 세勢를 형성하고 있었다. 그 전까지 완강하다 싶을 정도로 버티던 적은 정말 믿을 수 없을 정도로 빨리 무너지기 시작했다.

이제 남은 것은 힘찬 북진의 행로였다. 이튿날부터 본격적인 북진의 작전이 벌어졌다. 우리 1사단은 전선을 처음 뚫고 북진하는 대열의 앞장에 섰고, 좌측으로 인접한 미 1기병사단도 힘차게 움직이고 있었다.

선두에 서고자 했던 경쟁

먼저 12연대장 김점곤 중령과 함께 둘러본 적의 점령 지역은 참혹했다. 북한군 진지 여기저기에서 일어나 항복을 하는 기관총 사수들의 발목에는 한결같이 쇠사슬이 채워져 있었다. 이미 죽어 엎어진 북한군 사병들의 발목에도 사슬이 둘러져 있는 경우가 많았다.

쇠사슬에 묶인 북 기관총 사수

길가 산에는 북한군의 시신이 잔뜩 쌓여 있는 광경도 눈에 들어왔다. 폭격으로 처참하게 헐벗은 산과 길 곳곳이 다 그런 모습이었다. 북한은 전선에 진출하는 장병들의 머리에 총을 겨누는 독전대督戰隊를 운영하면서 원래의 북한군과 남쪽에서 강제 징용한 사병들을 그렇듯 잔혹하게 죽음으로 내몰았던 것이다.

그러나 이제는 북진北進의 길에 모든 힘을 쏟아야 했다. 그럼에도 묘한 긴장감이 먼저 흘렀다. 혈로를 뚫고 북상한 우리 1사단의 12연대 덕분에 적은 퇴로가 막히면서 크게 흔들렸다. 아니, 그저 흔들린 정도가 아니었다. 이미 거센 물길에 밀린 둑처럼 무너지는 형국이었다.

가슴 벅찬 북진의 길에 올랐다. 그러나 미 8군, 그리고 우리 1사단이 배속한 미 1군단의 명령은 엉뚱하기 짝이 없었다. 명령은 따라야 한다. 그럼에도 영 개운치가 않았다. 미 1기병사단의 호버트 게이 소장을 북진하는 길의 한 삼거리에서 만났다.

상주에서 대구로 이어지는 길, 그리고 안동에서 대구를 향하는 길의 교차점이었다. 우리 1사단 병력으로는 최영희 대령이 이끌고 있던 15연대가 그곳에 당도했고, 미 1기병사단도 그곳을 거쳐 북진에 오르던 참이었다. 미 1기병사단의 사령부는 다부동을 적에게 내주면서 대구의 경마장으로 밀려 있었던 상황이었다. 그러나 그는 어느덧 모든 행장을 꾸리고 그곳에 도착해 있었다.

미 1기병사단은 앞에서 잠시 소개한 대로 맥아더의 지휘 아래 마닐라를 먼저 점령했고, 이어 맥아더가 진주하기 직전 도쿄에 선착先着한 부대였다. 그들의 다음 목표는 평양이었다. 적의 심장부를 먼저 점령한다는 목표를 세워두고 있었던 것이다. 그래서 미 1기병사단의 구호는 "마닐라, 도쿄, 그리고 평양"이었다.

미 1기병사단의 선두 점령 욕심은 그래서 남달랐다. 당시 호버트 게이 미 1기병사단 소장은 예하의 한 연대장이 진격을 서두르지 않는다는 이유로 즉석에서 그를 경질했을 정도라고 했다. 그는 전투력을 크게 증강한 777 연대전투단을 선두에 세워두고 야심차게 진격을 서두르는 상황이었다.

나는 그에게 "어디를 향해 그렇게 급히 나서고 있느냐"고 물었다. 그는 매우 자신에 찬 어조로 "서울에서 보자"고 말했다. 선두를 누구에게도 내주지 않겠다는 결연한 의지가 엿보였다. 이제 우리의 공로攻路가 직접 서울을 향하고 있으며, 머잖아 적의 수도인 평양을 지향한다는 점에서 우선 기뻤다.

'미군에 뒤지기 싫다'

그러나 내 마음 한 구석에 찾아드는 섭섭함도 적지 않았다. 북진의 혈로를 직접 뚫었던 우리 1사단을 뒤로 제쳐두고 다부동에서 적에게 10㎞를 밀렸던 미 1기병사단이 선두를 차지한다는 점에서 그랬다. 당시 미 1군단은 휘하의 미 1기병사단과 미 24사단을 북진 공로의 선두로 세웠다.

그럴 수밖에 없었다는 점도 이해했다. 그들은 우리 1사단에 비해 기동력이 탁월했고, 전투를 수행하는 장비와 화력에서도 뛰어났다. 그런 점을 고려해 신임 미 1군단장인 프랭크 밀번 장군이 그 둘을 선공先攻 부대로 내세웠던 것이다.

그러나 어느 전장戰場에서나 전투를 수행하는 부대는 사기士氣를 바

미군의 공세로 파괴된 북한군 T-34 전차

탕으로 싸움을 벌이는 법이다. 우리 1사단은 혹심했던 시련을 이기고 적의 3개 정예사단에 맞서 대구의 길목인 다부동을 지켰던 부대였다. 미군도 나름대로 분전을 했지만 하루 700~800명에 달하는 부대원의 희생을 무릅쓰고 적을 꺾은 우리의 사기를 따를 수는 없었다.

그럼에도 우리는 엉뚱한 명령으로 크게 마음이 상했다. 미 1군단의 명령은 "경북 군위로 진출해 잔적殘敵을 소탕한 뒤 공격 대열에 합류하라"는 내용이었다. 선두에 나서지 못할 뿐만 아니라 후방을 정리한 다음에 천천히 북상하라는 지시였다.

사단을 이끌고 있던 내 마음은 이미 불편해질 대로 불편해진 상태였다. 속으로 '우리도 할 수 있는데…'라는 푸념만이 거듭 쌓여가고 있었다. 사단 예하의 연대장들과 참모는 나보다 더 직접적으로 울분을 토로하고 있었다. 12연대장 김점곤 중령은 미 1군단 참모들과 아주 심한 말을 섞어가며 다퉜다고 했다.

나는 그래도 부하들을 설득해야 했다. 12연대장에게 군위 일대의 잔적을 소탕하라는 지시를 내렸으나 연대장은 내게 "적도 보이지 않는데 뭘 어떻게 소탕하라는 얘기냐"면서 불만을 토로하기도 했다. 다른 연대장들의 심정도 마찬가지였다. 작전을 위해 통제하는 '도로 우선권'을 먼저 타내 북진 길에 오르는 미군을 눈앞에서 그저 지켜보고 있어야 했던 부하들의 심정을 내가 모를 리는 없었다.

우리 1사단 사령부는 일단 가산~팔공산 일대에서 북진하면서도 당초의 전선이 있던 하양에 지휘소를 그대로 둔 상태였다. 그래도 차분하게 작전을 벌여야 했다. 우리는 상주에서 보은과 미원을 거쳐 약 1주일 동안 작전을 벌이며 길을 나아갔다. 골이 깊었던 속리산 일대에는 잔적이 조금 남아 저항을 벌이기도 했다. 우리는 그들이 출몰하면

바로 소탕했다. 적은 후퇴 대열에서 낙오한 병력이라 저항이 변변치 않았다. 우리는 그들을 곧 진압하면서 길을 재촉했다.

남몰래 다녀온 청주

10월 1일 경인가 그랬다. 나는 잔적 소탕에 나선 본대를 뒤에 두고 사령부 지휘소를 떠났다. 사단 참모들과 휘하 연대장에게 기별도 하지 않은 채였다. 무장한 헌병 병력이 지프 한 대에 올라타 내가 탄 지프를 수행하는 정도였다. 나는 상주를 거쳐 국도를 따라 청주까지 갔다.

우리보다 먼저 길을 떠난 미 1기병사단 덕분에 길을 오가는 데는 별 위험이 없었다. 그러나 산 깊은 곳에는 아직 후퇴 대열에서 낙오한 적군이 남아 있을지도 몰랐다. 따라서 안전한 이동이라고는 할 수 없었다. 그럼에도 나는 길을 나섰다. 선두에 서지 못하는 부대의 사령관 심정 때문이었다.

우선은 앞을 둘러본 뒤 문제를 해결해야 한다는 생각 때문이었을 수도 있다. 상황을 먼저 점검한 뒤 나름대로 복안을 만들어야 했다. 그래야 나를 믿고 다부동의 그 참혹한 전투에서 승리를 거둔 우리 1사단의 사기를 회복할 수 있다고 판단했던 것이다. 그러나 달리 뾰족한 수가 떠오를 리는 없었다.

청주에 도착했다. 북한군 전선 사령관이었던 김책이 "조치원에서 도망 중"이라는 정보를 앞서 수색대로 길을 떠난 우리 1사단 공병 소대장에게 들었다. 나는 이미 그곳에 진출했던 미 1기병사단의 5기병 연대장 마셜 크롬베즈(Marcel G. Crombez, 1900~1982) 대령에게 알려줬다. 그들은 내가 잡아준 조치원 역 일대의 좌표에 따라 포격을 벌였다.

북진에 한 발 먼저 나섰던 호버트 게이 미 1기병사단장(가운데)이 한 삼거리에서 우리와 마주쳤다.
왼쪽이 나, 오른쪽이 최영희 연대장

　조금만 서둘렀더라면 우리는 북한군 전선 사령관 김책을 생포할
수도 있었을 것이다. 그러나 어쩔 수 없는 일이었다. 김책은 결국 그
포격에 숨을 멈추지는 않았을 것이다. 그는 북에 돌아가 이듬해 1월
사망했다. 조치원 일대에 머물렀다는 그의 행적은 우리로서는 더 이
상 알 수 없었다.

　미 1기병사단은 신나게 선두를 달리고 있었다. 그들은 곧 경기도
오산으로 가서 인천으로 상륙한 미 7사단과 링크 업(link-up)을 한다
며 분위기가 한껏 오른 상태였다. 나는 길을 떠나는 그들을 보며 오히
려 내가 왔던 길을 되돌아와야 했다. 청주에서 길을 떠난 나는 한 밤
중에 우리 1사단 사령부로 돌아왔다. 참모들은 내가 청주까지 갔다가
돌아온 사실을 여전히 모르고 있었다.

　군대의 사기를 고려하지 않을 수 없었다. 격전에 격전을 거듭하며

분투를 이어왔던 우리 1사단의 명예와 사기를 꺾을 수는 없는 상황이었다. 특단의 대책을 마련해야 했다. 마음속으로 고민이 자꾸 깊어만 갔다.

우리 1사단 본대는 곧 청주에 도착했다. 사단 지휘소를 청주에 있던 충북도청에 차렸다. 다부동의 막바지 전투, '볼링장 앨리'의 격전을 치러냈던 존 마이켈리스 미 24사단 27연대장이 그곳으로 나를 찾아왔다. 그는 우리 1사단의 후방 작전을 맡았다고 했다. 오랜만에 만난 마이켈리스 대령이 반가워 우리는 조그만 술자리를 마련했다.

그는 우리 후방의 잔적을 소탕하는 임무를 맡았던 셈이다. 그렇다면 우리 1사단도 진격할 수 있다는 얘기였다. '우리에게 주어진 공격 방향은 어디일까.' 마이켈리스와 막걸리를 나누면서도 나는 그 생각에 깊이 빠져들기만 했다.

"평양 진격" 주장하다 흘린 눈물

마이켈리스 대령이 우리 1사단을 방문하고 간 뒤 얼마 지나지 않아서였다. 당시 미 1군단 사령부는 대전에 있었다. 우리 1사단의 사령부가 있던 청주에서 얼마 떨어지지 않은 거리였다. 그곳으로부터 호출이 왔다. 10월 5일 쯤이었다. "군단 사령부로 오라"는 전갈이었다.

실망스런 작전 명령서

나는 당시 미 포병 여단에 있던 경비행기 한 대에 올라타고 대전으로 향했다. 지프로도 이동할 수 있는 거리였으나, 시간과 안전 등을 생각해 비행기로 날아갔다. 미 1군단 사령부는 대전에 있던 충남도청 안에 자리를 잡고 있었다.

간이 비행장에 내려 미군 장교에게 내 신분을 밝힌 뒤 지프를 한 대 빌려 타고 대전의 충남도청에 도착했다. 사령관 집무실은 2층이었다. 나는 그곳으로 곧장 직행했다. 그러나 프랭크 밀번 군단장은 자리에 없었고, 대신 참모장인 밴 브런트 대령이 나를 맞았다.

그가 내게 불쑥 건넨 것은 작전 명령서였다. 매우 두툼했다. 얼른 봐도 200쪽이 넘는 분량의 두터운 문서였다. 브런트 참모장은 "미 1기병사단장 게이 소장과 24사단장 존 처치 소장, 영국군 27연대장 바실 코드 준장은 벌써 이곳에 들러 작전 명령서를 수령해갔다"고 말했다.

그렇다면 내가 거의 마지막으로 받아드는 작전 명령서였다.

나는 다급한 심정으로 그가 건넨 작전 명령서의 봉투를 열어 문서를 꺼내 읽었다. 우선은 평양 진공 계획이 작전 명령서의 핵심이었다. 머릿속으로는 '아, 이제 평양으로 가는구나'라는 생각이 스쳤다. 그리고 만감이 교차했다. 북한군의 남침으로 벌어진 전쟁, 전세를 뒤엎은 우리가 이제 통일을 향해 가고 있다는 생각 때문이었다.

명령서 앞부분 몇 장을 넘기자 우선 작전 지도가 눈에 띄었다. 점점 내 마음이 헝클어지고 있었다. 작전 지도는 경의선 축을 따라 평양으로 가는 부대로 미 1기병사단, 그 우익의 구화리와 시변리, 신계와 수안 등을 거쳐 평양으로 진격하는 부대를 미 24사단으로 명시하고 있었다.

'그렇다면 우리 1사단은?'이라는 생각으로 내 눈은 빨라지기 시작했다. 눈에 들어온 국군 1사단 공격로는 평양을 향하지 않았다. 미 1기병사단의 좌익으로 나서서 황해도 내륙지방을 거쳐 진남포를 향해 진격하도록 짜여 있었다.

나는 서울을 향하는 진공로에서 미 1기병사단이 우리를 앞서 나가는 것은 받아들였다. 그러나 그 다음의 공격 목표인 평양을 지향하면서 우리가 빠진다는 사실은 받아들이기 힘들었다. 대한민국 군대에 몸을 담고 있는 군인으로서, 다부동과 가산~팔공산 전투에서 온몸을 바쳐 싸운 국군 1사단의 사단장으로서 그런 명령을 받아들이기 매우 힘들었다.

분명히 작전 지휘권은 미군에게 있었다. 전쟁이 벌어지고 전선이 마구 무너지던 무렵에 이승만 대통령은 한반도에서의 작전 지휘권을 맥아더 유엔군 총사령관에게 위임했고, 미 8군은 그에 따라 모든 결정권을 행사하고 있었다. 그러나 적도敵都인 평양을 공격하는 데 우리 국군이 전혀 끼어들지 못하도록 한 명령서는 받아들일 수 없다고 판단했다.

"명령서를 바꿔 달라"

명령서를 한동안 훑어본 나는 마침내 고개를 들어 브런트 참모장을 주시했다. "군단장을 면담하고 싶다. 지금 어디 계시느냐?"고 물었다. 브런트는 분위기가 심상치 않다는 점을 알았을지 모르겠다. 그는 "감기가 걸려 지금 쉬고 있다. 만나기 어렵다"고만 말했다. 나는 물러서지 않았다.

"반드시 전할 말이 있다. 어느 곳에 계신지만 말해 달라"고 했다.

북진이 신속하게 펼쳐지도록 미 공병이 낙동강에 놓은 부교

그러나 브런트 참모장의 태도는 냉랭했다. 우물쭈물하면서 군단장이 있는 곳을 말하지 않았다. 나는 "미 1군단에 배속해 있는 한국군 1사단장이 군단장을 만나는 것도 어렵냐"면서 목소리를 높이고 말았다.

그제서야 브런트 참모장은 전화기를 들었다. 밀번 군단장과 직접 통화를 하는 눈치였다. 그는 "군단장이 도청 건물 앞 밴 차량에서 쉬고 있다. 지금 그곳으로 가보라"고 말해줬다. 나는 작전 명령서를 들고 집무실을 나와 계단을 뛰듯이 내려갔다.

조그만 밴 차량이 눈에 띄었다. 지휘관이 이동할 때 사용하도록 간이침대 등이 있는 차량이었다. 나는 차량 문을 열고 안으로 들어섰다. 침대에서 밀번 군단장이 일어나면서 반갑게 맞았다. 그는 우선 내 안부를 물으면서 "낙동강 전선 돌파를 지금에나마 축하한다"면서 침대 옆에 있던 위스키 병을 들어 한 잔 따라 내게 건넸다.

나도 준비한 '선물'이 있었다. 청주에 있던 우리 1사단 사령부를 떠나면서 챙겨온 소련제 권총이었다. 북한군 장교들이 휴대했던 것으로 전선의 사병들이 적으로부터 노획한 권총이었다. 밀번은 웃으면서 권총을 받았다. 용건을 꺼내기 전에 벌인 일종의 '의례儀禮'였다.

그 뒤 나는 단도직입적으로 말했다. "방금 브런트 참모장으로부터 작전 명령서를 건네받아 읽었다. 적군의 수도인 평양을 공격하는 작전 지도에 우리 1사단이 빠져 있다. 평양을 공격하는 마당에 한국의 군대가 빠진다면 의미가 없지 않느냐? 내가 지휘하는 1사단이 평양을 직접 공격하도록 해주시기 바란다"는 내용이었다.

그러나 밀번은 심각한 표정을 지어보이더니 잠시 생각에 빠지는 듯했다. 이어 그는 "제너럴 백, 귀관의 사단에 있는 트럭이 전부 몇 대냐?"고 물었다. 나는 "모두를 합치면 100대 정도"라고 대답했다. 그러자 밀번은 "그 정도의 기동력으로 주공主攻에 나설 수는 없다. 미 1기병 사단이나 24사단은 트럭이 1,000대는 넘는다"고 말했다.

그는 이어 "평양을 공격하는 작전은 시간이 중요하다. 기동력이 좋은 미군 사단이 앞장서서 길을 열어야 한다. 맥아더 유엔군 총사령관의 지시에 따라 우리는 시간을 다퉈 공격에 나서야 할 입장이다. 상황이 그러니 국군 1사단을 선두에 세울 수 없다. 그런 점을 이해하고 명령서대로 작전을 하는 게 좋겠다"고 말했다.

경청할 줄 알았던 군단장

그럼에도 내게 할 말은 남아 있었다. 며칠 전 우리 1사단 본대를 놔두고 청주를 오가면서 내가 생각했던 게 있었다. 평양만큼은 우리 국군이 선봉에 나서야 한다는 점이었고, 그를 설득하기 위해서 나는 어떤 명분을 내거는 게 좋겠다고 생각한 바가 있었다. 나는 밀번 군단장을 보면서 설득을 벌였다.

"나는 평양 출신이다. 어렸을 적 대동강 물에서 헤엄을 치며 자랐던 터라 어느 곳의 수심이 얕고 깊은지 다 안다. 이 땅에서 60년 전 벌어진 청일淸日 전쟁 때 일본군이 평양성을 지키던 청나라 군대를 어떻게 공격했는지도 훤히 알고 있다. 이 전쟁을 벌인 북한의 수도를 점령하는 데 우리 국군이 앞장서지 못한다면 우리 국민에게도 면목이 서지 않는 법이다…"는 내용을 설명했다. 그러나 말은 다 맺지도 못했는데 눈물이 어느새 앞을 가리고 말았다. '고향 평양'을 이야기하면서 그런 감정이 복받쳐 올랐던 듯했다.

밀번은 내 이야기를 귀담아 듣고 있었다. 그는 앞에서 '내 군사 스승'이라고 소개한 적이 있다. 그의 여러 면모를 따라 배우고자 했으면

우리 국군 1사단 장병들이 부족한 트럭에 잔뜩 실려 북진을 서두르고 있다.

서도 내가 그로부터 받은 가장 큰 인상은 부하의 말을 진지하게 경청한다는 점이었다. 그때도 그랬다. 그는 잠자코 내 이야기에 귀를 기울였다.

나는 내친 김에 청일 전쟁 당시 일본군이 택한 공격로와 평양성 공격의 구체적인 방법을 언급했다. 그러자 밀번은 지도를 꺼냈다. 잠자코 지도를 들여다보던 밀번이 고개를 들었다. 그는 이어 분명한 어조로 이렇게 말했다. "제너럴 백, 좋다. 당신에게 기회를 주겠다."

밀번 군단장은 이어 전화기를 들었다. 브런트 참모장을 호출하는 전화였다. 밀번은 전화기에 대고 "브런트 참모장, 24사단의 처치 장군 공격로와 한국군 1사단의 공격로를 서로 맞바꿔라"고 단호하게 지시했다. 전화기를 내려놓은 밀번은 나를 보면서 "작전 명령서를 수정할 것이다. 브런트 참모장과 다시 의논하고 돌아가라"고 말했다.

군단장이 있던 밴 차량을 빠져나와 나는 다시 도청의 2층으로 올라갔다. 군단장의 명령을 다시 받은 브런트 참모장의 표정은 떨떠름해 보였다. 작전이 다급하게 벌어지고 있는 상황에서 이미 작성해 배포한 작전 명령서를 수정해야 하는 입장이었기 때문이다.

그러나 군단장의 명령은 이미 내려진 상황이었다. 브런트 참모장은 "사단으로 돌아가 있으면 새로 수정한 작전 명령서를 보내주겠다"고 말했다. 그러나 나는 입장이 달랐다. "아니다, 수정하는 것을 기다렸다가 직접 받아서 가겠다"고 했다. 브런트는 "그렇다면 좋을 대로 해라"면서 곧 작전 명령서 수정 작업에 들어갔다.

"이제 평양으로 간다"

양보할 수 없던 선두

우리가 낙동강 전선을 딛고 일어서 북진을 시작한 뒤였을 게다. 그 이듬해인가 아니면 더 뒤인가는 헤아리기 어려우나, 그 무렵 언젠가 대중적으로 많이 불리던 노래가 만들어졌다. '전우야 잘 자라'는 노래다. 정식 군가軍歌는 아니었으나 대중적으로 많이 불렸던 이른바 '진중가요陣中歌謠'에 해당한다.

전우의 시체를 넘고 넘어 앞으로 앞으로
낙동강아 잘 있거라 우리는 전진한다
원한이야 피에 맺힌 적군을 무찌르고서
꽃잎처럼 떨어져간 전우야 잘 자라

이 같은 1절 뒤에는 '화랑담배 연기 속에 사라진 전우야⋯' 등의 소절이 등장하면서 사람들의 심금을 크게 울렸던 노래다. 이어지는 2~4절에 등장하는 국군의 이동 경로도 추풍령, 노들강변, 38선으로 나온다. 노래에 등장하는 그 같은 국군의 이동로가 우리 1사단이 북진했던 행로와 거의 겹친다.

그 노래대로였다. 우리의 상황도 그랬고, 마음도 그랬다. 낙동강 전선에서는 이루 헤아리기조차 힘든 우리 전우들의 희생이 있었다. 그러나 우리는 그 많은 전우의 희생을 마음속에 간직한 채 전진하고 또 전진해야 했다. 당장은 인천상륙작전을 뒷받침하기 위한 상륙 아군과의 연계 작전, 나아가 서울을 수복한 뒤 곧장 적의 수도인 평양을 공격하기 위해서였다.

그렇게 떠나는 길의 뒤에는 처참하다 싶을 정도로 많았던 전우의 희생이 있었다. 그런 참담한 희생이 있었던 만큼 적에 맞서 싸워 끝내 분단 조국의 통일을 앞당기겠다는 우리의 의지는 아주 높았다. 전우의 희생을 헛되이 하지 않겠다는 강하고도 굳은 신념이었다.

그 점은 우리의 사기土氣로도 충분히 나타났다. 일선의 연대장들은 잔적殘敵을 소탕하라는 내 지시에 "적이 보이지를 않는데 뭘 소탕하라는 것이냐"면서 반발을 할 정도였다. 공격의 대열에 앞장을 서겠다는 강한 신념으로 그들은 똘똘 뭉쳐 있었던 셈이다. 따라서 북진을 어떻게, 어느 위치에 서서 하느냐는 매우 중요했다.

미 1군단은 그런 국군 1사단의 강한 열망과는 상관없이 미군 1기병사단과 24단을 선두로 내세운 공격 방법을 확정했었다. 나는 우리 부대원 모두의 간절한 소망을 담아 미 1군단장을 설득해 결국 미 24단의 공로攻路를 우리 1사단의 것으로 가져왔다. 아주 다행이라면 큰 다행이었다.

나는 그날 밀번 군단장을 설득한 뒤 다시 밴 브런트 참모장을 만나 작전 명령서가 군단장의 지시대로 고쳐지는지를 확인했다. 구체적인 작업에는 내가 끼어들 소지가 없었다. 단지 밴 브런트 참모장이 군단 작전참모를 불러 군단장의 지시를 전하고, 그에 따라 작전 명령서를 수정하라고 말하는 장면을 목격했다.

미 공군기들이 북한군 T-34전차를 공습하는 장면

명령서 수정하기

전투가 벌어지고 있는 시점에서 작전 명령서를 수정하는 일은 결코 간단하지 않다. 군대를 이동시키는 길의 사용권, 즉 '도로 우선권'부터 각 부대의 진행, 그에 따르는 수많은 보급의 문제 등을 모두 고치고 다듬어야 하는 작업이었다. 따라서 시간이 꽤 걸리고 있었다.

브런트는 집무실의 이곳저곳을 오가면서 작전 명령서 수정 작업을 총괄하고 있었으며, 작전 참모는 자신의 방에 들어앉아 방대한 분량의 명령서 세부사항을 여러모로 점검하면서 다시 고치고 있었다. 나는 작전 참모의 방에 직접 들어가지는 않았다. 그저 군단장 집무실에 앉아 바쁘게 오가는 밴 브런트 참모장의 일거수일투족을 놓치지 않고 바라봤다.

약 2시간이 흘렀던 것으로 기억한다. 그럼에도 작전 명령서 수정 작업은 끝나지 않았다. 나는 자리에서 일어나 도청 밖으로 나섰다. 간단하게나마 시장기를 해결해야 했기 때문이다. 전쟁은 많은 것을 휩쓸어 가지만 사람이 살고자 하는 뜻마저 모두 꺾을 수는 없는 법이다.

도청 밖은 불과 며칠 전까지만 해도 북한군의 치하治下에 놓여 있다가 유엔군과 국군의 반격으로 겨우 되찾은 곳이라는 점이 무색하게 식당들이 문을 열어놓고 벌써 장사를 벌이고 있었다. 나는 한 음식점을 찾아 들어섰다. 전쟁 중이라지만 어엿하게 돈을 받고 국밥을 팔고 있었다.

나는 그곳에서 국밥을 시켜 먹었다. 밥을 먹으면서 무슨 생각이 들었는지는 잘 기억이 나지 않는다. 한시라도 빨리 군단장을 설득해 수정한 명령서를 들고 사령부 지휘소로 복귀한다는 생각만이 앞섰던 듯하다. 그러면서도 군대의 사기를 생각했다. 영어로는 morale이라고 적는다.

무형無形의 커다란 자산資産이라고 하지 않을 수 없는 것이다. 부대의 사기가 꺾이면 전투를 제대로 치를 수 없는 노릇이다. 아주 많은 희생을 딛고 다부동을 지켜낸 뒤 북진의 혈로血路를 뚫었던 우리 1사단의 예하 장병들은 공격의 선두에 서는 것을 정말 갈망했다. 나는 다행히 부하의 말을 경청하는 지휘관 밀번 군단장을 만나 그 뜻을 이룰 수 있었다.

그러나 착잡한 심사도 마음 한 구석에 슬며시 자리를 잡았다. 우리가 과연 북진의 선두에 서서 평양에 선착함으로써 대한민국 군대의 명예를 드높일 수 있을 것인가 하는 점 때문이었다. 미군은 앞서 소개한 대로 당시 국군의 형편과는 하늘과 땅 차이에 해당하는 기동력과 화력, 장비를 갖추고 있었다.

이제는 그런 미군과의 선두 경쟁에 나서야 할 판이었다. 평양을 지향하는 공로攻路는 우리 1사단과 함께 제 2차 세계대전에서 필리핀 마닐라에 이어 일본 도쿄東京에 먼저 입성함으로써 대단한 명예를 쌓았던 미 1기병사단이 맡았다. 그들은 "마닐라, 도쿄, 그리고 평양"이라는 구호까지 만들어 벌써부터 평양 선착先着에 관한 강한 의지를 내비치고 있던 상황이었다.

기쁨에 들떴던 사령부

그러나 나는 왠지 모르지만 자신에 차 있었다. 밤낮을 가리지 않고 걷고 또 걸으면 미 1기병사단에 뒤지지 않을 수 있다는 생각이 들었다. 막연한 자신감이었을지 모르지만, 어쨌든 당시의 나는 그런 마음가짐이었다. 어느덧 국밥을 다 먹은 상태였다. 나는 자리에서 일어나 밴 브

북진길에 오른 장병들의 행군을 나(등을 보인 사람 왼쪽)와 참모가 지켜보고 있다.

런트 참모장이 있는 충남도청 2층의 집무실을 향했다.

얼마 지나지 않아 밴 브런트 참모장은 내게 "수정한 내용의 명령서"라면서 두툼한 봉투를 하나 건넸다. 그 자리에서 확인하지는 않았다. 어차피 군단장의 명령이 내려진 상태였고, 그에 따라 미 1군단 참모진은 명령서를 지시대로 수정했을 것이라고 생각했다.

나는 지프에 올라타 간이 비행장으로 향했다. 밀번 군단장의 지시에 따라 우리 1사단에 배속해 함께 움직이고 있던 미 10고사포여단의 연락 비행기가 그곳에서 나를 기다렸다. 이미 어두워진 하늘을 향해 비행기가 솟구쳐 올랐다. 얼마 지나지 않아 비행기는 청주에 도착했다.

나는 사단 참모들이 기다리고 있는 충북 도청의 지휘소에 들어섰다. 그때서야 내 손에 있던 명령서의 봉투를 열었다. 나는 우선 작전지도를 먼저 들여다봤다. 밀번 군단장의 지시대로 경의선 축을 따라 미 1기병사단, 그 우익으로는 구화리와 시변리 및 신계와 수안 등을 거쳐 평양으로 진격하는 부대로 우리 1사단을 확정한 그림이었다.

그 뒤는 나중에 살펴도 좋을 내용이었다. 나는 그 지도를 확인한 뒤 초미의 관심을 내보이고 있던 사단 참모들을 향해 "이제 우리는 평양으로 간다!"라고 외쳤다. 당시 사단 지휘소에는 참모들과 함께 기간 장병 및 호위 헌병대 병력까지 약 100여 명이 머무르고 있었다.

내 말을 듣자 사단 참모들이 일제히 환호성을 질렀다. 그 주변에 있던 장병들도 함께 소리를 높였다. "이제, 평양이다"라는 함성이 물결처럼 사단 지휘소가 있던 충북도청을 휩쓸었다.

선두에 서서 평양으로 내딛고자 했던 우리 1사단의 갈망은 그 만큼 높고 깊었다. 사단 지휘소에는 그런 기쁨과 열정이 좀처럼 가라앉지 않았다. 이제는 그야말로 촌각을 다투는 선두의 경쟁에 나서야 하는 형국이었다. 우리 1사단, 나아가 우리 국군, 더 나아가 대한민국의 명예가 걸린 새로운 경쟁이었다.

그러나 다음날 우리는 바로 움직일 수 없었다. '도로 우선권' 때문이었다. 미 1기병사단이 먼저 움직이고, 다음이 우리 차례였다. 국군 1사단 다음으로는 미 24사단이 움직이도록 순서가 매겨져 있었다. 우리는 그런 명령서에 따라 이틀을 청주에서 지체해야 했다. 이틀 동안 미 1기병사단이 길을 나서는 모습만 그저 바라보고 있어야 했다.

100여 일 만에 돌아온 서울

평양 진공進攻을 위해 선두에 선 미 1기병사단의 이동은 빨랐다. 90㎜ 포를 장착한 신형 M-46 전차를 앞세워 경부 국도를 따라 거침없이 진군해 5일 만에 1기병사단의 선두는 오산에서 인천으로 상륙한 미 10군단과 연계할 수 있었다. 도쿄의 유엔군 총사령관 맥아더가 구상한 인천상륙과 낙동강 전선 북상 작전이 절묘하게 맞아 떨어지는 순간이었다.

북한군에게 길을 물은 미군

그럼으로써 이상한 현상도 벌어지곤 했다. 북한군이 아군의 선두에 뒤처지기 시작했던 것이다. 북한군 본대의 후퇴 대열에 합류하지 못한 낙오 병력은 깊은 산속으로 숨거나 허겁지겁 길을 되돌아 북상하고 있었다. 뛰어난 기동력을 지녔던 미 1기병사단의 선두 병력은 그들을 앞질러 북상했다.

명령에 맞추기 위해 1기병사단의 선두에 나서서 급히 북상했던 부대는 길을 가다가 북한군 병력을 만났어도 차분하게 적군을 공격할 여유가 없었다고 한다. 시급했던 연계 작전 때문이었다. 이런 현상은 우리가 그 뒤 평양을 공격하기 위해 38선을 넘어 북진할 때도 마찬가지였다. 잔적殘敵으로서 뚜렷한 공격 능력을 갖추지 못한 북한군을 일

일이 섬멸할 틈이 없을 정도로 아군의 북진 작전 모두는 아주 신속하게 펼쳐졌다.

불과 5일 만에 미 1기병사단의 선두는 오산까지 북상하면서 적지 않은 에피소드를 남겼다고 한다. 이들이 9월 말 천안에 이르렀을 때 선두 부대를 지휘했던 미군 장교가 현지에 남아 후퇴를 서두르던 북한군 낙오병에게 "오산은 어느 쪽으로 가느냐"고 물었을 정도였다는 것이다. 그 북한군이 꽤 당황했을 듯하다.

밤중에 오산 인근에 도달한 미 1기병사단 선두 부대는 이들을 북한군으로 오인한 인천상륙 10군단 예하의 부대로부터 공격을 받았다고 한다. 한동안 맹렬한 공격을 퍼붓던 이 두 부대는 결국 전차에서 발사한 포격의 섬광 때문에 미군의 표시인 흰색 페인트의 별이 드러나자 그때서야 서로 공격을 멈췄다고 한다.

그런 우여곡절 끝에 결국 낙동강으로부터 신속하게 이동한 미 1기병사단의 선두는 뭍으로 올라와 그들을 기다리던 미 10군단과 연계를 마칠 수 있었다. 인천으로 상륙한 미군의 일부는 9월 28일 드디어 수도 서울을 수복하는 데 성공했고, 후방의 10군단 본대는 낙동강 전선으로부터 힘차게 북상한 미 1기병사단과 연계했다. 그럼으로써 북한군은 후퇴로가 완연하게 끊기는 형국을 맞이했다.

북한군의 철저한 와해

그에 따라 북한군은 이미 공격력을 상실한 상태였다. 낙동강 전선에 모든 힘을 쏟아 부으면서 벌였던 공격이 실패로 돌아감으로써 전쟁 전에 비축했던 역량은 거의 다 소진한 상태였다. 게다가 간헐적으로나마 이어갈 수 있었던 보급선 등이 미군의 공습에 이은 인천상륙작전으로 완전히 끊어진 상황이었다.

후방에서 선두에 이어 북상하던 우리 국군 1사단은 물론이고, 국군 1~2군단 모두 잔적을 보이는 대로 소탕했다. 그러나 산속 깊은 곳으로 숨어버리는 북한군 후퇴병력은 어쩔 수 없었다. 시간이 허락하지 않았던 셈이다. 그러면서 북진을 거듭해 적의 수도인 평양을 함락하고 압록강에 도달해야 했다.

미 1기병사단에게 '도로 우선권'이 있었다. 1기병사단 본대가 지나가기 전까지 우리 1사단은 청주에서 이동을 할 수 없었다. 거의 이틀 동안을 기다렸다. 드디어 우리 차례가 왔다. 그저 북상하는 일이라고 단순하게 볼 수는 없었다. 1만 명이 넘는 부대의 이동 또한 엄연한 작전이었고 쉽지도 않았다.

다른 무엇보다 우리에게는 트럭이 충분하지 않았다. 겨우 150대에 이르는 트럭은 병력을 정해진 목적지에 실어 나른 뒤 곧장 길을 되돌아와야 했다. 나머지 병력을 또 싣고 움직여야 했기 때문이다. 도로 사정이 지금에 비해 훨씬 뒤떨어졌던 당시의 상황으로서는 부족한 수량의 트럭으로 길을 갔다 또 되돌아와 부대 병력을 또 실어 나르는 일이 결코 간단하지 않았다.

그럼에도 우리는 꿈에 부풀어 길을 나섰다. 일사불란하다고는 할 수 없을지 몰라도 나름대로 최선을 다 해 매우 한정적인 트럭을 빈틈없이 운용하면서 부대를 이동시켰다. 트럭이라는 고마운 운반 수단의 혜택을 입지 못하는 병력도 아주 많았다. 그들은 밤을 낮 삼아 걷고 또 걷는 수밖에 없었다.

이제는 시간과의 싸움이었다. 우리는 어느덧 한강에 도착했다. 청주를 떠난 지 이틀 만이었다. 미 1기병사단은 이미 그 강을 넘어섰다.

인천상륙작전 뒤인 1950년 9월 24일 미 해병대원들이 공격 뒤 잠시 쉬는 모습

한강에 도착했지만 바로 건널 수는 없었다. 그 좁은 한강의 부교를 아무나 이용할 수 없었던 까닭이었다. 아군 전체는 북상하고 있었으나 각종 필요에 따라 남쪽으로 강을 거꾸로 넘어 후방으로 가야 하는 병력도 적지 않았다.

부교는 그런 필요에 따라 일정하게 움직였다. 짜인 순서대로 북쪽에서 남쪽으로 건너는 병력이 부교를 사용할 때면 남쪽에서 북쪽으로 넘어가는 병력은 그대로 기다리고 있어야만 했다. 그런 점 때문에 한강 남안南岸에 도착했으면서도 우리는 바로 강을 넘어 서울로 들어갈 수 없었다.

한참을 기다려 차례가 왔다. 앰뷸런스 등 비상용 차량이 먼저 부교를 건너고 그 뒤를 이어 지휘관 차량이 다리를 건넜다. 내가 탄 지프도 앰뷸런스 등 비상용 차량의 뒤를 따라 부교 위를 지나쳐 서울에 이르렀다. 당시 인도교가 끊겨 부교는 여의도에서 마포 방향으로 놓은 상태였다.

100여 일 만에 돌아온 서울

다시 밟은 서울의 땅. 형용하기 힘든 감회가 밀어닥쳤다. 그러나 전선에 선 지휘관은 그런 감회에 젖을 수만은 없는 법이다. 우리는 곧장 지금의 은평구로 향하는 길목의 녹번리 파출소에 사단 지휘소를 차렸다. 마포에서 녹번리로 이동하면서 본 서울은 폐허를 방불케 할 정도로 무너져 있었다.

서울에는 이미 여러 아군 부대가 들어와 있었다. 내 동생인 백인엽 17연대장도 이미 서울에 와 있었다. 그는 개전 초에 옹진반도에서 항

1950년 9월 17일 인천상륙작전을 성공적으로 벌인 뒤 맥아더 유엔군 총사령관(왼쪽서 넷째)가 전선을 시찰하고 있다.

전하다가 밀린 뒤 여러 곡절을 거쳐 인천상륙작전 때 국군 부대로는 그 대열에 유일하게 참여해 서울로 진주한 상태였다. 그러니까 동생은 내가 이끌던 1사단에 비해 일찍 서울에 진입했던 셈이다. 인엽의 17연대는 서울 퇴계로의 한 초등학교에 지휘소를 차려두고 있었다는 전갈을 들었다.

나는 잠시 틈을 내서 그곳으로 갔다. 전쟁이 벌어진 뒤 몇 번의 죽을 고비를 넘겼다는 동생의 얼굴을 보는 일, 그리고 내가 서울에 남겨두고 갔던 가족의 안부를 확인하기 위해서였다. 나에 비해 서울에 일찍 들어왔던 동생은 다행히 어머니와 처, 그리고 딸의 생사를 확인했던 모양이었다.

동생은 "어머님과 형수, 그리고 조카 모두 잘 있다"는 말을 전했다. 서울 신당동에서 "북한군이 전면전을 벌였다"는 1사단 참모의 전화를 받고 길을 나선 지 100여 일에 이르고 있었다. 전쟁이 벌어지기 3년 전에 태어난 딸아이도 보고 싶은 마음이 들었다. 국군 1사단장의 어머니와 아내라는 신분으로 적의 치하治下에서 얼마나 고생을 했을까라는 생각도 잠시 들었다.

그러나 작전이 먼저였다. 나는 '그래, 가족의 안부라도 확인했으면 다행이다'라는 생각을 했다. 동생을 짧게 만난 뒤 나는 녹번리의 사단 지휘소로 곧 돌아왔다. 하룻밤을 그곳에서 묵은 뒤 우리는 다음 예정지였던 임진강의 고랑포를 향해 길을 나섰다.

10월 10일 우리는 고랑포에 도착했다. 북한군이 전쟁을 벌이기 전 국군 1사단이 지키던 곳이었다. 옛 임지로 돌아온 감회도 남달랐다. 그러나 역시 작전에 몰두해야 하는 상황이었다. 미 1기병사단은 이곳을 벌써 지나쳐 북진하고 있었다. 국군 1군단은 더 일찌감치 38선을 넘어 원산에 도착한 상태였다.

전선의 전면적인 북상에서 뒤로 처지지 않기 위해서는 간단없이 길을 가야 하는 상황이었다. 그때 작은 '사건'이 하나 생겼다. 전쟁이 발발한 뒤 1사단이 다른 아군 부대처럼 하염없이 뒤로 밀리던 시점에 각자 부대를 이탈했던 1사단 장교 약 50명이 부대를 찾아왔던 것이다.

우리는 당시 한강 다리가 끊겨 각자도생各自圖生으로 먼저 강을 건넌 뒤 시흥, 그마저도 여의치 않으면 지리산에서라도 다시 만나 적과 싸우기로 했었다. 그러나 후퇴 뒤 본대에 합류하지 못한 장교들이 문제였다. 뒤늦게나마 본대에 찾아와 합류를 요청하는 장교들을 어떻게 해야 할까. 함께 힘을 뭉쳐 싸우면 그만일까. 그러나 문제는 생각만큼 간단치 않았다.

의심과 우려 속에 도착한 미군 전차

참모들을 불러 놓은 뒤 의견을 물었다. 적의 치하治下에 남아 있다가 지금 합류하려는 장교들을 받아들여야 하느냐에 관해서였다. 의견은 크게 엇갈렸다. 더 많은 수의 참모들이 이들을 징계해야 한다는 의견을 보였다. 적에게 밀리고 있을 때라도 어떻게 해서든지 본대本隊를 찾아 합류하는 게 군인의 사명이라는 이유에서였다.

징계와 포용 사이의 고민

지당한 말이었다. 원칙적으로 보면 그렇다는 얘기다. 그러나 일부 참모들은 이들을 용서하면서 받아들여야 한다는 의견을 보였다. 전시戰時라서 한 사람의 자원이라도 사단에 합류시켜 적을 향해 나아가야 한다는 논리였다. 상황을 볼 때 그런 의견이 틀리다고만 볼 수는 없었다.

　나는 참모들의 의견을 끝까지 경청했다. 그러면서 생각을 정리했다. 이들에게 미심쩍은 구석은 없지 않았다. 적의 치하에서 살아남기 위해 이들 중 일부는 부역附逆 행위에 가담했을 가능성도 있었다. 그러나 다급하게 벌어지고 있는 전쟁의 상황을 감안하는 게 맞다고 생각했다.

　나는 참모들의 의견을 모두 들은 뒤 이렇게 말했다. "원칙적으로 이들에게 일정한 징벌을 내려야 하는 점은 맞다. 그러나 상황이 다급하다. 한 사람의 힘이라도 끌어 모아 적을 맞아 싸워야 하는 게 지금 상황이다. 우리는 더구나 적의 수도인 평양을 공략하는 길에 나섰다. 이제 임진강에 왔다. 과거의 흉과 허물은 이곳에 모두 던지자. 그저 앞을 향해 함께 싸워 나가자"는 내용이었다.

　그 발언은 내 진심에서 우러나온 것이었다. 전쟁은 살고 죽는 일을 결정하는 아주 중차대한 자리다. 아주 가파르다 싶을 정도로 벌어지는 전쟁의 상황에서는 실질(實質)을 먼저 따지는 게 매우 중요했다. 돌아온 장교들에게 분명히 허물은 있었다. 그러나 이들의 각자 힘이라도 끌어 모아 우리 전체의 힘을 키워야 하는 상황이었다.

　참모들은 다행히 사단장인 내가 내린 결정에 이의를 달지 않았다.

평양으로 진군하는 도중에 국군 1사단 장교가 현지 주민들을 상대로 선무작업을 하고 있다.

그로써 개전 초반에 부대를 이탈했다가 본대에 뒤늦게야 합류한 장교들은 예전에 있던 자리, 또는 새로 배정받은 위치로 돌아갈 수 있었다. 이들은 곧 북진 대열에 합류해 평양에 입성하는 과정, 그 뒤 중공군 참전으로 밀렸던 1.4후퇴 등의 과정에서 고루 활약했던 것으로 알고 있다.

자신의 일시적인 과오過誤를 만회하기 위해 이들은 열심히 자리를 지키면서 적을 맞아 싸웠다. 아무튼 그런 작은 곡절曲折을 거친 뒤 우리는 마음을 한 데 모아 북진을 이어가기로 했다. 10월 11일 경이었다. 나는 부대 전체 장병들에게 "38선을 넘어 진격하라"는 명령을 내렸다. 그런 명령을 내린 뒤 나는 직접 현장 각급 부대를 돌면서 진격 상황을 체크했다.

"패튼 식 돌파가 필요하다"

꼬박 하루의 시간이 지났다. 나는 북진 상황을 최종적으로 점검했다. 5km의 북상에 그쳤다. 앞으로 평양까지의 거리는 170km가 남아 있는 상태였다. 하루에 5km를 북상하는 속도라면 평양에 도착하기까지에는 부지하세월不知何歲月이었다. 나는 속으로부터 긴 한숨이 터져 나오는 것을 느꼈다.

우리 1사단이 배속해 있던 미 1군단의 프랭크 밀번 군단장을 찾아가 "국군 1사단을 평양 주공主攻으로 설 수 있게 해달라"면서 이미 만들어진 작전 명령서를 고치도록 '생떼'까지 썼던 나였다. 그런 처지에서 하루에 5km를 북상한다면 나는 물론이고 국군 전체의 체면은 바닥에 떨어질 수 있었다.

내 얼굴이 잔뜩 일그러져 있었던 모양이다. 제10고사포여단을 이끌고 우리 1사단을 지원하고 있던 윌리엄 헤닉 대령이 그런 나를 물끄러미 보더니 "무슨 걱정이 있느냐?"고 물었다. 나는 사정을 있는 그대로 설명했다. "평양 진공의 선두를 자신했는데 실제 추진해보니 하루에 5km 전진하는 데 그쳤다. 생각만큼 잘 안 된다"고 말했다.

그러자 헤닉 대령은 내게 "사단장, '패튼 전법'을 아느냐?"고 물었다. 나는 "제2차 세계대전의 명장이라 나름대로 알고 있다"고 대답했다. 그러자 헤닉은 "바로 그 점이다. 지금 한국군 1사단에게 필요한 전법은 패튼 장군의 진격 방식이다"고 말했다.

그런 지적은 맞는 말이기도 했지만, 우리 사정에는 전혀 어울리지 않는 말이기도 했다. 우리에게는 전차 한 대조차 없었다. 그런 전차를 앞세우고 적진을 곧장 뚫고 가면 좋겠지만 우리 국군 1사단은 그를 흉내조차 낼 수 없는 처지였다. 나는 "전차가 없는데 어떻게 패튼 장군의 전법을 동원할 수 있겠냐"고 했다.

그러나 헤닉은 이런 소리를 했다. "사단장, 당신에 대한 평가가 지금 미군에서는 아주 좋다. 그 정도라면 군단장에게 직접 전차 지원을 요구해라. 군단장은 당신 말을 분명히 들어줄 가능성이 있다"는 귀띔이었다. 그렇다. 그 상황에서는 체면을 따질 일이 아니었다. 그리고 밑져야 본전이라는 생각도 들었다.

헤닉은 한 술 더 떴다. 그는 나를 적극적으로 지원해주고 있었다. 내 처지를 감안하고, 군단 전체의 작전 상황을 사려 깊게 따져 가능한 한 모든 방법을 동원해 국군 1사단을 도와주려는 마음을 지닌 사람이었다. 그는 "우리 포병 여단에서 트럭은 100대 정도를 후원해 1사단의 이동을 돕겠다. 그러나 문제는 전면을 뚫고 나가는 전차다"라고 했다.

기동력이 좋은 미군에 지지 않기 위해 밤을 낮 삼아 걸었던 우리 1사단 장병의 행군 모습

　이어 그는 그 자리에서 테이블로 이동한 뒤 바로 전화기를 들어 올렸다. 군단장에게 직접 전화를 걸었던 모양이다. 그는 교환원이 전화선을 접속하는 때를 이용해 내게 수화기를 건넸다. 표정에는 '군단장을 잘 설득해야 한다'는 메시지가 들어 있었다. 전화기 너머로 프랭크 밀번 군단장의 목소리가 들렸다.

　나는 목소리를 가다듬은 뒤 솔직하게 말을 털어놓았다. "군단장, 이제 패튼 장군의 전법을 채택해 북진을 시도해야 하는데 전차가 우리에겐 한 대도 없다. 이를 해결해 주시면 고맙겠다"고 했다. 잠시 침묵이 흘렀다. 밀번은 이어 "제너럴 백, 당신 보전步戰 협동작전 경험이 있는가"라고 물었다.

사단장의 통역

보병步兵과 전차戰車의 협동작전을 말하는 것이었다. 당연히 그런 경험이 내게 있을 수 없었다. 전차의 실제 모습을 6.25전쟁 개전 뒤 북한군이 몰고 온 T-34에서 처음 확인할 수 있었던 게 국군의 형편이었다. 나는 솔직하게 말했다. "없다. 하지만 지금 곧장 익혀서 바로 실전으로 활용하겠다"고 대답했다.

밀번은 부하에게 퍽 신뢰를 거는 장군이었다. 가급적 부하의 말을 경청하고 문제를 해결해주는 스타일이었다. 그는 "그렇다면 잠시 기다려봐라"면서 전화를 끊었다. 전차는 무서운 무기이기는 하지만 보병 없이 홀로 작전에 나선다면 적의 손쉬운 먹잇감으로 전락한다.

전차가 전진할 때 그 주변을 방어하며 따르는 보병의 호위를 받아야 강력한 무기로서의 진가眞價를 발휘할 수 있다. 전차와 보병의 호흡이 잘 맞아 떨어져야 하는 일이다. 따라서 엄격한 훈련이 따라야 한다. 밀번은 그런 점을 우선 걱정했던 것이다. 당시 미 1군단은 전차 1개 대대를 거느리고 있었다.

3개 중대 약 50대에 달하는 전차가 있었다. 이들은 군단에 배속한 미 1기병사단과 24사단, 그리고 국군 1사단을 지원할 수 있었다. 그러나 미군은 전차를 국군에게 잘 보내지 않았다. 아주 인색하다 싶을 정도로 국군에게는 전차를 지원하지 않았다. 보전步戰 작전을 전혀 이해하지 못하는 국군에게 섣불리 전차를 지원했다가 이를 몽땅 잃는 결과가 나올까봐 우려했기 때문이었다.

그러나 밀번 군단장은 그런 우려를 딛고서 결국 전화를 걸어와 이렇게 말했다. "제너럴 백, 좋다. 당신 1사단에게 군단 전차 1개 중대를 보내겠다." 이튿날이었다. 군단 소속 6전차대대의 C중대 전차부대가 우리 사단에 당도했다. 우리 사단 병력은 그런 전차가 부대 안으로 진입하는 광경을 보면서 사기가 치솟았다.

그러나 이들 전차와의 협동작전이 문제였다. 나는 현장에 서서 미군 전차 중대로부터 협동작전의 개요를 들은 뒤 '통역'에 나섰다. 전차를 따라다니면서 미군 전차 부대원이 요구하는 작전 내용을 1사단 장병들에게 전하는 일이었다. 반나절을 그렇게 사단 지휘소 마당에서 보냈다.

전차가 일으키는 굉음, 그로부터 밀려드는 흙먼지를 들이 마시면서 마침내 목이 쉬고 말았다. 그나마 다행이었다. 이제 작전의 요령이 어느 정도 우리에게 전달이 되면서 점차 자리를 잡아가고 있었다. 나를 대신해 일부 장교들이 나서서 작전 요령을 전파하고, 함께 뛰어다녔다.

제11장

힘찬 반격의 길에
오르다

낙동강 전선 방어 뒤 유엔군은 힘찬 반격에 나섰다.
북진을 앞둔 미군 병력이 이동 전에 점검을 하고 있다.

밤에 쉬는 미군 앞지르려 야간 행군

우리 한국군이 드러내는 특징이 몇 가지 있다. 전쟁을 겪으면서 체험한 대목이다. 일반적으로 한국인의 특성을 이야기할 때 여러 사람들은 '신바람'을 말한다. 전쟁 때도 우리 국군은 그런 면모를 보일 적이 적지 않았다.

투지가 넘쳤던 국군

위기에 강하다는 인상을 주기도 한다. 김일성 군대의 초기 강력한 압박으로 우리가 낙동강 전선에 몰려 저항을 벌일 때가 그랬다. 위기에는 잘 뭉친다. 특히 우리 국군 1사단의 기간요원을 이뤘던 전라도 출신의 부사관들은 낙동강 전선 이남의 경상도 일원에서 모병한 신병들을 잘 이끌면서 훌륭히 적을 막아냈다.

나라가 송두리째 없어질지도 모를 절체절명의 위기 속에서 1사단의 장병들은 출신 지역과는 전혀 상관없이 싸우고 또 싸웠다. 그런 힘은 아주 강력했다. 자신의 안위安危는 전혀 돌보지 않으면서 적을 맞아 고지를 오르고 또 올랐다. 그렇게 우리는 낙동강 전선에서 강력한 김일성 군대의 정예 3개 사단을 물리쳤다.

'신바람'의 면모는 북진의 과정에서도 여지없이 드러났다. 앞에서 소개한 대로 미 1군단장 프랭크 밀번의 배려에 따라 막강한 미 1군단 전차대대의 1개 중대 병력이 우리 1사단을 지원코자 도착했고, 우리는 현장에서 즉석 보전步戰 협동작전을 익히면서 북진에 안간힘을 기울였다.

미군은 그런 우리의 분위기를 매우 신기하게 여겼던 모양이다. 내가 직접 나서서 '통역'까지 하면서 당장에 전차와의 협동작전을 연습했고, 대원들은 신바람 속에서 훈련에 열중했다. 미 1군단 소속의 6전차대대 C중대와의 협동작전 연습은 오후에 들어서면서 자리를 잡기 시작했다.

우리 보병은 미군 전차와 서서히 호흡을 맞추기 시작했다. 일사불란하다고까지는 할 수 없어도 전차가 의도하는 방향에 따라 대열

평양으로 향하는 길의 한 장면

을 맞추면서 함께 움직이는 능력을 보이고 있었다. 매우 빠른 학습 능력이었다. 나는 그런 모습을 지켜보면서 '이제 곧 작전을 벌여도 좋겠다'는 판단을 하고 있었다.

1번 전차에 오르다

연습작전을 지켜보고 있던 미군 전차 중대장은 우리 1사단 장교들에게 "한국군의 적응 속도가 매우 빠르다"면서 아주 흡족한 표정을 지어보였다. 오후 시간이 더 흐르면서 이제는 완연한 보전 협동작전의 모습이 갖춰지고 있었다. 이제는 공격 대열을 움직여야 할 때였다.

오후 늦게 우리는 다시 평양을 향한 공로攻路에 올랐다. 미 10고사포여단을 이끌고 우리를 지원하고 있던 윌리엄 헤닉 대령은 "이왕이면 사단장이 직접 1번 전차에 올라라. 패튼 장군이 그랬다. 1번 전차에 올라 탄 채 공격을 지휘했다"고 했다.

나는 그렇게 하기로 결심했다. 그러나 우리 1사단의 수석 군사고문인 로버트 헤이즐레트(Robert T. Hazlett) 대령은 나를 말렸다. "선두에 서서 진격하다가 사단장이 적의 반격에 직면할 수 있다. 위험하다. 그런 상황은 피하는 게 옳다"는 내용이었다. 그는 낙동강 전선의 다부동 전투에서 1사단에 온 뒤 아주 성실하게 우리의 작전을 뒷받침해주던 이였다.

그의 권유도 사실은 합당했다. 그러나 우리 1사단이 수행해야 할 작전의 최고 핵심은 평양 진격이었다. 미 1군단의 작전 명령서까지 수정하면서 우리를 공격 선두에 세워 달라고 했던 사정도 있었다. 우리 국군 전체의 명예까지 걸려 있는 작전이기도 했다.

따라서 나는 윌리엄 헤닉 대령의 말을 받아들이기로 했다. 그러나 헤이즐레트 대령의 우려대로 적의 심장부를 향해 가는 길에 아직은 수많은 위험이 도사리고 있던 상황이었다. 나는 조심에 조심을 거듭하겠다는 각오를 하면서 1번 전차에 올랐다. 공격의 최전방에 나섰던 셈이다. 우리는 그렇게 다시 힘차게 평양 공격의 길에 올랐다.

1번 전차에 올라 전체의 보전 협동작전을 직접 지휘할 수 있다는 점이 다행이었다. 아주 황급하게 보전 협동작전 연습을 벌였으니, 아직은 모든 게 서툴 수밖에 없었다. 1번 전차에 올라 대열을 내가 직접 이끌었던 까닭에 그런 미진한 점을 조금이나마 채울 수 있었다.

이튿날 진격 속도를 따져보니 하루에 25km에 달했다. 최대한의 행군 속도는 아니었으나, 전차가 당도하기 전 5km에 불과했던 행군 속도에 비해서는 괄목할 만한 진척이었다. 그러나 그에 만족할 상황이 아니었다. 불철주야不撤晝夜, 밤을 낮으로 삼아 걷고 또 걸어야 했던 게 당시 우리 1사단의 사정이었다.

그러나 문제가 생겼다. 낮에는 용감하게 길을 나서 작전을 벌이던 미군은 아주 신기하게도 밤이 되면 움직일 생각을 하지 않았다. 기계와 장비, 막강한 화력火力을 바탕으로 큰 몸집을 구성해 상대를 힘으로 밀어내는 게 미군의 매우 두드러진 특징이었다. 그들은 따라서 웬만해서는 밤에는 싸움에 나서지 않았다.

우리를 지원하기 위해 왔던 미 1군단 소속 전차중대도 사정은 마찬가지였다. 거대하면서도 값비싼 첨단 무기인 전차를 이끌고 다니던 부대였기 때문에 더 그랬을지도 모른다. 밤이 오면 그들은 숙영宿營을 원했다. 전쟁 중이었음에도 불구하고 또 늘 뜨거운 음식, 핫푸드(Hot food)를 원했다.

경마장 식 생중계

우리 입장에서 보면 속이 터지는 장면이었다. 전쟁 중에도 뜨거운 음식과 차가운 음식을 가리는 모습, 밤이면 "나는 이제 쉬어야 겠다"라면서 잠자리를 찾아 두리번거리는 행동 등이 다 그랬다. 그러나 그런 미군을 압박하는 방도는 내게 없었다. 나는 그저 "시간이 없는데 꼭 쉬어야 하느냐?"면서 은근히 길을 재촉하는 게 고작이었다.

그러나 미군 전차 중대장은 "사단장, 우리 사정도 이해하라. 미군은 낮이면 호랑이일지 몰라도, 밤이면 고양이로 변한다"며 내 요청을 거절했다. 알면서도 어쩔 수 없다는 태도였다. 그를 나무랄 일은 아니었다. 군대를 이루는 물질적이면서 정신적인 바탕이 모두 달랐기 때문이다.

나는 그런 미군을 놔두고 가면서 "우리는 밤에도 행군한다. 내일

평양에 다가가면서 점차 속도를 높이고 있던 우리 1사단 장병들의 행렬

아침 길을 따라 우리에게 빨리 오라"는 말을 남겼다. 이어 우리는 밤을 낮 삼아 걸었다. 그러면서 행군의 속도는 줄이지 않았다. 우리가 보유한 트럭의 수는 미군 1기병사단의 10분의 1에 불과했지만 그런 부족한 트럭을 일정 구간에서 왕복하는 셔틀(Shuttle) 방식으로 운영하면서 병력을 실어 날랐다.

그러나 트럭이 부족해 차에 몸을 싣지 못하는 병력이 훨씬 많았다. 밤을 낮 삼아 걷는 일이 그리 쉽지는 않았다. 부대원들은 걸으면서 늘 졸음에 빠진다. 사고가 일어날 가능성이 많았다. 나는 두 대열이 길게 늘어선 도로 복판에 자주 등장했다. 일부러 아주 높은 목소리로 "평양~!"을 외쳤다. 그러면 졸음에 빠진 채 길을 걷던 병력들은 잠에서 깨 원기가 왕성한 목소리로 "평양~!"이라고 소리쳤다. 그러면서 우리는 밤길을 걷고 또 걸었다.

우리가 경기도 북부 지역을 지나 황해도 시변리에 들어선 때는 전차를 앞세우고 진격을 시작한 지 하루가 지난 10월 12일 경이었다. 그로부터는 아주 긴장감 있는 속도 경쟁이 벌어지고 있었다. 우리보다 일찌감치 길을 나선 미 1기병사단도 우리 국군 1사단의 진격속도에 신경을 쓰기 시작했다. 아군끼리의 다툼이었으나, 이 또한 엄연한 경쟁이었다.

황해도 시변리를 지나면서는 미군 1기병사단과 자칫 총격전을 벌일 뻔한 적도 있었다. 우리의 진격로 앞에 미 1기병사단 일부 병력이 나타났던 것이다. 그들은 전면에서 우회한 북한군을 공격하기 위해 그 뒤를 쫓다가 우리의 '작전 구역'을 침범하고 말았던 상황이었다.

그렇게 작전 구역을 넘어서면 아군끼리 교전交戰하는 상황이 생길 수 있었다. 다행히 그런 상황으로까지 번지지는 않았다. 미군 병력은 급히 방향을 돌려 우리 작전 구역에서 벗어났다. 1번 전차에 올라타고서 계속 길을 갔다. 하늘에는 아주 작은 몸집의 경비행기인 '모스키토(Mosquito)'가 떠다니고 있었다. 작전 상황을 체크하는 비행기였다. 미 고문관은 내게 "지금 저 비행기들은 우리의 작전 상황을 중계하고 있는 중"이라고 설명했다.

마치 경마장의 주행 코스를 어느 말이 먼저 달리고 있는지 알리는 해설 요원의 역할이라는 얘기였다. 그만큼 미 8군과 내가 배속한 미 1군단은 선두 경쟁에서 어느 부대가 앞장을 서는지 초미의 관심으로 지켜보고 있다는 설명이었다. 평양과의 거리가 좁혀지면서 미군의 태도도 달라지기 시작했다. "낮에는 호랑이, 그러나 밤에는 고양이"라면서 밤길 나서는 일에 주저하던 미군도 이제는 다른 태도를 보이고 있었다.

미군을 앞지르다

미군은 어찌 보면 우리와는 여러모로 다른 군대다. 적을 맞아 싸우는 점에서야 다를 바 없었지만, 사람들이 뭉쳐 이룬 집단으로서 드러내는 특징이 몇 개 있다. 정실情實에 얽매이지 않는다는 점이 그 중의 하나다. 미군이라서 미군의 편을 들지만은 않는다는 얘기다.

한국군 응원한 미군

평양을 향해 줄기차게 북진하던 그 무렵의 한 에피소드가 그랬다. 앞에서도 이야기한 대로 우리 국군 1사단의 북진 속도와 평양을 향해 함께 다른 하나의 주공主攻 길에 나섰던 미 1기병사단의 속도는 당시 미군 지휘부는 물론이고 일선 부대 사이에서도 큰 화제였다.

'한국군과 미군 중 어느 주공 부대가 평양에 선착할까?'에 관한 호기심이자 관심이었다. 월튼 워커 장군이 이끄는 미 8군 사령부, 우리 국군 1사단이 배속해 평양 공격의 선두에 섰던 미 1군단이 우선 그랬다. 그들은 국군 1사단과 미 1기병사단이 펼치는 공격로 상공에 앞서 말한 대로 아주 작은 몸집의 모스키토 경비행기를 띄웠다.

상공에서 한국군 1사단과 미 1기병사단 중 어느 누가 선두를 유지하고 있는가에 관한 정황을 관측하기 위해서였다. 우리 1사단과 미 1기병사단의 공격 진척도는 그래서 시시각각으로 미 8군 사령부와 미

1군단 사령부에 알려지고 있는 상황이었다.

우리 1사단에도 윌리엄 헤닉 대령이 이끄는 미 10고사포여단이 지원을 위해 와있었다. 이들은 미군을 응원하지 않았다. 제가 임시로 배속해 있던 한국군 1사단의 열렬한 팬에 해당했다.

윌리엄 헤닉 대령은 내 곁에 늘 붙어있다시피 하면서 온갖 조언을 아끼지 않았다. 그는 제2차 세계대전을 몸소 겪은 야전의 군인답게 풍부한 경험을 지니고 있었다. 작전이 펼쳐지는 모든 상황에서 그는 제 경험을 내게 들려주면서 "반드시 평양에 먼저 닿아야 한다"고 응원을 아끼지 않았다.

보다 과감한 진격進擊을 위해 내가 미 1군단장 프랭크 밀번 장군에게 요청해 우리를 지원코자 현장에 와있던 6전차대대 C중대도 마찬

미군 전차들은 한국군 1사단의 평양 선착 가능성이 높아지자 대거 우리의 대열에 합류했다.
미군 전차의 북진 모습

가지였다. 처음에는 경험이 부족한 한국군 지원을 꺼렸으나 서로 호흡을 맞추기 시작하면서 그들 또한 우리 1사단의 열성적인 지원부대로 변하고 말았다.

그 뿐이 아니었다. 선두 경쟁에서 우리 1사단의 속도가 더 붙어가던 무렵이었다. 이번에는 6전차대대의 대대장 존 그로든(John S. Growden) 중령이 나머지 모든 병력을 이끌고 우리 1사단을 직접 찾아왔다. 그는 대뜸 "우리도 한국군 1사단과 함께 싸우러 왔다"고 했다.

이유는 간단했다. 상공에 떠다니던 경비행기 모스키토의 '생중계' 때문이었다. 한국군 1사단과 미 1기병사단의 선두경쟁을 지켜보다가 한국군 1사단의 평양 선착 가능성이 보다 더 크다는 점을 눈여겨봤던 것이다. 이를테면 그는 먼저 평양에 닿을 것으로 보이는 부대에 '줄'을 대고자 했다는 얘기다.

갑자기 나타난 미 전차대대장

군공軍功에 관한 문제였다. 전쟁터에 나선 군인은 명예와 훈공勳功을 탐내기 마련이다. 평양에 먼저 도착할 부대 뒤에 섰다가 함께 목적지에 도달함으로써 '평양 첫 탈환'의 공적 리스트에 이름을 올려놓고 싶었던 것이다.

내 입장에서야 더 바랄 나위가 없었다. 전차 자체가 없어 급히 미 1군단장 밀번 장군에게 요청해 '억지 춘향' 식으로 전차 중대 1개를 지원받은 게 고작이었던 우리 1사단의 형편으로는 그야말로 감지덕지해야 할 일이 아닐 수 없었다. 그래서 우리 1사단의 전차 대수는 급작스럽게 50대 수준에 이르렀다.

병력 1만 5,000명, 군단이 보유했던 전차대대, 원래 대한민국 제2의

도시 부산을 방어했던 미 10고사포여단이 떠받치고 있던 우리 1사단
은 그야말로 아무 것도 거칠 게 없는 듯한 강력한 기세로 평양을 향해
전진할 수 있었다.

호사다마好事多魔라는 말이 있다. 좋은 일이 있을 때 닥칠 수 있는 재
앙에 대비하라는 교훈을 담고 있는 말이다. 그로든 대대장의 합류로
힘을 얻은 우리 1사단의 앞길에 고비가 나타났다. 나는 여전히 1번 전
차에 올라 탄 채 선두를 이끌고 있었다. 황해도 시변리를 한참 지나서
북진하던 무렵이었다. 그때 길의 굽이가 보였다.

내가 올라탄 1번 전차는 기세 좋게 앞으로 향하면서 길의 굽이를
돌다가 급히 멈춰 서야 했다. 길의 커브가 끝나는 곳으로부터 북한군
의 T-34 전차가 여러 대 줄을 지어 서있었던 것이다. 서로를 처음 발
견한 상태였다. 따라서 북한군 전차 부대원들도 우리처럼 깜짝 놀랐
던 듯하다.

위기였다. 양쪽 모두 자칫 잘못 대처할 경우 상대의 전차에서 날
아온 포탄에 목숨을 잃을 수도 있었다. 나는 전투의 경험이 절체절명
絶體絶命의 위기 속에서 왜 밤길을 밝히는 밝은 별처럼 빛을 발하는지 그
때 지켜볼 수 있었다.

내가 타고 있던 1번 전차의 중대장은 나를 향해 "빨리 전차 밑으
로 뛰어 내려가라"고 소리쳤다. 나는 그의 말대로 급히 전차 아래로
뛰어내렸다. 이어 길 밑에 몸을 숙인 뒤 다음에 벌어질 광경을 고스
란히 지켜봤다. 미군은 역시 제2차 세계대전을 겪은 역전歷戰의 부대
였다.

1번 전차에서 명령이 떨어지자 뒤를 따라오던 미군 전차는 모두
해치를 닫고 순간적으로 몸을 돌려 길 양쪽 옆으로 산개散開하기 시작

했다. 전면에 있던 북한군 전차는 아직도 그 자리에서 얼어붙은 듯 꿈쩍도 하지 않고 있었다.

숨 막혔던 전차전

북한군 전차는 약 10여 대 정도에 달했던 것으로 기억하고 있다. 1번 전차를 비롯한 미군 선두 대열의 전차도 그 정도에 이르렀다. 그러나 길 양쪽 옆으로 산개한 미군의 전차가 훨씬 빨랐다. 미군 전차는 길 양쪽으로 산개한 뒤 바로 사격을 시작했다.

　한참 동안 미군 전차의 사격이 이어졌다. 북한군 전차의 대응은 거의 없었다. 길 양쪽의 미군 전차부대는 신속하게 교차 사격을 벌였다. 눈 깜짝할 새라고는 할 수 없었어도 매우 빠른 시간에 양쪽 전차

평양에 가까워지면서 북한군 저항도 빈발했다.
행군 대열 속에서 경계에 신경 쓰고 있는 1사단 장병의 모습이 보인다.

의 조우전遭遇戰은 쉽게 결말이 나고 말았다.

북한군 전차 모두는 곧 화염에 휩싸였다. 미군은 길 양쪽으로 급히 산개하면서도 적의 전차를 정확하게 사격하는 기술을 선보였다. 역시 경험에서 우러나오는 노련함의 승리였다. 목숨을 건 전쟁터에서 그 이상의 가치를 지닌 게 무엇일까. 나는 속으로 미군의 전투 경험에 탄복하지 않을 수 없었다.

그 다음은 파죽지세破竹之勢였다. 잠시 우리 눈앞에 나타났다가 미군 전차부대에 의해 무너진 북한군 전차부대는 북한 수뇌부가 우리의 평양 진격을 마지막으로 막아보기 위해 서둘러 남진南進시킨 부대로 보였다. 그들의 최후 저지선을 돌파한 뒤에는 거칠 게 없는 상황이었다.

우리 1사단의 진군은 속도가 더 붙기 시작했다. 길에는 북한군 저항이 전혀 보이지 않을 정도였기 때문이다. 10월 14일에는 신계를 지났고, 사흘이 흐른 뒤에는 드디어 평안남도 중화군 상원에 도착했다. 이제 평양이 곧 눈앞에 나타나는 지점이었다.

길이 갈라지는 곳이었다. 나는 그곳에서 우선 멈췄다. 사단의 모든 연대가 지금까지는 함께 움직이는 방식으로 진격했다. 공로攻路를 세분화해야 하리라는 판단이 들었다. 평양에 진입하기 위해서는 다양한 공격로를 펼치는 것이 유리하다고 생각했다.

15연대를 강동江東 방면으로 우회하도록 했다. 대동강 북쪽 모란봉 지역을 향해 진격하면 강의 수심水深이 낮아 쉽게 강을 건널 수 있기 때문이었다. 그럼에도 부대 전체를 어떻게 전개展開할 것인가를 두고 고민이 깊어졌다. 평양은 적도敵都, 따라서 무너지고 있던 상황이었음에도 그곳의 반격反擊이 만만치 않을 것이라는 생각이 들었던 까닭이다.

10월 18일 저녁 무렵에 우리는 평양 남쪽 15㎞ 지점인 지동리에 이르렀다. 작전회의를 소집했다. 공격 일선을 어떻게 전개할 것인가를 다시 논의하기 위해서였다. 11, 12연대장과 사단 참모, 미군 고문관, 미 10고사포여단 헤닉 대령, 미군 전차부대 지휘관들이 길가의 민가民家로 모였다.

　　그러나 일선 작전 부대의 전개 방식을 둘러싸고 논란이 벌어졌다. 전쟁터에 선 군인들은 대개 선두先頭에 서고자 한다. 특히 일정한 규모 이상의 부대를 이끌고 있는 지휘관들의 경우가 그렇다. 누구를 선두로 세울 것인가. 그 상위上位의 지휘관은 항상 그런 고민에 빠진다. 그때의 내 경우도 마찬가지였다.

북한군 포로 앞세워 지뢰 제거

문제를 제기한 사람은 11연대장 김동빈 대령이었다. 그는 이제껏 벌인 북진 공격에서 항상 12연대에 밀렸다는 생각을 지니고 있었다. 12연대의 김점곤 연대장은 낙동강 전선에서 한국군과 연합군을 통틀어 최초로 북진의 혈로血路를 뚫었던 주인공이었다.

막바지 역할 분담 확정

그 이후의 서울 진입, 임진강 이후의 북진 진공로에서 12연대는 늘 앞장을 섰다. 11연대장 김동빈 대령은 그 점이 불만이었다. 그는 평양을 목전에 둔 마지막 작전회의에서 "이제부터는 우리가 앞장서게 해달라"는 주장을 펼쳤다. 나름대로 그의 주장은 이유가 있었다. 군공軍功을 다툴 수밖에 없는 전장이었기 때문이다.

그러나 우리 1사단이 평양 진격의 선두에 나섰다는 점을 확인하고 나머지 2개 전차중대를 이끌고 대열에 합류했던 미 1군단 6전차대대 존 그로든 중령은 그에 반대했다. "지금까지 호흡을 맞춰왔던 12연대와 함께 진격하는 게 바람직하다"고 이유를 댔다. 그의 주장에도 일리는 있었다. 전쟁터에서 장수가 지금껏 타고 다녔던 말馬을 갈아타기는 어려운 일이기 때문이었다.

그런 광경을 지켜보고 있던 미 10고사포여단장 윌리엄 헤닉 대령이 갑자기 화를 벌컥 냈다. 그는 그로든 중령을 향해 "입 닥쳐(Shut up)!"라고 높은 소리로 꾸짖은 뒤 "지금의 전쟁계획은 육군 보병을 위주로 펼쳐진다. 다른 병과는 보병을 보조하는 일이 기본이다. 나서지 말라"고 준엄하게 야단을 쳤다.

헤닉은 그로든 중령의 미 육사 웨스트포인트 교관이었다고 했다. 헤닉은 당시 웨스트포인트에서 스페인어를 가르쳤고, 생도였던 그로든 중령은 그로부터 스페인어를 배운 사이였다. 원칙을 들이대면서 꾸중을 하는 과거의 교관에게 그로든 중령은 한 마디도 대꾸를 하지 못하고 말았다.

장면은 어색했지만 어쨌든 헤닉이 나서서 그로든 중령을 꾸짖는 바람에 김동빈 11연대장도 제 주장을 적극적으로 개진하기 어려운 분위기로 변했다. 그러나 나는 김동빈 대령의 11연대에게도 기회를 주기로 했다. 선봉에 나서는 대신 우측의 사동 방향으로 돌아 평양 비행장을 점령하는 목표를 안겼다.

그는 그로써 12연대의 뒤를 따라다니는 형국을 모면할 수 있었다. 사동 방향으로 우회해 평양 비행장을 공격하는 작전도 선두의 12연대에 못지않은 중요한 임무이기도 했다. 그로써 평양을 목전에 둔 마지막 작전회의는 끝을 맺었다. 로버트 헤이즐레트 미 군사고문은 그러나 회의 말미에 "사령관이 1번 전차에 탑승해 선두에 나서는 일은 삼가야 한다"고 했다.

전화로 들은 북한군 붕괴

평양을 눈앞에 둔 마지막 공격이 벌어졌다. 10월 18일 밤이었다. 우리의 공격도 치열했지만 적의 방어도 만만치 않았다. 수도를 내줄 수 없다는 결의에서 총력을 기울여 저항을 펼치고 있었다. 우리는 마지막 관문인 지동리의 틈을 비집고 들어가려 했으나 별로 진전이 없었다.

100문에 달하는 미 10고사포여단의 야포들이 밤새 공격을 펼쳤다. 적은 맹렬하게 저항했다. 그렇게 치열한 공방이 벌어지면서 날이 밝았다. 지동리에서 북상하면 평양으로 들어서는 매우 넓은 벌판이 펼쳐진다. 우리 부대는 조금씩 그쪽 벌판을 향해 다가서고 있었다. 날이 밝으면서 적의 저항이 크게 줄어들었다.

벌판에는 안개가 뿌옇게 끼어 있었다. 해가 서서히 떠오르자 안개가 서서히 걷히고 있었다. 드넓은 벌판을 바라보면서 미군 전차병들은 "그야말로 우리가 싸우기 좋은 곳"이라며 그곳을 '탱크 컨트리(Tank Country)'라고 불렀다. 지금까지 지나온 산과 협곡의 좁고 험했던 이동로와는 전혀 다른 환경이었다. 그들은 자신감에 가득 차

황해도 북부지역을 거쳐 평양으로 향하고 있는 국군 1사단 트럭 대열이다.
북한군의 저항은 평양 인근에 이르면서 거세졌다.

있었다.

선두에는 미 1군단의 6전차대대 50대의 전차가 서 있었고, 그 뒤로는 미 10고사포여단의 막강한 야포와 박격포 부대가 따랐다. 우리 1사단의 2개 연대는 동서로 길게 횡대橫隊를 지어 벌판을 가로지를 태세였다. 서서히 안개가 걷히는 그런 넓은 벌판에 막강한 병력을 이끌고 고향인 평양을 되찾으러 가는 내 감회를 어떻게 형언해야 할지 몰랐다.

약 5년 전 주머니에 500원을 넣고 부랴부랴 평양을 떠났던 나였다. 대한민국 군문에 들어가 자리를 잡은 뒤 김일성의 남침으로 낙동강 전선에 밀렸던 위기의 순간이 떠올랐다. 힘겹게 다부동 전투를 치른 뒤 가까스로 북진의 길에 올랐던 일들도 머릿속을 스쳤다.

그러나 경계를 게을리 할 수 있는 상황이 아니었다. 적은 벌판 곳곳에 진지陣地를 구축한 상황이었다. 지동리 관문은 내줬지만 그 이후의 상황전개에 대비해 벌판 여러 곳의 조금 높은 지형에 토치카 등을 만들고 저항을 벌이는 상태였다.

그들 진지로부터 간헐적으로 총탄이 날아들고 있었다. 사동이라는 곳에 접근하면서는 적의 사격이 한층 도를 더했다. 기관총탄과 박격포탄도 날아들었다. 그러면 아군은 기세 좋게 응전應戰을 벌였다. 북한군으로서는 최후의 저항이었다. 그러나 뒷심이 아주 떨어지는 듯했다. 적은 아군의 응전에 계속 밀렸다. 그러면서 우리는 꾸준히 앞으로 나아갔다.

앞에서도 소개한 장면은 그때 벌어졌다. 사동에서 적의 저항을 만나 이곳저곳에서 아군의 응전이 벌어지며 북한군 일부가 후퇴를 하던 무렵이었다. 윤혁표 사단 통신참모가 내게 급히 달려왔다. "적군 통신선을 하나 잡아서 평양의 인민군 총사령부 교환대를 호출했습니다. 제가 평양 사투리를 몰라 아무래도 자신이 없습니다"라고 말했다.

그는 평양 출신인 내가 직접 인민군 총사령부 교환원과 통신을 해 보라는 얘기였다. 나는 그가 건네주는 전화기를 받았다. 이어 평양 사투리로 그에게 물었다. "동무, 지금 어떤 상황인가?"라고 물었다. 전화선의 건너편 교환원은 다급한 목소리로 말했다. "지금 미 제국주의자들이 땅크 수백 대를 몰고 쳐들어온다"고 말했다.

지뢰밭을 넘으려면

나는 내친 김에 "김일성은 지금 어디 있는가?"라고 또 물었다. 그러자 그는 "내가 지금 그걸 어떻게 알겠는가? 우리도 지금 가야 한다"고 했다. 전화를 끊으려는 그에게 내가 다시 한 마디 했다. "그래도 최후까지 저항하면서 싸워야 하지 않겠는가?"라고 말했다. 그러자 그는 "후퇴해서 우리도 살아야 겠다"면서 전화를 끊었다.

평양은 그렇게 무너지고 있었다. 우리가 평양을 향해 다가서기 훨씬 전에 그곳을 떠난 사람이 김일성이었다. 그는 평양의 군대에게 "최후까지 사수하라"면서 평양을 떠났고, 뒤에 그를 알게 된 군인들이 다시 황급하게 평양을 빠져나가고 있었던 것이다. 물론 당시로서는 알 수 없었던 상황이었고, 나중에 기록을 통해 이해한 사실이었다.

통화를 마치고 난 뒤 나는 사동 일대의 북한군 저항도 곧 한계를 드러낼 것이라고 판단했다. 후방인 평양이 그토록 다급하게 무너지고 있는 상황이라면 전선에 선 병력도 줄기차게 저항을 펼칠 수 없는 법이다. 예상대로였다. 사동 일대의 북한군은 곧 등을 보이면서 후퇴했고 우리는 계속 전진했다.

평양 인근에서 붙잡힌 북한군 포로들

　그러나 추을이라는 곳을 지날 때는 위험스러운 장면도 벌어졌다.
적은 후퇴하면서도 가끔 반격을 시도했다. 추을을 지날 때 적의 기관
총탄과 박격포탄이 내가 지나는 곳에 떨어지기도 했다. 나는 얼른 전
차에서 뛰어내린 뒤 길가 도랑에 엎드리면서 위험을 피할 수 있었다.
미군 전차는 재빠르게 해치를 닫은 뒤 그곳으로 응사했다. 적은 곧
물러났다.

　그러나 다른 위험 하나가 도사리고 있었다. 북한군이 길에 뿌려놓
은 지뢰였다. 당시 북한군은 나무로 만든 박스에 폭약을 넣어 지뢰를
만들었다. 따라서 미군의 지뢰 탐지기에 걸려들지 않았다. 전차에 올
라탄 사람은 문제가 없었으나 길을 걷는 보병이나 트럭 또는 지프차

에게는 상당한 위협이었다.

북진 길에는 많은 북한군 패잔병이 눈에 띄었다. 일일이 다 잡아들일 수 없을 만큼 자주 보였다. 우리가 지동리를 지나 사동을 거칠 무렵에도 마찬가지였다. 그들을 잡아들여 지뢰를 제거할 수는 없을까? 우리 1사단은 그런 점에 착안했다.

그래서 북한군 패잔병들을 잡아들이기 시작했다. 벌써 민간인 복장으로 위장한 북한군, 군복을 벗지 못한 장병 등 모습이 다양했다. 우리는 그들에게 지뢰를 제거토록 했다. 그들은 지뢰를 매설한 지점을 잘 알았다. 일종의 '진풍경'이었다. 그들은 열심히 지뢰 제거 작업에 나섰다. 국군과 미군에게 지뢰 매설 지점을 정확하게 알려주면 아군이 그를 하나씩 제거하면서 앞으로 나아갔다.

박수와 환호 속 평양 선착

나는 문득 궁금해졌다. 우리는 지금 평양을 향하는 길목에서 과연 선두에 서 있을까라는 점 때문이었다. 우리와 선두의 경쟁을 벌이고 있는 미 1기병사단은 지금 어디를 통과했을까. 전투에 몰두하느라 정신이 없었던 터라 사실 미 1기병사단의 위치가 그렇게 궁금했던 것은 아니다.

미군이 만든 환영 피켓

그러나 미군이 "탱크 컨트리(Tank Country)"라며 감탄사를 연발했던 평양의 길목을 지나면서는 그에 생각이 미쳤다. 어쩔 수 없는 일이었다. 어차피 미군과의 경쟁이었다. 그 역시 싸움 아닐까. 대한민국 국군의 명예를 위해서라도 선두 경쟁에서 이기는 일이 중요하다는 생각이 들었다.

나는 미군 공지空地 연락장교를 불렀다. "지금 우리가 미 1기병사단의 앞에 서 있는지를 알아 봐달라"고 부탁했다. 그는 즉시 공중에 떠다니고 있던 모스키토 정찰기와 교신을 시도했다. 그는 "미 1기병사단은 지금 중화리 지역을 통과하고 있다"고 얘기해줬다. 그 말이 사실이라면 우리는 지금 선두에 서 있는 셈이었다. 속으로 '우리가 먼저 도착할 가능성이 크다'는 생각이 들었다.

우리 1사단 행렬에 합류했던 미군들이 태극기를 펼쳐 보이며 함께 기뻐하는 장면

어느 순간부터 나는 1번 전차에서 내렸다. 그리고 예전처럼 지프로 갈아타고서 움직였다. 저 멀리 대동강이 보였다. 긴 철교가 눈에 들어왔다. 내 고향 선교리였다. 우리가 작전 상 닿는 지점은 그곳 선교리였다. 누가 먼저 선교리에 도착하느냐에 따라 평양 입성의 승부가 갈리는 것으로 정해진 터였다.

그 순간 폭발음이 들렸다. 내 뒤의 지프에 올라타고서 따라오던 석주암 참모장의 지프가 지뢰를 밟았던 것이다. 차는 뒤집혀졌다. 석주암 대령이 큰 부상을 입고 말았다. 공교롭게도 나는 그 앞을 지났는데도 지뢰를 밟지 않았으나 그의 차는 덫에 걸려들고 말았다.

가던 길을 멈춘 뒤 뒤집혀진 그의 차량을 살피고, 병력을 움직여 그를 후방으로 실어 날랐다. 이어 지프에 올라타고 대동강 철교를 향해 이동했다. 나에 앞서 먼저 도착한 미군 전차병들이 길 양쪽을 에워싸고 목표지점에 도착하는 우리 1사단 지휘부 행렬을 반겨줬다.

미군 전차병들은 승리감에 도취해 있었다. 적을 몰아내고 적도敵都에 먼저 닿았다는 자부심이 보였다. 아울러 함께 대열을 형성하며 도착한 한국군 1사단에 대한 성원聲援도 아끼지 않았다. 그들은 벌써 대형 피켓을 들고 있었다. 'Welcome 1st Cav. Division-from 1st ROK Division Paik(환영 미 1기병사단, 한국군 1사단 백)'이라는 내용이었다.

나는 좀 심하다는 생각이 들어 그들에게 다가갔다. "우리가 선두로 도착했다고 해도 미 1기병사단의 체면을 너무 짓밟는 듯하다. 피켓을 들지 않았으면 좋겠다"고 했다. 그러자 그들 중 하나가 "무슨 말이냐? 엄연한 경쟁에서 이겼다. 우리도 한국군 1사단인 셈이다. 승리를 축하해야 한다"고 했다.

30분 뒤 도착한 미 1기병사단

할 수 없었다. 그들은 승리의 기쁨에 흥분한 상태였다. 일체감을 이룬 그들에게 내가 뭐라고 더 말할 내용은 없었다. 국적과 인종을 건너 뛰어 한국군 1사단과 강렬한 동질감을 표시하는 그런 미군이 한편으로는 고맙다는 생각도 들었다.

시계를 보니 10시 50분이었다. 우리는 그렇게 1950년 10월 19일 평양에 선착하는 기록을 남겼다. 15분 정도 지났을까. 멀리서 미 장성이 탄 지프차 행렬이 보였다. 우리가 배속한 미 1군단의 군단장 프랭크 밀번 장군의 대열이었다. 그는 지프에서 내려 내게 성큼 다가와 손을 내밀었다. "축하한다"면서 말을 건네는 그의 얼굴에는 환한 웃음이 번지고 있었다.

그와 동행한 사람이 눈에 띄었다. 그는 트루먼 미국 대통령이 특사 자격으로 보낸 로우(Low) 소장이었다. 전쟁에서 적의 수도를 점령하는 일은 매우 상징적이다. 그런 감격적인 장면을 직접 보고 상세한 내용을 대통령에게 보고하기 위해 온 사람이었다.

평양 초입의 선교리 로터리는 완연한 축제 분위기였다. 밤을 낮 삼아 걷고 또 걸어 미군의 빠른 기동력을 앞질렀던 국군 1사단 장병들의 기쁨이야 뭐라고 형용할 수 없는 감격 그 자체였다. 미군도 로터리에 도착하는 대로 서로 얼싸 안고 악수를 건네면서 기쁨에 겨워하는 모습이었다.

본격적인 행사는 그 뒤에 벌어졌다. 밀번 군단장 일행이 선교리 로터리에 도착한 뒤 다시 15분 정도 흘렀다. 선두에 호바트 게이 미 1기병사단장이 탄 차가 모습을 드러냈다. 그는 담담하게 차에서 내렸다. 밀번 군단장의 지시로 야트막한 단壇 하나가 금세 만들어졌다.

아군의 평양 점령을 축하하는 의식이 벌어졌다. 밀번 군단장은 우선 나와 게이 소장을 불러 단에 오르게 했다. 밀번 군단장의 뜻에 따라 나와 게이 소장은 악수를 했다. 박수와 환호가 터졌다. 한국군 1사단 장병, 그에 배속한 미군 10고사포여단과 6전차대대 장병들, 뒤이어 도착한 미 1기병사단의 장병들이 뿜어내는 소리였다.

로터리 일대는 그런 환호성과 박수 소리로 뒤덮였다. 모두 기뻐하고 있었지만 미 1기병사단장 게이 장군의 얼굴은 굳어 있었다. 그는 선두를 빼앗겼다는 생각을 하고 있었던 것이다. 전통의 1기병사단 입

평양에 선착한 뒤 끊어진 철교 아래의 대동강을 도하하기 위해 작전을 숙의 중인 나(왼쪽 둘째)와 미군 참모

장에서는 충분히 그럴 수 있었다. 제2차 세계대전에서 필리핀 마닐라, 일본의 도쿄東京에 먼저 선착하는 부대의 전통으로 평양에 첫 입성入城 한다는 확신에 차서 길을 내달았던 사단이었기 때문이었다.

　나는 곧 감회에 젖었다. 1945년 12월 월남越南을 감행하면서 떠났던 고향 선교리로 5년 만에 돌아온 순간이었다. 휘하 1만 5,000명의 막강한 한미 연합군을 이끌고서 말이다. 일곱 살 때 아버지가 세상을 떠나자 어린 3남매를 데리고 평양에서 살다가 생활이 힘에 겨워 우리와 함께 세상을 하직코자 대동강 물에 몸을 던지려 했던 어머니의 생각도 났다.

어머니 생각도 잠시

이제 대동강을 넘어 평양을 거쳐 청천강, 최종 목표인 압록강에 도달하면 우리는 동족상잔의 전쟁을 마친 뒤 국토를 온전케 하는 통일의 대업을 완수할 수 있다. 감회가 감회로 다시 이어졌다. 그러나 전쟁이 벌어지고 있는 시절이었다. 간단하게 의식을 마친 뒤 나는 제자리를 찾았다.

평양에 들어서기 전에 각 연대의 임무를 분담토록 한 게 작전상 주효했다. 평양은 생각보다 빨리 무너지고 말았다. 우리가 선교리에 도착한 시간에 1사단 11연대는 평양 서부비행장을 점령했다. 이어 그들은 평양 시내로 곧장 진격했다.

강동江東 방면으로 우회토록 한 15연대도 작전을 잘 펼쳤다. 그곳은 대동강 상류에 해당해 수심이 얕았다. 도섭渡涉이 훨씬 용이했던 터라 진격이 빨랐다. 그들은 곧장 모란봉 일대로 치고 들어갔다. 아울러 평양의 한복판에 가장 먼저 도착하는 전적戰績을 올렸다.

평양에 남아 있던 적은 그래서 매우 당황했을 것이다. 평양 초입에 국군 1사단과 미 1기병사단이 당도했고, 북쪽에서는 국군 1사단 11연대, 동북쪽에서는 1사단 15연대가 밀려와 아군의 협격挾擊에 몸을 드러낸 형국이었기 때문이었다. 그들은 당초 선교리의 대동강 유역流域 건너편에 진지를 구축했다. 그곳으로 넘어오는 국군과 미군의 주력에 저항하기 위해서였다. 그러나 국군 1사단 11, 15연대가 후방에서 협격을 하자 진지를 버리고 쉽게 도망치고 말았다.

밀번 군단장은 내게 다가와 "어떻게 그런 공격로를 구상했느냐?"면서 신기해했다. 나는 "예전에 말씀드린 대로 이곳이 내 고향이고, 어렸을 적부터 나는 대동강에서 자라 어느 곳의 수심이 깊고 얕은

지를 잘 알았다"고 했다. 아울러 청일淸日 전쟁 때 평양을 지키는 청나라 군대를 일본군이 어떻게 공략했는지도 일찌감치 살폈다는 점을 말해줬다. 그는 연신 "아주 잘 했다, 정말 잘 했다"라면서 격려를 아끼지 않았다.

이제는 평양을 평정平定하는 일이 남아있다. 시내에서는 시가전市街戰이 벌어지고 있었다. 아직 도망을 치지 않은 북한군 잔존 병력이 시내 곳곳에서 바리케이드를 치고 저항을 벌이고 있었기 때문이다. 나는 미군들이 신속히 끊어진 대동강 철교를 대신할 부교浮橋 설치작업에 나선 정황을 살폈다. 그들은 매우 빠른 속도로 다리를 만들어냈다.

우리 1사단은 선교리초등학교에 사단 본부를 설치했다. 고무보트를 동원해 그 위에 목판木板을 깔아 만들었던 부교 위로 아군 병력이 강을 건넜다. 강 북안北岸에는 강동으로 우회했던 1사단 15연대 병력이 벌써 도착한 상태였다. 모든 것이 순조롭게 펼쳐졌다.

까만색 저고리의 평양 기생

선교리에 도착한 뒤였다. 저녁 무렵에 들어서던 시간이었던 것으로 기억한다. 대동강을 건너는 아군 주력을 지켜보다가 나는 전화 한 통을 받았다. 7사단 8연대장 김용주 대령에게서 걸려온 전화였다. 그는 "지금 우리 부대도 평양에 진입했다"고 말했다.

7사단 8연대도 평양 진입

나는 "무슨 말이냐? 작전구역이 아닌데 어떻게 들어왔단 말이냐?"고 거듭 물었다. 그는 자세한 경위는 말하려 하지 않았다. "나는 군단 작전 지역에 예고 없이 들어서면 아군 사이에 총격전이 벌어질 수 있다"면서 경위를 캐물었지만 그는 시원스럽게 털어놓지를 않았다.

나중에 벌어진 일이지만 국군 7사단도 "우리가 평양 선착 부대"라고 선전하는 경우가 있었다. 사실은 한국군이 미군에 평양 선두 입성을 빼앗길까 저어했던 이승만 대통령의 염려가 작용해서 벌어진 일이었다. 이승만 대통령은 매우 상징적인 평양 선두 입성의 기록을 미군에게 내주는 것이 못내 안타까웠던 듯하다.

그래서 이 대통령은 당시 육군참모총장이던 정일권 장군에게 "평양만은 우리 국군이 미군에 앞서 입성해야 한다"고 주문했던 것이다. 정일권 총장은 그에 따라 우리 1사단이 배속해 있던 평양 주공 병력인 미 1군단 서쪽에서 북한의 중부 내륙지역을 향해 진공 중이던 국군 2군단에게 "평양에 어떻게 해서든 먼저 진격하라"는 지시를 내렸다고 한다.

그에 따라 평양에 진격한 부대가 위에서 말한 국군 7사단의 8연대였다. 북진 길에서 미군보다 출발이 늦었던 국군이었고, 병력을 옮기는 수송능력에서도 미군에 비해 한참 뒤떨어진 국군이었다. 그러나 명예만큼은 놓칠 수 없다고 해서 벌어진 일이었다. 뭐라고 탓할 수만은 없었다.

그러나 정해진 작전구역이 아닌 곳에 아군이 출현하면 아주 심각한 결과를 초래할 수 있다는 점에서 그런 일은 다시 벌어져서는 곤란했다. 공을 다투다가 잘못하면 장병들의 목숨을 희생시킬 수 있다는 점에서 그랬다. 다행히 7사단 8연대와 교전이 벌어지지 않아서 그나마 다행이었다.

평양 시내에 들어선 국군을 평양 주민들이 환영하고 있다.

선교리초등학교 바로 옆에는 내가 살던 집이 그대로 있었다. 마침 그곳 학교에 사단본부를 설치한 김에 나는 내가 살던 집에서 하루를 묵을 수 있었다. 다시 만감이 교차했다. 북녘에 두고 왔던 누나의 안부에도 생각이 미쳤다. 나는 살던 집 이웃들을 만나 누이의 안부를 물었다. 시집을 간 누이는 전쟁이 난 뒤 평양 교외로 옮겨 가 잘 지내는 중이라는 말을 들었다.

5년 만에 찾아온 옛집

황혼 무렵이었다. 차량 대열이 사단본부가 있던 선교리초등학교 운동장으로 갑자기 밀려 들어왔다. 자세히 보니 프랭크 밀번 군단장이었다. 그는 나를 불러 그의 앞으로 오게 하더니 불쑥 훈장을 하나 꺼내 들었다. 이어 훈장 수여식이 열렸다. 간단한 의식이었다. 내가 손에 받아든 것은 '은성銀星 무공훈장'이었다. 매우 영예로운 미군의 포상褒賞이었다. 밀번 군단장은 평양 선두 탈환의 명예를 나와 국군 1사단에게 걸어준 것이었다.

그렇게 날은 저물었다. 우리의 다음 작전은 청천강을 넘어 압록강을 향하면서 펼쳐질 예정이었다. 우선은 평양 북쪽의 숙천과 순천 일대에 대규모 공중강습 작전이 벌어진다고 했다. 미군의 공정사단이 벌이는 그런 작전 또한 인천에 대규모 부대를 상륙시켰던 작전처럼 후방을 받쳐주는 연계 작전이 필요했다.

그 연계 작전을 우리 1사단이 맡았다. 공중에서 강습부대를 낙하시켜 적의 퇴로를 끊음으로써 보다 큰 규모의 적군 전투력 상실喪失을 이끌어내기 위해서였다. 따라서 길을 또 부지런히 가야 했다. 미군 공정대의 공중강습에는 다른 또 하나의 목적이 있었다. 적의 후퇴로를 끊으면서 그들에게 붙잡혀 북으로 끌려간 남한 인사들을 구출하는 일이었다.

도시는 늘 장병을 유혹하는 법이다. 우리가 평양 선두 탈환의 명예로운 공적을 쌓으면서 도착한 지점이 당시로서는 한반도 제2의 도시라고 할 수 있었던 평양이었다. 야전野戰을 누비면서 험난한 길을 걸었던 장병들이 도시에 닿으면 마음이 풀리는 법이다.

얼마 전 세상을 떠난 당시 12연대장 김점곤 대령은 당시의 기억 하나를 소개한 적이 있다. 그는 선교리를 넘어 평양에 들어선 뒤 부하들의 채근에 시달렸다고 한다. "평양 기생이 아주 유명하니 그곳이 어떻게 변했는지 한 번 들러보자"는 주문이었다는 것이다.

험로險路를 걷고 또 걸어 평양을 선두로 탈환한 마당이었다. 부하들의 그런 부탁을 모른 척하고만 있기에는 조금 불편했다고 한다. 그래서 김점곤 연대장은 부하 몇몇과 함께 평양 기생집을 찾았다고 한다. 평양에는 원래 기생집이 몰려 있던 곳이 하나둘 있다.

김점곤 연대장은 그 중의 한 곳에 들렀던 모양이다. 예상 밖으로 기생집이 버젓이 운영 중이었다고 했다. 공산주의를 표방하는 북한 노동당의 간부들이 즐겨 찾았던 곳이라고 한다. 예전만큼 장사를 할 수는 없었지만 노동당 간부들이 단골로 찾아오면서 운영을 멈춘 적은 없었다는 것이다.

김점곤 연대장은 그때 여러 가지를 살폈다. 우선 기생들이 한결같이 검은색 치마와 저고리에 버선 또한 까만색을 입거나 신고 있었다. 아울러 화장도 진하게 하지 못한 상태라는 점을 알 수 있었다. 처음에는 잠자코 있던 기생들이 술을 한두 잔 마신 뒤에는 모두가 "공산주의자들은 정말 나쁜 놈들"이라면서 욕을 해대기 시작했다.

평양 기생의 넋두리

김점곤 연대장 일행은 그런 점이 궁금해 이유를 물었다고 한다. 기생들은 "일반인들은 출입하지 못하게 우리더러 검은색 한복으로 입은 채 장사를 하도록 했고, 화장도 제대로 하지 못하도록 했다. 더 괘씸한 점은 노동당 간부들이 외상으로 술을 먹고서는 돈을 떼먹기 일쑤였다"고 했다는 것이다.

구한말, 그리고 일제 강점기를 거치면서 평양 기생은 아주 유명했다. 미모도 미모지만, 기생으로서의 엄격한 훈련과정을 거쳐 쌓는 음악과 가무歌舞 등의 수준이 아주 높았던 것이다. 그러나 평양 기생이 이름을 드날린 진짜 강점強點이 하나 있다.

'아주 지독할 정도로 계산에 밝다'는 점이었다. 장삿속이 아주 철

평양에 진입한 뒤 시가전 준비에 나선 우리 1사단 대원들이 경계태세를 취하고 있는 장면

저해 남에게 돈 떼먹히는 일은 거의 없으며, 악착같다고 할 수 있는 장사수완으로 돈을 잘 버는 것으로도 유명했다. 그런 평양의 기생에게 외상을 적어놓고 돈을 생으로 떼먹다시피 했던 사람들, 그들이 바로 공산주의를 표방하며 결국 대한민국 적화까지 벌이려 남침했던 노동당 간부들의 진면목이었던 셈이다.

김점곤 연대장은 나중에 그런 소회를 밝힌 적이 있다. "잇속에는 밝기 그지없던 평양 기생의 등을 쳐먹는 사람들이 바로 북한 노동당의 공산주의였다"면서 말이다. 그들 일행은 오랜만에 차린 음식을 제대로 즐기지 못했다고 한다. 제대로 차린 음식을 좀체 맛보지 못했던 평양의 기생들이 왕성하게 술과 음식을 마시고 먹는 광경을 자리에서 지켜봐야 했기 때문이었다고 한다.

나는 오랜만에 돌아온 고향의 집에서 대동강 푸른 물을 오가며 뛰어놀던 무렵의 어린 시절을 아련히 회상하면서 잠자리에 들었다. 이튿날이면 일찍 길을 떠나 숙천 일대의 공중에서 낙하하는 미군 공정대의 뒤를 받쳐줘야 했다. 그래서 우선은 충분한 휴식이 필요했다. 아침 일찍 나는 미군이 깔아놓았던 부교를 건너 평양 시내로 들어갈 채비를 했다.

그때 미군 2사단 소속으로 어깨에 '인디언 헤드' 마크를 부착한 미군 중령이 나를 찾아왔다. 약 100명 정도에 이르는 부하를 이끌고서였다. 그는 내게 "GHQ(미군 극동군사령부) 소속 문서 수집반에 있다. 이제 평양 시가지에 들어가 적군 수뇌부 등이 남긴 문서를 수집해야 하는 임무를 띠고 왔다. 사령관께서 우리가 시가지에 들어가 활동할 수 있도록 허가를 해달라"고 했다.

미군은 그렇듯 치밀했다. 적들이 남기고 간 대량의 문서를 수집하기 위해 벌써 그렇게 일찍 평양에 도착했던 것이다. 나는 "그렇게 하라"고 허락했다. 그들은 내 허가가 떨어지자마자 일제히 평양 시가지를 향해 들어갔다. 그들은 나에 앞서 강을 넘었다. 나중에 안 사실이지만, GHQ의 문서 수집반은 평양 시내의 공공건물 등을 다니면서 수많은 문서를 확보했다.

강을 건너자 김일성의 집무실 사정이 갑자기 궁금해졌다. 전쟁을 벌인 자, 수많은 살상의 피와 눈물을 이 땅에 몰고 온 자의 사무실 모습을 눈으로 직접 확인해보고 싶은 생각이 들었다. 만수대 인민위원회라는 건물에 그의 사무실이 있었다. 나는 지프에 올라타 그곳으로 향했다.